U0487139

街道蓝皮书

BLUE BOOK OF
SUB-DISTRICT OFFICE

北京街道发展报告 *No.2*
德胜篇

THE DEVELOPMENT OF BEIJING'S SUB-DISTRICT OFFICES No.2:
DESHENG CHAPTER

主　　编／连玉明
执行主编／朱颖慧　邢旭东　张俊立

社会科学文献出版社
SOCIAL SCIENCES ACADEMIC PRESS（CHINA）

图书在版编目（CIP）数据

北京街道发展报告 . No. 2. 德胜篇 / 连玉明主编
. -- 北京：社会科学文献出版社，2018.11
（街道蓝皮书）
ISBN 978 - 7 - 5201 - 3241 - 1

Ⅰ. ①北… Ⅱ. ①连… Ⅲ. ①社区建设 - 研究报告 -
西城区 Ⅳ. ①D669. 3

中国版本图书馆 CIP 数据核字（2018）第 179696 号

街道蓝皮书
北京街道发展报告 No. 2 德胜篇

主 编 / 连玉明
执行主编 / 朱颖慧 邢旭东 张俊立

出 版 人 / 谢寿光
项目统筹 / 郑庆寰 邓泳红
责任编辑 / 张 媛

出 版 / 社会科学文献出版社·皮书出版分社 （010）59367127
地址：北京市北三环中路甲 29 号院华龙大厦 邮编：100029
网址：www. ssap. com. cn
发 行 / 市场营销中心 （010）59367081 59367018
印 装 / 三河市龙林印务有限公司

规 格 / 开 本：787mm × 1092mm 1/16
印 张：16 字 数：238 千字
版 次 / 2018 年 11 月第 1 版 2018 年 11 月第 1 次印刷
书 号 / ISBN 978 - 7 - 5201 - 3241 - 1
定 价 / 128.00 元

皮书序列号 / PSN B - 2016 - 550 - 14/15

本书如有印装质量问题，请与读者服务中心（010 -59367028）联系

北京国际城市发展研究院社会建设研究重点项目

北京市社会发展研究中心西城区街道发展研究重点项目

北京国际城市文化交流基金会智库工程出版基金资助项目

街道蓝皮书编委会

《北京街道发展报告 No. 2 德胜篇》
编 写 组

总 策 划　李 薇　连玉明　朱颖慧

主　　　编　连玉明

执 行 主 编　朱颖慧　邢旭东　张俊立

副 主 编　张 南

核心研究人员　（按姓氏笔画排序）

王 琨　王苏阳　王彬彬　邢旭东　朱永明

朱盼盼　朱颖慧　刘 征　米雅钊　李 帅

连玉明　吴 佳　张 南　张 涛　张俊立

陈 慧　陈盈瑾　陈惠阳　郎慧慧　孟芳芳

赵 昆　姜思宇　贾冬梅　高桂芳　唐 平

康晓彤　翟萌萌

主编简介

连玉明　著名城市专家，教授、工学博士，北京国际城市发展研究院院长，全国政协委员，北京市朝阳区政协副主席。兼任北京市人民政府专家咨询委员会委员，北京市社会科学界联合会副主席，北京市哲学社会科学京津冀协同发展研究基地首席专家，基于大数据的城市科学研究北京市重点实验室主任，北京市社会发展研究中心理事长，北京奥运功能区首席规划师，北京新机场临空经济区发展规划首席战略顾问。2013～2017年，在贵阳市挂职市长助理，兼任贵州大学贵阳创新驱动发展战略研究院院长、大数据战略重点实验室主任。

研究领域为城市学、决策学和社会学，近年来致力于大数据战略研究。著有《城市的觉醒》《首都战略定位》《重新认识世界城市》《块数据：大数据时代真正到来的标志》《块数据2.0：大数据时代的范式革命》《块数据3.0：秩序互联网与主权区块链》《块数据4.0：人工智能时代的激活数据学》《块数据5.0：数据社会学的理论和方法》等，主编《大数据蓝皮书：中国大数据发展报告》《社会管理蓝皮书：中国社会管理创新报告》《街道蓝皮书：北京街道发展报告》《贵阳蓝皮书：贵阳城市创新发展报告》《临空经济蓝皮书：中国临空经济发展报告》等。主持编制了北京市西城区、朝阳区、门头沟区和贵州省贵阳市"十三五"社会治理专项规划。

摘　要

　　构建超大城市有效治理体系是首都发展要务。作为首都功能核心区，西城区带头以"四个意识"做好首都工作，坚持深入推进科学治理，全面提升发展品质，不断加强"四个中心"功能建设，努力提高"四个服务"水平，城市治理能力和城市发展品质取得重大突破。街道作为基层治理的排头兵和主力军，发挥着不可替代的作用。西城区 15 个街道立足自身发展实际，统筹区域各类资源、构建区域化党建格局、加强城市精细化管理、提升公共服务水平、完善综合执法体系、精准指导社区建设、探索基层治理创新实践，积极为超大城市基层治理创新"过险滩""闯路子"，不断为基层治理增加新的内涵和提供可复制、易操作的鲜活经验，对于国内大城市基层治理创新具有极强的理念提升价值和路径借鉴意义。

　　《北京街道发展报告 No.2 德胜篇》立足德胜人文特色和街区特点，以"德邻"治理理念推进基层社会治理创新，围绕"民生德胜""平安德胜""美丽德胜""文化德胜""聚力德胜"五个社会建设目标进行综合分析；总结熟人社区建设、福丽特街区自治管理模式、垃圾分类工作、群团改革、非公党建、德外大街东社区体制改革模式、业主委员会建设、治理"七小"业态的安全生产网格化分级管理模式、推进民族工作创新的"3＋6＋N"全响应社会服务管理工作模式等典型经验。

　　本书指出，作为北京市十三个民族工作重点街道之一和具有古都历史文化底蕴的功能街区，德胜街道应从塑造地区特色治理文化和科学制定街区规划设计入手，不断强化德胜人家园共治意识，鼓励和引导多元社会力量参与社会治理，大力推动"德邻计划"项目的有效落实，持续提升地区社会治理的智能化水平和精细化水平，探索"共建、共管、共享"的城市工作格局，最终实现地区品质全面提升。

目　录

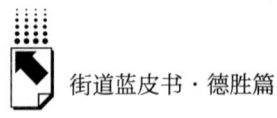

皮书数据库阅读使用指南

代前言
统筹街区治理要规划先行[*]

孙广俊[**]

一 站在更高层面上看待街区治理问题

街区是一个基本单元，街区治理是一个基础问题，需要站在更高层面来看待、来推进。更高层面就是要从更高的公共管理理论层面看，要从首都、国家的更高行政层级上把握，要从更高的社会发展改革层级上认识。

遵循国家政策规定。街道是基层政府的派出机构，街道工作是基层工作，但是基层工作绝不能就基层说基层。正所谓"不谋全局者不足以谋一域"，为应对街道工作的复杂性、艰巨性和长期性的挑战，街道要树立法治观、大局观、人民观和文化观，具体表现是严格按照国家、地区政策执行。习近平总书记视察北京时提出"城市规划在城市发展中起着重要引领作用"，因此，在街道工作中要注重规划先行；《北京城市总体规划（2016年-2035年）》草案已公布，城市空间布局成为重点之一，因此，在街道治理上要注重空间利用。《北京市关于深化街道、社区管理体制改革的意见》提出：从街道、社区管理体制改革入手，推动城市管理重心下移、职能下沉、资源下放。因此，在街道工作中要注重发挥城市管理的基础性作用。领导讲话、上级政策文件等既是街道开展工作的导向依据，也是准则要求，更是路径方法。

---

[*] 根据街道蓝皮书课题组 2017 年 7 月 4 日访谈内容整理。

[**] 孙广俊，中共北京市西城区德胜街道工作委员会书记。

遵循发展创新要求。以互联网为代表的信息技术迅速发展，推动人类进入四"V"大数据时代：Volume（容量）、Variety（种类）、Velocity（速度）和Value（价值）。正如"摩尔定律"所提出的：集成电路上可容纳的元器件的数目，每隔18~24个月便会增加一倍，性能也将提升一倍。从广义上理解就是信息技术更新速度很快，且这种快速更新会带来新的价值。因此，在大数据时代，创新显得极为重要。随着经济社会发展，街道工作、基层治理已经难以按照过去传统的观念和方式方法推进，这就是时代发展提出的要求——创新。在过去的一段时间内，德胜街道的全响应网格化管理工作走在全区前列，并被树立为典型模式。近几年德胜街道虽然在继续推进网格化管理工作，但多为内容上的丰富或某一环节的改进，对整体工作的研究思考不多、创新不多。在西城区15个街道共同进步、共同提升背景下，德胜街道如何能保持网格化工作领先地位，继续发挥好引领作用，还需结合大数据技术的新应用，全面加强创新。

遵循现代治理要求。党的十八届三中全会提出推进国家治理体系和治理能力的现代化，明确提出要改进社会治理方式，坚持系统治理、依法治理、综合治理和源头治理。党的十八届四中全会明确提出依法治国系统性要求。党的十九大报告提出，加强社会治理制度建设，完善党委领导、政府负责、社会协同、公众参与、法治保障的社会治理体制，提高社会治理社会化、法治化、智能化、专业化水平。街道作为最基层的党委、政府派出机构，必须坚定落实从"管理"到"治理"的要求。德胜街道正从管理向治理过渡，其标志就是在延续原有工作脉络基础上，以问题为导向，补齐短板、改进不足、强化特色，推动科学治理。从2006年起，德胜街道的工作思路已逐渐成熟，特别是2014年至今，工作基本围绕"聚力德胜""平安德胜""民生德胜""美丽德胜""文化德胜"五个方面展开。从"德邻计划"到"德邻文化"，再把"德邻文化"从社区建设上升为地区治理理念，"德邻"的内容被不断丰富和提升。这种传承和延续使德胜街道工作具有治理的基础。

二　立足更长远发展　推动街区功能系统优化

统筹考虑街区功能的问题、空间的问题、文化的问题以及模式的问题，是让街区发展经得起历史考验的唯一方式，规划要从长远出发、从整体出发。首先要解决功能系统优化问题。建设国际一流和谐宜居之都，需要落实和加强首都功能。其核心就以解决"三个不"（不符合、不合理、不达标）为突破口，改进、优化街区功能。一要疏解不符合首都功能的街区功能。非首都功能疏解是首都工作、西城工作的重点，而治理"开墙打洞"是落实疏解工作的主要措施之一。自 2016 年 7 月开展"开墙打洞"治理工作以来，德胜街道治理"开墙打洞"30 条街巷，规范 6 条街巷，封堵 403 处，封堵面积 1885 平方米，在西城区率先完成治理"开墙打洞"工作目标。二要改进不合理的街区治理方式。街道在一些涉及民生的工作中往往习惯大包大揽，虽然做了不少努力，但也存在街道与居民互不理解的问题，并且形成恶性循环。而现在，德胜街道着力构建"党委领导、政府主导、多元参与"的共建、共管、共享的工作格局，街区的大事小情由街道、居民、企业、社会组织共同参与、相互服务，居民的满意度、获得感大幅提升。三要提升不达标的街区空间环境。提升街区品质是目标，绝不能为疏解而疏解、为整治而整治。德胜街道在开展背街小巷治理活动中推出的回收废旧机动车行动，并不只是为了整治街道的空间与环境，还是为了资源回收、循环利用，推动地区治理绿色发展。

三　以功能优化为着眼点完善空间布局与利用

公共空间、便民设施布局以及功能调整等，都与空间利用有直接关系，为此，德胜街道围绕地区内空间三大特点进行规划。

一是按照"嵌入式"发展理念提升空间利用水平。覆盖整个德胜地区的中关村科技园西城园区是基本建成区。虽然，德胜地区已经没有成片开发

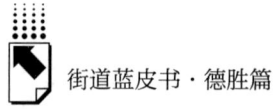

的任务，只有38片分散的边角地，但是这不等于不能发展、不能升级。对于面积小、不规则、难利用的零碎地区，德胜街道按照"嵌入式"发展理念，将其作为地区整体提升的空间，展开设计，变废为宝。此项工程并非只是为促进园区内企业发展，更是为了完善街区服务功能，把不利因素转化为有利因素，把分散的碎地变为可利用空间。

二是坚持需求导向优化空间。德胜地区是回族人口较多地区之一，北京人常说"南有牛街，北有德胜"，但是德胜地区内仅有清真寺，真正服务回族群众的便民设施较少。因此，可以利用安德路周边的空间，打造北城清真服务网点，销售清真食品，服务德胜及周边地区居民。同时，围绕民族特色文化，建设一条民族团结街。

三是立足优势资源开展空间规划。德胜地区高科技企业、研究院所较多，如中国工程院、建筑设计院、交通设计院、有色研究院、航空设计院等，高科技研发团队较多。空间规划充分考虑这类团队发展的需求，在符合首都功能的前提下，允许科研机构落地。总之，空间规划必须充分考虑地区特点、民生需求和企业发展，同时还要使其相辅相成。

四 "四步走"开展文化系统挖掘

"四个中心"定位明确了北京文化中心功能。北京是历史文化名城，其城市规划必须考虑文化功能、文化因素、文化品质等。而德胜地区的规划亦是如此，文化应成为其规划的重点。

一是研究地区历史。"先有德胜门，后有北京城"，德胜地区具有深厚历史文化背景，其"德胜"二字不仅有"得胜而归"的美好祈愿，更有"以德制胜"的崇高理想。德胜古迹有明代德胜门箭楼、清末的法源清真寺以及冰窖口、校场口等，胡同名也都有其特定的历史渊源。长久以来，这一地区承担着服务皇家、促进商业、交通枢纽的重要功能。丰富德胜地区的街区治理，必先掌握其历史背景。

二是植入文化元素。在38片地块中，特别是一些无法利用的零碎地，街道可以在增绿的同时植入文化元素，作为城市休闲空间。而在已有的空间内，也可以考虑增加文化元素，如建立名将雕像等。另外，不仅要植入历史文化，也要植入现代文化。整个德胜地区都在中关村科技园西城园区的覆盖范围内，因此应有体现现代科技的文化标识。

三是提升文化景观。景观的提升要在整个地区文化的基础上结合每条街区的特点、居住人群的特点、工作人群的特点等，使其既符合大环境又有小特色，这样地区内的全部景观既有统一性又各有亮点。

四是打造文化特色街区。对已有的北滨河路精品街区进行文化功能升级。西起德胜门，东至北滨河公园，前有古钱币博物馆，后有德胜博物馆，德胜地区的主要道路充满文化气息，更好地服务居民和游客的文化休闲活动。

五　街区治理模式需要系统改进

在街区治理中，需要有新思路、新模式、新机制。一是社会化运行模式。停车是德胜地区难点问题，传统解决方式是聘请停车管理团队，设牌、划线等。但是，这一方式仍不能有效缓解德胜地区停车难的现状，德胜街道借鉴"共享单车"的理念，与专业机构共同研发一款"共享停车"APP，通过数据平台，使停车位的使用权和所有权分离，更好地服务有需要的人。本地区居民的停车位白天可以通过 APP 出租给上班族，而对于共享车位的居民则可以提供一些社区服务。这种社会化运行模式，可以广泛地运用在社区治理中。二是理顺社区治理体制。过去，业主委员会管理水平不高或缺乏管理，与物业管理公司常有对立情绪，这不利于社区发展和满足居民需求。因此，由居委会成员兼任业主委员会成员，使地区党委对业主委员会有一定影响力，从而保障为民服务水平。三是完善街道工作机制。街道在开展地区治理工作中坚持"行政工作有边界，党的工作没有边界"，按照中央对新时期加强党的建设的新要求，坚定了加强区域化党建的决心。德胜街道坚持以党建协调会和党的活动为主，凝聚人心、人气，推动地区党建工作和社会工作迈上新台阶。

总 报 告

General Report

B.1

德胜：引入元治理理论探索推动
"德邻计划"升级路径

摘　要：　2013 年党的十八届三中全会提出推进国家治理体系与治理能力现
代化目标后，"治理"一词受到全社会广泛关注，不仅学术界对
治理的研究日益加深，基层对治理探索也逐步深入。2014 年，西
城区德胜街道全面启动社会治理创新，经过努力使"德邻"治
理理念和"五个德胜"治理内容逐步完善。为更好推动德胜地
区社会治理创新，同时应对可能出现的治理失灵风险，本文从
理论研究出发，探索元治理的出现、形成和特点，梳理新时
期西城区德胜街道面临的大环境，总结归纳德胜街道治理实
践，并基于元治理理论对进一步完善德胜地区的以"德邻计
划"为核心的治理模式提出了新的思考。

关键词：　德胜街道　元治理理论　"五个德胜"　"德邻计划"　治理失灵

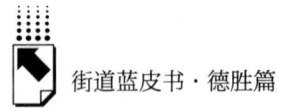

一 元治理的出现与形成条件

"治理"（governance）一词源于拉丁语，是一种超越传统权力运作方式的新事物，经常与管理（governance）相比较，其发展经历了"地方治理""公司治理""公共治理"等几个过程，早已成为西方公共管理领域重要理论。研究治理理论主要学者詹姆斯·N. 罗西瑙，对治理优越性做出了详尽阐述，如治理主体多元、治理方式协商等。但是，随着治理实践的深入，"治理失灵"问题逐渐显露，为此"元治理"概念诞生。

（一）西方治理模式的风险与困境

1. 治理存在失灵风险

一是多元主体会导致权责边界的模糊。去中心化的过程，也是鼓励非传统管理主体参与治理的过程。这一过程必会削弱传统管理主体的权威性。在新形成的治理关系中，各主体间的互动会增多，但也使各治理主体的行为界限与责任非固定化和模糊化。最关键的是，在意见不统一或产生利益矛盾时，难免会发生责任推诿与相互扯皮的情况。由于治理主体多元、治理方式协商，又缺少权威主体，责任追究也难以实现。二是多元主体协商合作的效率问题。随着治理的合法性、制度化增强，利益整合与兼顾将成为治理的关键之一，这在一定程度上会增加民主治理的成本，影响治理有效性。三是协商治理的技术有待提高。协商素养和技巧是开展协商活动的重要基础，需要培养和实践，如倾听他人观点、合理表述己方诉求、均衡集体利益等。但在实践中，协商技术较为欠缺。

2. 西方治理模式不适合中国国情

治理理论是西方国家政治、经济结构矛盾的产物，西方治理模式不适合我国国情。原因有两方面：一是经济结构差异。发展良好的市场经济有助于优化法治环境、助力非政府组织的发展，是实现治理的重要力量。我国的市场经济有别于西方市场经济，主要体现在：经济所有制性质方面，中国的市场经济是公有制为主体、多种所有制经济共同发展，西方国家的市场经济则以资本主义私有制为基础；宏观调控力度方面，社会主义市场经济的宏观调控力度大于西方资本主义市场经济。也就是说，中国的经济环境与治理理论产生的背景，与西方经济社会背景有很大不同。二是社会结构不同。西方治理理论强调"去权威化"，倾向将治理权力分配给市场和公民。社会组织等将成为社会治理的重要力量。我国改革开放后，社会组织虽然取得长足进步，但是仍与西方国家的社会组织发展程度、公民参与治理程度有一定距离。我国社会组织发展总体处于初级阶段，在数量、种类、质量等方面还有待提高。从社会背景来看，中西方也存在明显差异。

（二）元治理是针对治理的治理

1. 元治理基本概念

英国学者杰索普较早提出了"元治理"概念，为元治理理论形成奠定了基础。他表示："元治理是为了克服治理失灵而进行的对自我管理的管理或自我组织的组织，追求科层制、市场和网络三种治理的协调。"学术界普遍将元治理内涵概括为：为达到自治和控制的平衡，构建科层制、市场、网络三种治理形式并存格局，尊重国家和政府在治理中的首要地位。治理代表共治、自治，元治理则是对这种去权威化治理趋势的控制。可以看出，元治理是对治理理论的反思和改进，而不是全面否定。从元治理理论看，与中国实际更加契合。

2. 元治理优势

元治理具有两大优势：一是元治理适宜后发赶超、跨越式发展地区或国家；二是治理运作更加稳定平和。首先要肯定的是，元治理所主张的治理方式是强调国家和政府作用，国家和政府具有个体和社会所不具备的强大基础和资源。随着市场经济发展，国家和政府退出部分公共管理领域，社会组织补入。政府用法律、政策影响治理方式，不再直接管理公共事务。但是，后发地区或国家要实现后发赶超和跨越式发展需要更多资源和保障，这种资源和保障依赖政府力量。也就是说，元治理更具有这种可能性。同时，强调国家和政府作用的元治理，必将使治理运作更加平和稳定。

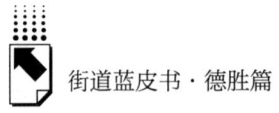

（三）元治理三大基础：强政府、强市场、强社会

1. 强政府：坚持落实"十三五"规划治理体制要求

元治理依赖"强政府、强市场、强社会"。我国"十三五"规划明确提出"完善党委领导、政府主导、社会协同、公众参与、法治保障的社会治理体制"要求。元治理不是要政府回归管理，做一个大包大揽的政府，也不能完全彻底去权威化、去中心化，影响权力边界。元治理所需要的是强大的政府，不是万能的政府，只有理性的、强大的政府才能达到管理和自治的平衡。政府在多元治理主体中扮演的不是"长辈"，是"同辈中的长者"。强政府的起点，是有限政府、服务型政府。

2. 强市场：法治建设是强市场的重要保障

法治是维系现代治理体系运行的关键，没有健全的法律法规，政府、市场、社会就不能实现有效互动和均衡发展。党的十八大报告指出，"法治是治国理政的基本方式，要更加注重发挥法治在国家治理和社会管理中的重要作用"；党的十九大报告强调"全面依法治国任务依然繁重"。未来党和国家将加快社会主义法治国家建设，保障市场在资源配置时发挥决定性作用。

3. 强社会：发挥公民与社会组织的力量

随着改革开放的深入、个体流动性的增强，组织、身份等对人的限制逐渐减弱，自我认知随着自由度的提高而加强，公民的参与意识也因此逐渐觉醒，普通群众参加公共事务管理的热情日益高涨，同时网络的发展为群众、社会组织诉求表达和参与公共事务管理拓宽了渠道。保障公民的有序参与和社会组织健康发展是党的十九大报告中的重要内容。

二 新时期德胜街道治理需要升级

（一）宏观看：元治理与国家治理现代化相契合

国家治理体系与治理能力现代化解决的是国家能力问题，也是国家权力问题，在强调多元治理的同时，也强调以国家为中心的制度环境和运行，而元治理是在考虑市场失灵、政府失灵后，选择"在市场与政府这两种不完善的可选事物之间做出不完善的抉择，亦即两者之间不完善的结合"。元治理期望科学管理政府、市场与社会关系，鼓励三者有序、有效互动，追求利益最大公约数。这与当前国家治理体系与治理能力现代化的目标、内涵相契合，就是要协调好各方利益、做好平衡器，保障国家在现代国家构建中的公平与正义。

（二）中观看：新时期北京与西城区面临诸多挑战

以习近平总书记 2014 年视察北京为标志，北京正式进入一个新的发展时期。北京需要面对"四个中心"定位，实现国际一流和谐宜居之都的目标，承担治理大城市病和疏解非首都功能的重点任务。西城区作为首都功能核心区，特别是政治中心和文化中心的集中承载地、疏解非首都功能重点地区，所承担的责任更加艰巨。2017 年，雄安新区建设、北京城市副中心建设强力推进，为核心区疏解整治工作提供了更多机遇和有利环境。这一时期北京发生的深刻变化与国家治理体系和治理能力现代化建设的推动密不可分。而北京未来一个时期仍将面临区域协同化、产业结构优化、城市管理精细化等诸多方面的改革，因此，这一时期不能完全依赖社会与市场的自我治理，需要党和政府继续发挥重要的主导作用。

（三）微观看：当前德胜街道的现实环境

德胜街道地理位置独特，位于首都核心区西城区的北部，古往今来都是重要的交通枢纽，与东城区、海淀区、朝阳区相接，是部委办公区、家属区，也是中关村西城园的全覆盖街区，区域内人流、车流较大，同时，因历史遗留问题街区整体发展略不均衡。德胜街道需面对的是公共空间秩序重塑、平房改造、文物保护、市场腾退、商业密集区治理等重点、难点问题。因此在这一时期，德胜街道的工作开展需要党和政府的密切指导和关怀。强社会与强市场需要以强政府为基础。

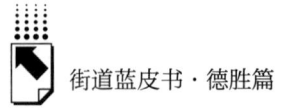

三 德胜街道以"德邻计划"的"五个德胜" 推动基层治理的实践

（一）以百姓安居乐业为宗旨，全面推动民生德胜建设

一是打造"快速反应"的全响应服务体系。街道创新民生服务模式，在全市范围内率先创设了"3＋6＋N"全响应社会治理工作模式：通过建设数据中心、信息传输渠道、社会服务管理指挥中枢 3 个基本框架，实现"民生服务、城市管理、维稳应急、分析研判、绩效考核、统筹推进"六大职能。德胜数据中心整合了 80 多个市区街业务系统、316 个台账以及社区数据，梳理了 6000 多项数据项目和 3.6 亿条数据。通过 3G、GPS、WiFi 等手段，街道采集和发布地区数据，及时了解地区群众的生活现状与需求，实现对地区各类民生问题的"全面感知，快速传达，积极响应"。

二是打造"以民为本"的公共服务体系。围绕"三转""三通""三拓展"的政务理念创新和功能提升，实现了街道公共服务大厅与社区一站式服务大厅、网上公共服务大厅、西城区政务服务中心的无缝对接。开展智慧社区试点工作，全面推行社区信息化建设，建有网上公共服务平台，使居民足不出户就可以实现网上办理、预约办理、过程监督、网上问政等。

三是打造"精准服务"的便民服务体系。针对不同人群的个性化需求，开展多样化、精准性服务。引进专业社会组织，打造多个早教基地，面向辖区 0~6 岁婴幼儿搭建婴幼儿社交平台。与专业文化养老机构合作，运行好双拥共建敬老服务中心的同时，形成集养老技能培育、为老服务体验展示、老人日托于一体的居家养老服务网络，不断满足地区老年人丰富的个性化需求。面向地区少数民族老人，开设民族敬老院，提供民族特色为老服务。建成双旗杆百姓生活服务中心，引进一批服务优质、产品安全、经营规范的企业，通过开展早餐、菜篮子、便利店、美容美发、洗衣洗染、家政等服务，满足居民不同层次的生活服务需求。

四是打造"协同联动"的综合救助服务体系。构建以最低生活保障为基础，临时救助、医疗救助为保障，应急救助、慈善救助为补充的全方位、多层次综合救助体系。同时整合街道民生资源，集合多个部门形成"一口受理、协同联动，一般困难不重不漏，特殊困难集成力量"的综合救助体系。

（二）以地区和谐稳定为目标，大力推进平安德胜建设

一是加强部门联动，做好疏解整治。下大力气做好疏解非首都功能和人口调控工作。街道建立档案台账，采取搭平台、共参与、聚合力的方式，街道综办牵头，会同多执法部门采取联动机制，加大整治力度：清理地下空间30余处，超过20000平方米；摸排核查违法群租房共计45户111间，治理完成比例100%；拆除违章建筑167处，面积3500平方米；清理地区挂账的"七小"场所108处，治理完成比例97.3%。

二是引入国际方法，保障社区平安。街道以深化国际安全社区建设为重点，与北京市安全社区支持中心合作建立了"德胜国际安全社区项目部"，推动各业务科室、职能站所按照从问题诊断出发，以项目干预为手段的方式，针对老年人、残疾人、青少年等不同人群，开展居家安全、社区安全、生产安全等项目，降低风险发生率，提高安全水平。以治安方面的工作为例，有效的举措带来近三年地区可防性案件的持续大幅度下降，2014年下降18.4%，2015年下降40.5%，年度高发案社区首次为零。与此相对应的是，在北京市开展的群众安全感指数调查中，德胜连续于2014年和2015年上半年，取得全区、全市第一的好成绩。

三是督促落实主体责任，促进企业安全。首先是针对地区单位负责人及员工加强新《安全生产法》宣传和安全员培训工作，让安全生产融入企业生产经营每个环节。其次是加强执法检查，认真开展安全生产大检查、"六打六治"专项行动、"七小"专项整治等联合行动，确保地区安全。最后是依托街道全响应系统，以技术手段对高风险领域进行干预，如为地区餐饮企业安装燃气烟感报警系统，降低风险发生率。

四是引入公益律师，加强法律服务。自 2006 年德胜街道在全市首创开展公益律师进社区工作以来，双方不断深化合作，提升依法治街水平。比如在街道和社区开设公益法律服务室，持续开展"法律服务社区行"便民活动，组织公益律师进小区、进楼院，设立"公益律师接待日"，为社区居民提供公益法律服务，接待前来咨询的居民。同时，以政府购买服务的形式开展"普法宣讲 100 场"项目，针对学校、不同企业以及社区的不同需求，聘请专业律师开设不同类型的法律讲座，获得好评。同时，引入公益律师参与人民调解，加大矛盾纠纷排查调处力度，调解成功率达到 96%。

（三）以环境宜居宜业为方向，大力推进美丽德胜建设

一是坚持民需导向，加大治乱力度。推广"民生问题 4+1 工作法"，出台《民生工程来源于民需办法》《德胜街道社区难点问题上报督办办法》等，以民需为导向，以效果为尺子，做到使群众满意。首先是改善老旧小区居住环境。综合改造新外大街 28 号院、裕中西里 15 号楼等老旧小区 18 个，拆除小区违法建设，改造污水管线，重新铺装路面，增设便民设施，有效改善了老旧小区脏乱差的面貌。其次是改善地区交通秩序。打通裕民中路，实现了裕中西里小区周边道路微循环。完成 345 路等公交场站迁移，有效缓解了德胜门箭楼周边交通压力。设置新明胡同、新风北街单行线，方便了地区居民出行。最后是改善地区环境秩序。积极开展"拆违、灭脏、清障、治乱、治污、撤市"六大战役，健全地区环境问题动态管理台账，进行脏乱点、露天烧烤、户外广告牌匾、建筑垃圾运输、再生资源回收网点、早餐车、废旧机动车、地桩地锁等专项整治，拆除地区违法建设 10000 多平方米，集中整治了德胜门箭楼周边、五路通街等环境卫生薄弱区域，规范提升了天秀市场经营秩序，地区环境秩序水平显著提升。

二是注重见缝插绿，提升添彩效果。协调完成北护城河西城段景观提升，完善步行设施，建设绿色走廊。对黄寺大街增绿添彩，建造喷灌设施，

增加植物配置。着力打造新风街、新明胡同两条精品街巷，绿化美化冰窖口胡同西口，增设街边小品，摆放花箱，粉饰墙面，提升景观效果。改造地区弃管绿地3000多平方米。大力推进"美丽阳台""美丽单位""美丽小区""美丽街巷"评选工作，积极开展"小树苗申领""都市阳台""百万鲜花进社区"活动，为社区居民发放小树苗、有机蔬菜以及鲜花。

三是打造地缘文化，彰显西城精神。德胜街道立足于四区交界的特殊地理位置，将提升地区环境品质作为重点，以突出文化韵味为目标，积极探索区域地缘形象建设。经过深入调研，广泛征求意见，德胜街道制订地缘形象规划设计方案，以老旧小区改造、精品街巷建设、薄弱区域整治、便民设施安装等为载体，将环境建设与区域文化有机结合起来，把独特的地缘标识融入地区环境建设中，将德胜地区打造为西城区东北部亮丽窗口。

四是探索治理机制，提高整治水平。建立健全地区环境综合整治机制，确保整治效果，切实提升地区环境品质。首先是建立综合协调机制。以德胜街道环境综合整治指挥部为依托，由城管科牵头，研究部署城市管理工作，协调解决城市管理工作中的各类问题。其次是建立配合联动机制。城管、公安、工商、安全生产等职能部门开展联合执法，齐抓共管。再次是建立专项整治机制。分步骤开展违法建设、脏乱点、占道经营等专项整治。最后是建立定期例会制度。通过召开城市管理例会，及时总结经验，研究重点、难点问题，从建设、管理、监督、执法等方面综合研究解决问题的对策与措施，确保城市管理工作顺利进行。

五是强调多元参与，加强社会动员。通过搭建平台，凝聚共识，形成驻区单位、广大居民共同参与的工作局面。首先是与地区单位、商铺签订门前三包责任书1000多份，实现门前三包全覆盖，督促地区单位、商户落实门前三包责任，共同参与防汛、扫雪铲冰。其次是建立由6000余人组成的环境志愿者队伍，充分调动单位、居民参与城市管理的积极性。再次是大力开展垃圾分类工作，覆盖21个社区58个小区，组建近400人的垃圾分类指导员队伍，开展垃圾分类宣传活动40余次。探索购买社会组织服务，打造垃圾分类精品小区。最后是积极开展环境卫生"流动红旗"评选工作，将街道 24 个社区分成 5 片，通过每月本社区全面查、片之间循环查、爱卫会重点查的方式，促进地区餐馆、医院、学校、社区等更多单位主动参与到环境卫生建设中来。

（四）以社会主义核心价值观为引领，大力推进文化德胜建设

一是宣传主流文化，践行社会主义核心价值观。街道积极开展多种宣传工作，教育引导地区居民自觉践行社会主义核心价值观。开展"道德讲堂"进社区活动，挖掘、发现、培育地区各行各业的先进典型，认真做好现有道德模范的宣传；开展"我们的价值观"百姓宣讲活动，大力宣传地区的"百姓身边故事"；大力开展"做文明有礼北京人"系列活动，通过礼仪、环境、秩序、服务、观赏、网络六大文明引导行动，提升地区市民文明素质和城市文明程度；健全学校、家庭、社会"三结合"的教育网络，积极开展"做一个有道德的人""社区文明小使者""绿色出行文明德胜"等主题教育活动，为未成年人健康成长营造良好的环境。

二是挖掘历史文化，做好传承发展。发掘地区文化内涵，围绕德胜门箭楼非物质文化景观标识，开展"德胜记忆""德胜发展史研究"等项目，开展"开启文化之旅、追寻德胜之魂"系列活动，留存历史文化信息，传承城市文脉，打造德胜文化名片。

三是提炼地区文化，增强社会认同。为了更好地凝聚各方共识，动员各主体参与协商共治，德胜街道立足地区特点，提出"德邻"文化理念。"德邻"，源自《论语》"德不孤，必有邻"。在这里德胜街道取其两个含义：做有德有为的德胜人；和睦共处的好邻居。这个理念正越来越多地得到地区单位和群众的认同。围绕"德邻"文化，街道致力于搭建开放平台，凝聚多元力量参与地区治理和家园建设。在街道层面，围绕"五个德胜"发布了45 个社会治理项目，例如民族团结运动会、爱在德胜助困行动、对话德胜主题交流平台等，让地区单位、社会组织和热心人士能更好地找到参与的途

径。在社区层面，以打造熟人社区和促进基层民主协商为目标，广泛开展邻里帮扶、邻里协商、见面问候、家庭交流、楼门聚会等活动，营造守望相助的人际氛围与和谐共处的人文环境，提高居民"友善亲和、关爱互助、和睦相处、文明和谐"意识。其中安北社区的"邻里守望，笑脸相约"志愿服务行动，荣获中国志愿者联合会颁发的"优秀实践成果奖"。

（五）以党建统领地区事务，大力推进聚力德胜建设

在基层社会治理工作中，德胜街道提出"以一流的党建促一流的工作，以一流的工作凝聚带动多元的力量"的理念，大力推动地区党建工作。

一是完善五会机制，做实五个载体，推动区域化党建的深入开展，形成党建引领、协同共治、服务为民的工作氛围。"五会机制"：通过做实地区党建协调会、党建工作通报会、专项工作推进会、街道工委扩大会和社区大党委会议，为地区单位参与工作、共驻共建搭建平台。"五个载体"：其一是服务载体，街道开发了"党员志愿者服务系统"，便于党员志愿者和服务对象按需对接；其二是活动载体，将地区党建协调会成员单位按性质相近划分成研发设计、教育国防、卫生健康、科技文化和其他五个组，开展不同类型的党建主题活动；其三是阵地载体，1个聚力德胜党建促进中心，与18个楼宇工作站、23个社区党员活动室共同构成"1＋18＋23"的党建阵地网络；其四是项目载体，在党建工作中大量运用社会工作方法策划、实施项目；其五是网络载体，建立微信群、搭建德胜党建网等。

二是以社区换届为契机，做实做强社区党委。首先是探索体制改革，进行"一委多居一站一枢纽型社会组织"的社区体制试点探索，提升党委的统筹力和居委会的自治力。其次是完善社区运行机制，特别是在街道层面建立自下而上的责任对接机制，形成科室围着社区转的局面。支持、保障社区党委在为民服务上拥有更大的话语权和更强的协调力，让他们能够紧紧贴近群众需求做好工作。最后是抓好社区队伍建设，以派驻街道干部等方式，配齐配强社区党组织书记，聘请富有经验的退休老书记，设立"名书记工作

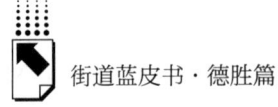

室"；引进社会组织，开展"社区诊断"等项目，提升、指导社区工作。

三是以三严三实活动为抓手，下大力气解决一批群众关心的难点问题。对于群众反映强烈的难点问题，集中力量、开拓思路、争取多方支持，下大力气解决一批。比如困扰回迁小区教场口9号院居民的消防隐患、电梯老化等问题，以及多产权小区黄寺大街乙12号院道路积水的问题，福丽特大街停车乱的问题等，都有望得到根本解决。

四是扎实开展干部选拔和培训工作，提升科级干部队伍素质能力，推动街道干部工作的有序开展。在干部培训工作中，探索"高校＋名师"的干部培训模式，将高校优质资源与组织需求、干部需求有效对接，与北京大学开展合作，举办干部培训班，组织街道全体科级实职干部参加了培训，学习了公共管理与服务型政府、组织绩效与卓越团队建设和心理减压等实用课程。

四 立足"五个德胜"新要求与元治理理论
对德胜治理的再思考

（一）"五个德胜"的新要求

1. 深化民生德胜建设，注重增进群众根本利益

继续加强对"惠及民生就是发展"的认识，坚持民需对街道工作的导向，精准回应地区百姓需求，全面推进各项公共事业建设，让人民群众共享区域发展成果。一是全力推进棚户区改造。合理利用腾退出来的空间，改造成绿地或地下停车场，能保留公共服务空间的适当保留。二是继续完善就业和社会保障体系。进一步完善公共就业服务体系，完成就业、再就业工作目标，登记失业率控制在1.5%以内，地区就业率达到90%以上。继续加强社会救助法制化、规范化建设和抢险处突应急救助制度化建设。三是为百姓解难题、谋幸福。积极应对人口老龄化，构建以养老照顾中心、地区敬老院、社区文化活动中心三大工程为支撑的德胜特色养老服务体系，建设完善街道

养老照料中心、社区养老服务驿站的管理服务网络，形成地区共建共享的老龄社会管理体系。

2. 深化平安德胜建设，注重强化首都核心功能

树立"强化疏解就是发展"的认识，旗帜鲜明地亮出"红墙意识"，牢记3个"第一"，即始终把保障首都职能履行作为"第一职责"；将有序疏解非首都功能、调控人口作为"第一要务"；将维护德胜地区安全稳定作为"第一责任"，敢于啃硬骨头，敢于涉险滩。一是有序疏解非首都功能。加强地区顶层设计，依法合规地压缩低端产业的空间。二是全力推进人口调控工作。严格控制人口规模是街道必须完成好的一项"硬任务"，是优化提升首都核心功能的内在要求。三是完善综治维稳系统。以群众需求为导向、以科技信息为支撑、以法治手段为保障，坚持源头治理、系统治理、综合治理、依法治理，加大对重点地区、重点场所和敏感部位的整治力度。四是拓展全响应工作模式。继续发掘网格化在社会建设和社区治理方面的应用，加大街道统筹协调的力度，深化和拓展全响应社会治理体系，搭建企业生产安全预警、地区科队站所多元参与的响应链。

3. 深化美丽德胜建设，注重提升城市发展品质

围绕地区发展的短板问题，坚持以精细化管理和优质服务提升城市发展品质，加快形成与区域战略定位相匹配的城市管理体系。一是加大城市基础设施建设和维护力度。以改善地区城市基础设施薄弱环节为重点，如打通断头路、增加地区道路微循环建设等。二是深入开展城市环境整治。坚持城市管理"疏堵结合，标本兼治"的原则，逐步推进精品化街巷和社区建设。三是提升城市精细化管理水平，完善街道城市环境分类分级综合标准体系。四是打造和谐宜居的绿色家园。顺应地区群众对环境改善的更高期盼，将环境优美摆在更加突出的位置，大力推动腾退建绿、拆违还绿、多元增绿，发挥市场作用，吸引社会力量和社会资本参与城市管理，继续推行环卫保洁、园林绿化管养作业向社会购买服务，进一步加强政社合作，为群众提供更多更美的休闲空间。

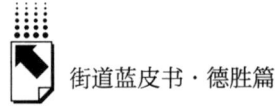

4. 深化文化德胜建设，注重彰显老城文化魅力

德胜门箭楼历史悠久，它作为地标性建筑彰显着德胜的文化魅力，象征着德胜深厚的文化底蕴和文化传统，并以润物细无声的方式融入文化德胜建设中。德胜街道将继续致力于地区文化品牌的塑造，全面提升公共文化服务品质，深入挖掘地区文化资源，进一步强化文化的引领作用。一是以历史文化为地区名片。体现城市文化韵味，体现德胜独有的风格，加强辖区内文物保护与利用，构建传统文化传承体系。二是增强公共文化服务能力。大力推进街道、社区基本公共文化设施建设，结合重大节日、纪念日，开展活动等。三是营造良好社会文明风尚。依托《今日德胜》，大力加强新闻宣传和舆论引导工作，巩固壮大积极健康向上的主流舆论阵地。

5. 深化聚力德胜建设，注重提升党建

德胜街道立足地区特点，提出"德邻"治理理念，以此引导工作和生活在这里的人们，不断加强向心力。一是统筹兼顾队伍建设。坚持"三重一大"制度，坚持理论学习中心组制度，提高科学决策、民主决策、依法决策能力。二是发挥协商民主效应。加大对人大代表、政协委员提案、议案及建议的督察督办力度。三是聚力于德胜党建促进中心以发挥党建凝聚民心的作用，搭建党建展示平台、党组织教育平台、党员活动平台，通过社会化运作，切实提高地区党建科学化水平，抓好基层党组织建设。

（二）基于新要求和元治理理论对提升德胜地区治理的再思考

1. 始终坚持党与政府是治理的主体

"党委领导是根本，政府负责是前提，社会协同是依托，公众参与是基础"，这既是中国国家治理现代化的主体战略布局，也是提升其治理能力现代化的主体要求。首先，党是中国特色社会主义事业的领导核心，也是推进治理现代化的核心力量。治理现代化的实现，需要党的领导和支持，发挥好党组织在群众中、基层工作中的重要作用。具体来说，就是党要全面领导街道工作，掌握大局与方向。其次，治理中需要构建多元治理主体的互动机制，而政府作为治理主体之一，应主动理清内部相关权责关系，为其他主体提供远景规划、目标设定、行动协调等服务，实现行政系统运作与服务现代化。在实践中，对于非政府组织，政府可以提供更多指导，从较为宏观层面给予其更多建议。

2. 强化法治建设

元治理理论特别强调的一点是，现实中不仅会有市场失灵、政府失灵、治理失灵，元治理本身也面临失灵的危机。因此，认同元治理学者的观点是，预防元治理的失灵就是要维护好政府、市场、社会之间的平衡关系，其关键在于法治。要把宪法和法律作为公共治理的最高权威，应把国家权力与公民权利置于透明而普遍的运作规程下，从法治的公平与正义性、权利与义务等维度去持续调整政府、市场、社会的关系。

3. 推动治理主体构建相互交流的平台

治理的矛盾来自治理主体间相互运作产生的摩擦。因此，理顺治理主体间关系，增进治理主体默契，促使治理主体对彼此认同是推进治理能力现代化的重点之一。一是营造增进治理主体间信任的环境与氛围，让政府、市场、社会等主体间愿意彼此合作，改变固有的等级观念、理清自身责任。二是确立多元主体交流协调机制。以良好环境为基础，探索建立多元主体沟通协作的长效机制。实际上，这也与加强民主协商有密切关系。同时，通过建立沟通平台的方式，使政府、企业、社会组织间相互学习、了解，熟悉彼此间的运作方式、工作方式，提高合作成效、治理水平。三是建立地区社会资源与治理信息综合服务平台。政府、合法的企业和社会组织等多元主体，可以从这一平台发布合作和需求信息、意见反馈与评价信息、数据信息等。

参考文献

郭永园、彭福扬：《元治理：现代国家治理体系的理论参照》，《湖南大学学报》

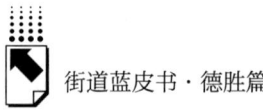

（社会科学版）2015 年第 3 期。

王彦平：《我国基层社会治理及对策研究》，《学术论文联合比对库》2016 年第 10 期。

胡晓地：《治理现代化视角下的维稳》，《理论观察》2015 年第 2 期。

孙珠峰、胡伟：《后新公共管理改革的起因研究》，《学术探索》2015 年第 1 期。

德胜街道：《德胜街道情况汇报》，2016 年 1 月。

数据报告

Data Reports

B.2

德胜街道基于常住人口的
地区公共服务调查报告

摘　要：　随着城市的不断发展进步，城市居民的生活水平也日益提高，力争满足人民日益增长的美好生活需要已经成为当前城市管理者的根本任务。地区公共服务与居民日常生活紧密相关，是居民生活品质的重要基础保障，就居民对地区公共服务的获得感和满意度展开调研对提升与改善政府管理和服务工作具有重要意义。本报告采用发放调查问卷的方法，以德胜街道23个社区的常住人口为调查对象，以社区公共服务水平与居民生活质量为调查内容，根据调研反馈信息了解和掌握街道开展公共服务的情况和居民的满意度评价，最后进行分析和总结，并对其中存在的不足提出合理的改进意见。

关键词：　德胜街道　社区居民　公共服务　生活质量

课题组针对德胜街道常住人口开展了关于地区公共服务供给和需求的问卷调查，通过问卷调查了解和掌握辖区常住居民对地区公共服务的评价情况和满意度情况，对调查内容和数据进行整理、分析和总结，形成一份完整的调研报告。本报告所涵盖的调查对象为德胜街道 23 个社区的常住居民，调查时间是 2017 年 5 月，参与本次调研的居民共计 470 人，回收问卷中有效问卷 405 份，有效回收率是 86%。

一　调查样本情况

（一）调查样本基本情况

在本次调查对象中，男女比例约为 0.5∶1。年龄在 35 岁以下的 88 人，36~55 岁的 214 人，55 岁以上的 103 人，其中 65 岁以上老年人为 60 人。从婚姻状况看，以已婚为主，占 90.6%。从政治面貌看，党员群众分别为 112 人和 281 人，群众占 69.4%。常住人口中，有 80.2% 是西城区户籍，非京籍占 0.9%。在本市自有住房者 354 人，占 87.4%。从受教育程度看，本科或大专的人群占比最高，为 78.2%。家庭组成结构方面，50.1% 的家庭是三口之家，所占比例最高（见表 1）。

表 1　德胜街道调查样本基本情况统计

单位：人

性别	男		133		女		272
婚姻状况	已婚		367		未婚		38
年龄	25 岁及以下	26~35 岁	36~45 岁	46~55 岁		56~65 岁	65 岁以上
	12	76	130	84		43	60
政治面貌	党员	民主党派人士		团员		群众	
	112	0		12		281	
户籍	本区户籍	本市其他区户籍			非本市户籍		
	325	76			4		

续表

住所	本区自有住房	本市其他区自有住房	本区非自有住房	本市其他区非自有住房
	286	68	29	22
学历	博士研究生	硕士研究生	本科或大专	高中或中专及以下
	1	12	317	75
家庭人数	四口以上	四口	三口	二口	一口
	72	63	203	56	11

（二）样本家庭收入情况

从家庭收入情况看，调查问卷显示，人均月收入在 3400 ~ 8700 元的被调查居民数量最多，比例为 41.2%，其次是 1890 ~ 3400 元的居民，占比为 37.5%。人均月收入超过 15000 元的只有 10 人，占比为 2.5%。课题组取人均月收入的区间平均值，可以得出德胜街道居民年均收入的估算值（见表 2）。如果比照西城区 15 个街道的居民年收入平均值 64855.2 元的标准，可以发现，德胜街道的居民年收入平均值为 66113.6 元，高于西城区各个街道整体的平均值水平，其中参与调查人员中，人均月收入低于 3400 元的人群值得关注，共计 174 人，占到总数的 43.0%，在这 174 人中，人均月收入在最低工资标准线 1890 元以下的有 22 人，占比为 5.4%。本次调查对象中有一人属于家庭人均月收入低于 800 元的低保户。

表 2　德胜街道样本收入情况估算

单位：元，人

人均月收入	800 以下	800 ~ 1890	1890 ~ 3400	3400 ~ 8700	8700 ~ 15000	15000 以上
居民年均收入	9600	14940	31740	72600	142200	180000
人数	1	21	152	167	54	10

注：居民年均收入由人均月收入的区间平均值乘以 12 个月估算得出，其中"15000 元以上"的区间平均值按照 15000 元计算，"800 元以下"的区间平均值按照 800 元计算。

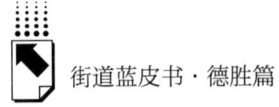

二　公共服务供给及居民满意度状况

（一）公共教育资源评价：高达85％的受访者认为上幼儿园的便利度不高

德胜街道在教育资源配置方面的调查结果显示，大多数受访者认为地区教育资源分布总体均衡或局部均衡。其中，有42.5％的受访者认为教育资源配置分布"总体均衡"，认为"局部均衡"的占36.8％，此外，有7.9％的受访者表示"基本失衡"，还有表示"说不清楚"的受访者占比为12.8％（见图1）。由此可见，本次参与调查的受访者总体上对德胜地区的教育资源配置的整体状况还是比较乐观和认可的。

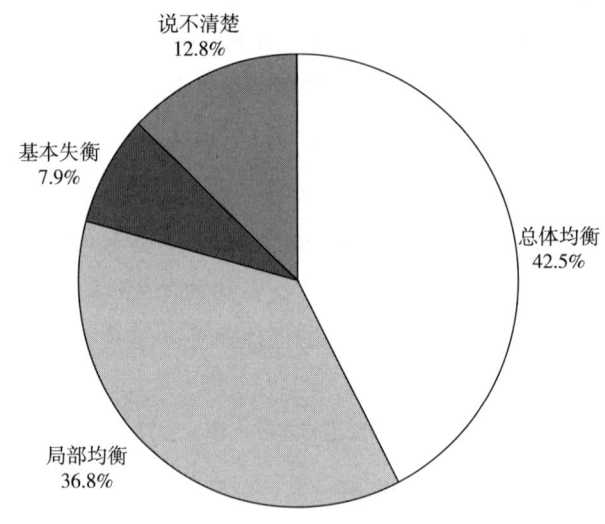

图1　德胜街道教育资源配置情况

调查问卷专门设计了关于学前教育资源方面的问题选项，有接近75％的受访者在"您及周边的孩子上幼儿园方便不方便"这个问题上持否定态度，只有25.2％的受访者的回答是肯定的。在持否定态度的受访者中，有

8.4%的受访者表示"很难"，有27.2%的受访者表示"不方便"，认为"不是很方便"的受访者达到39.3%（见图2）。由此可见，德胜地区常住居民对幼儿园教育资源的分配和供给状况的满意度偏低，街道今后需要更加重视和关注居民关心的学前教育问题，进一步加大对地区学前教育资源的支持和投入力度，进一步优化区域学前教育资源的配置，不断提高地区居民接送孩子上下幼儿园的便利度，满足地区适龄儿童对学前教育的需求。

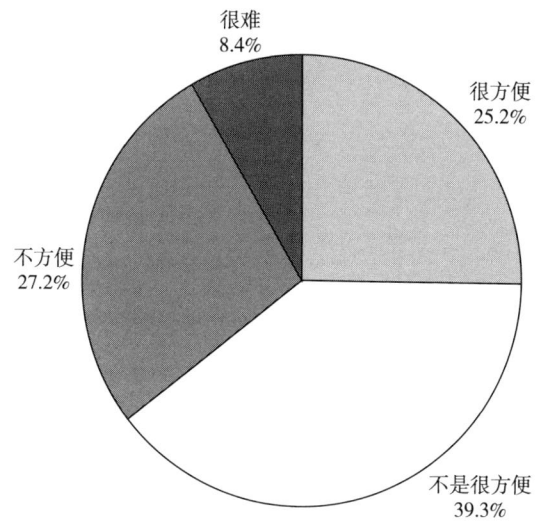

图2　德胜街道幼儿园便利度

（二）公共文化服务评价：43.7%的受访者对公共文化设施和场馆的服务"满意"和"很满意"

课题组通过"您知道您家附近的图书馆、文化馆、博物馆、美术馆等公共文化服务设施分布情况吗"这一问题来了解被访者对街区公共文化资源的了解程度，数据结果显示，20.5%的受访者表示"了解"，13.3%的受访者表示"不了解"，有66.2%的受访者表示部分了解（见图3）。在对公共文化设施及服务的满意度调查中，表示"满意"和"很满意"仅占43.7%，表示满意度"一般"的高达50.9%，表示"不满意"和"很不满

意"的受访者共占 5.4%（见图 4），这说明地区常住居民对社区当前提供的公共文化服务设施和项目的满意度还有待提高，地区居民日益增长的公共文化服务需求没有得到很好的满足。

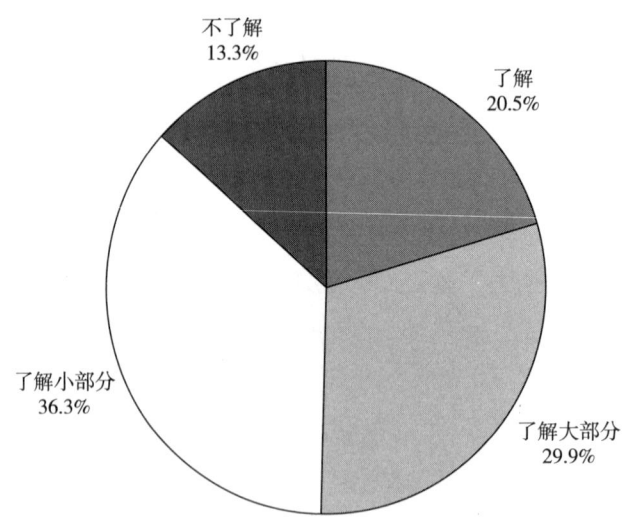

图 3　居民对附近公共文化服务设施的了解程度

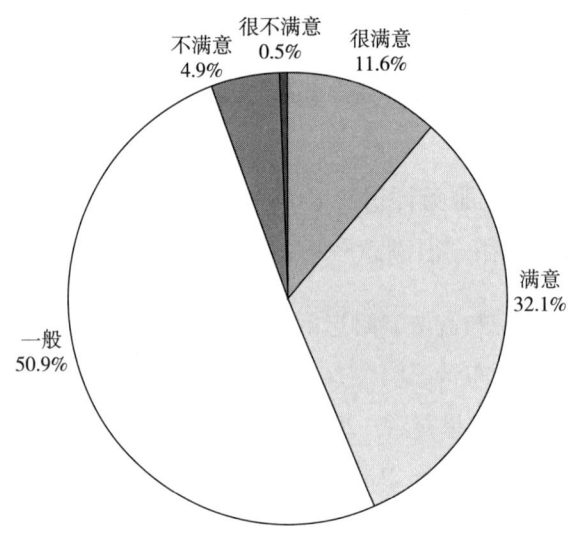

图 4　居民对德胜街道公共文化服务满意度情况

本次调查问卷还设计了街道提供的各类服务项目的居民参与度板块，数据显示，参与"书画展览、摄影展等"的人数在受访者中所占比例最高，为61.7%，其次是"免费的电影放映"活动的居民参与度，为58.5%，"戏剧、音乐会等文艺演出"和"文体娱乐活动，如广场跳舞、打太极拳等"两个选项的居民参与度比较接近，分别为43.7%和43.2%。此外，还有14.8%的受访者选择"以上都没去过或参加过"选项，从以上数据可以看出，本次参与调查的地区常住居民大多数偏好于参加欣赏性和观娱性的公共服务项目，也明显反映出德胜地区常住居民对辖区组织的各类公共文化活动的参与性和积极性相对较高（见图5）。

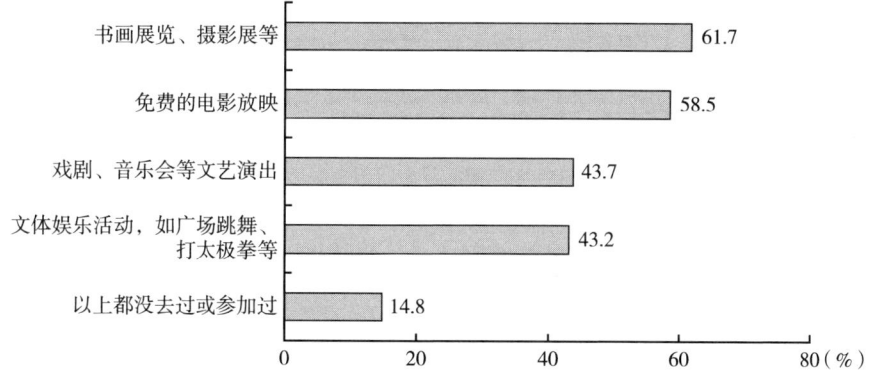

图5 德胜街道居民的公共文化活动参与度

（三）社区服务评价：超过七成受访者表示对社区提供的群众文化服务满意，满意度最高

在社区服务项目评价调查方面，受访者满意度最高的社区服务项目为"社区群众文化服务"，为71.1%，其次是"社区中小学生社会实践服务"和"社区科普服务"，分别为36.0%和34.1%，选择"社区体育设施建设服务"、"社区教育培训服务"和"社区群众性体育组织建设服务"的受访者占比相当，分别为24.4%、24.2%和21.7%，对"社区居民阅览服务""社区早教服务""社区群众体育健身服务""社区健身宣传培训服务"四

个项目的满意度均在 10.0% ~ 21.0% ，有 6.7% 的受访者表示"说不好"，选择"其他"选项的受访者占 3.7% ，此外，要特别注意到仅有 4.2% 的受访者选择"社区居民体质测试服务"项目，表明街道社区在该领域的服务亟待完善（见图 6）。从调研数据的反馈情况来看，德胜街道社区提供的各类项目中以群众文化服务项目的群众满意率和认可度最高，街道社区提供的所有服务项目中与体育健康相关的共有 5 项，但这些项目的满意度并不高，因此，德胜街道要进一步促进地区公共服务项目的均衡发展和品质提升，根据地区居民的实际需求，提供更加多样化和高品质的公共服务项目。

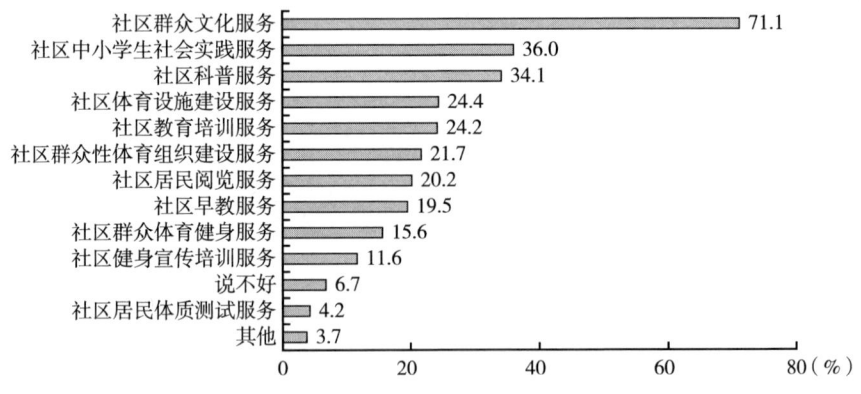

图 6　居民对德胜街道社区服务项目满意度情况

（四）就业（创业）服务评价：平均参与率在40%左右

调查数据显示，地区常住居民对街道社区开展的各类就业（创业）指导和就业（创业）服务项目的供给状况的评价平均值接近 40% ，不同项目的评价值差别较大，其中评价指数最高的是"社区职业介绍和岗位推荐服务"，有六成以上受访者对街道在该项服务方面的供给情况表示满意，其次为"社区专场招聘会"、"社区就业困难人员再就业服务"和"社区劳动就业政策咨询服务"，分别占 49.4% 、44.0% 和 42.2% ，此外，"'零就业家庭'就业帮扶服务"和"就业信息发布"两项占比各为36.8%和30.1%，关于就业培训和创业方面的活动项目评价值相对偏低，满意度分别为24.9%和23.5%，有12.1%的受访者表示"不清楚"（见图7）。由此可见，德胜地区常住居民对就业（创业）服务的需求度相对较高。从调查数据来看，受访者普遍对就业相关的服务项目的参与度和关注度较高，而对就业和创业的培训和指导项目的参与度和关注度不足，因此，街道在开展地区居民就业（创业）服务工作中要有意识地加强对地区居民的就业（创业）培训和指导，切实帮助地区居民群众提高就业（创业）能力。

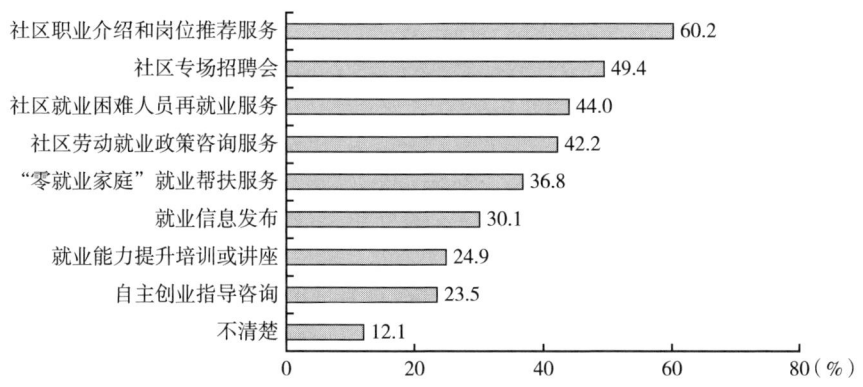

图7 居民对德胜街道就业指导和就业服务项目满意度情况

（五）为老服务评价：有53.1%的受访者对社区提供的为老服务项目表示"满意"或"很满意"

在社区为老服务项目的供需方面，调查问卷设计了"社区应该提供何种为老服务项目"的问题，选项共涉及十大服务类型，受访者对不同服务项目的需求反馈程度参差不齐。其中"生活照料"的需求度最高，达到65.9%，其次为"医疗保健"、"紧急救助"和"日托服务"，分别占比60.2%、50.6%和48.4%，而在受访者居民中需求度最低的项目为"心理咨询"，占比为29.4%，除有3.5%的受访者选择了"其他"外，剩下的5

个服务项目占比均在30.0%~45.0%（见图8）。从服务项目的需求度对比来看，德胜街道常住居民对养老领域的基础服务项目如生活照料、医疗保健和紧急救助的需求程度偏高，进一步补充和完善社区为老服务资源，为地区居民提供更加多元化和人性化的养老服务是今后街道社区为老服务工作的重点内容。

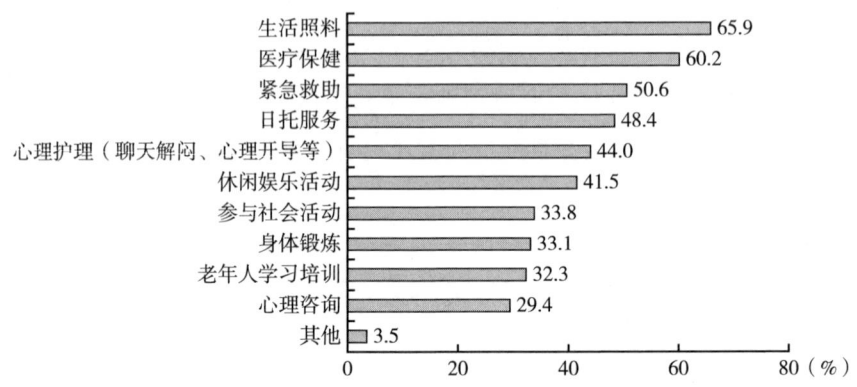

图8 德胜街道社区为老服务项目需求情况

德胜街道结合街区具体情况努力打造具有地区特色的为老服务项目，为保障地区老年人能够享受美好的幸福生活提供了基础条件。德胜街道为满足地区居民日益增长的为老服务需求，对辖区资源进行了灵活的调整和利用，如街道将开展治理开墙打洞工作后腾退出来的空间为社区居民建设养老驿站，2017年在街道发布的"德邻计划"项目中，"家门口的养老驿站"项目排在"民生德胜"项目中的第一位，目前新北社区养老驿站和马甸南村的清檬养老驿站已经投入运营，德胜街道养老驿站[①]在功能上以居家养老为主，同时具备机构养老功能。调查数据显示，受访者对街道社区现有为老服务项目的满意度较高，有53.1%受访者表示"满意"和"很满意"，有39.3%的受访者表示"一般"，此外，还有6.9%和0.7%的受访者表示"不满意"和"很不满意"（见图9）。这说明地区居民对德胜街道的社区为

---

① 养老驿站在功能定位上涵盖六大方面，包括日间照料、呼叫服务、助残服务、健康指导、文化娱乐、心理慰藉等。

老服务工作的满意度和认可度普遍较高，街道要在既有的服务工作基础上有针对性地解决居民集中反映的不满意问题。

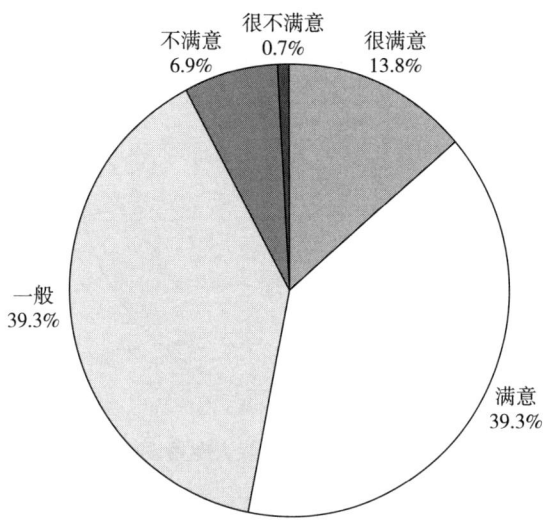

图9　居民对德胜街道社区为老服务项目满意度情况

（六）残疾人专项服务评价：有55.8%的受访者表示社区残疾人专用设施不够完善

问卷调查结果显示，有34.1%的受访者表示所在社区的残疾人专用服务设施"比较完善"和"非常完善"，有超过五成的受访者选择了"有部分专用设施"选项。而表示"基本没有"的受访者占比为10.1%（见图10）。从调查所反馈的数据信息上看，德胜街道社区的残疾人专用设施还存在比较大的完善空间，街道存在残疾人专用设施资源在不同社区分布不均衡的问题，大多数受访者所在社区的残疾人专用设施还有待完善。

从受访者对社区残疾人服务的满意度评价来看，"法律援助"、"康复照料"和"就业指导"是本次调查中满意度最高的社区残疾人服务项目，分别为67.0%、57.6%和51.4%，而其余四个项目包括"慈善捐款"、"日常生活"、"心理抚慰"和"文教服务"的满意度均在20.0%～30.0%，此外，

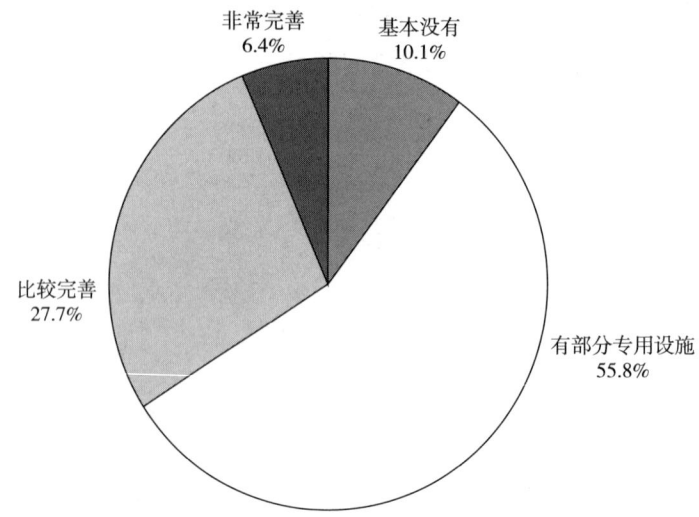

图 10　德胜街道社区残疾人专用设施完善度

还有 4.0% 的受访者选择了"其他"选项（见图 11）。以上调查数据表明，德胜地区维护残疾人群体合法权益和康复就业方面的服务工作得到了地区居民的普遍认可，但与残疾人生活服务、心理健康和社会公益工作相关的服务项目还略显不足，今后街道要着重为地区残疾人群体提供日常照料、心理健康和文化教育方面的服务项目，更好地满足地区残疾人群体的生活和发展需求。

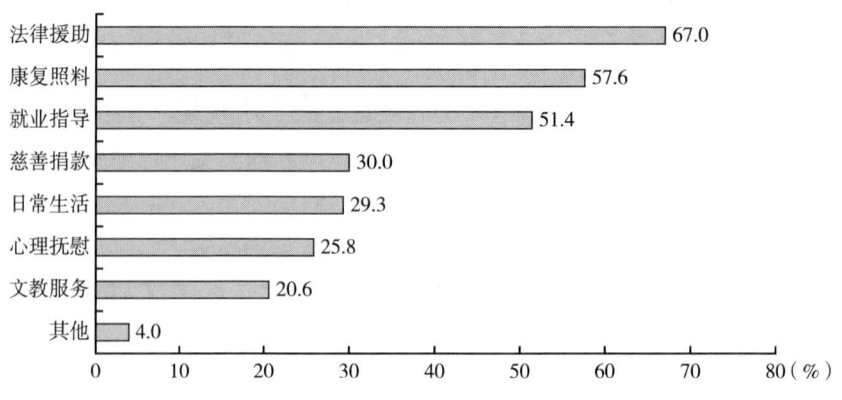

图 11　德胜街道社区残疾人服务项目供给情况

（七）便民服务评价：维修服务最为短缺

关于"最后一公里"社区便民服务项目的便利度情况，受访者调查数据显示，在近 20 个调查服务项目中，84.2% 的受访者认为"超市便利店"最为便利，选择"早餐"和"美容美发"项目的分别占 54.6% 和 52.1%，评价满意度较低的是"公共停车场站""生活垃圾分类收集"，分别为 12.6% 和 12.3%，"体育运动场所"和"维修服务"满意度均为 10.6%，而"文化场馆"和"末端配送"满意度均不足 10%，分别为 6.2% 和 3.7%（见图 12）。而在最不便利的评价项目中，选择"维修服务"的人数占比最高，为 31.6%，其他服务项目"商场购物"、"公共停车场站"、"文化场馆"、"体育运动场所"和"幼儿园、小学"在最不便利服务项目评价中排名较为靠前，分别为 30.0%、27.3%、24.7%、21.7% 和 20.4%，这些项目在最便利服务选项中满意度也较低，表明受访者对便民服务项目的评价总体一致（见图 13）。从本次调查反馈的数据来看，受访者对社区提供的基础服务项目普遍满意，满意度较低的主要集中在一些生活服务业方面，表明地区居民对服务内容和水平提出了更多的

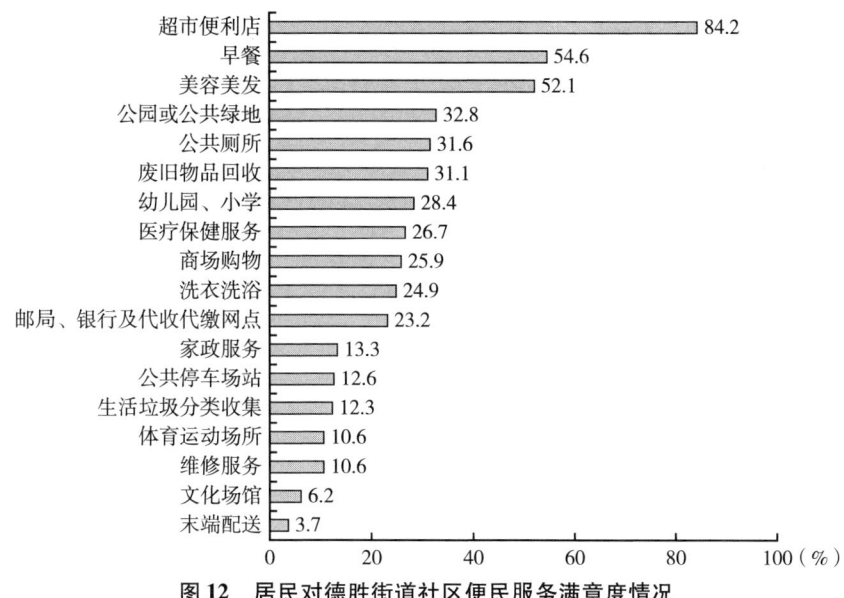

图 12 居民对德胜街道社区便民服务满意度情况

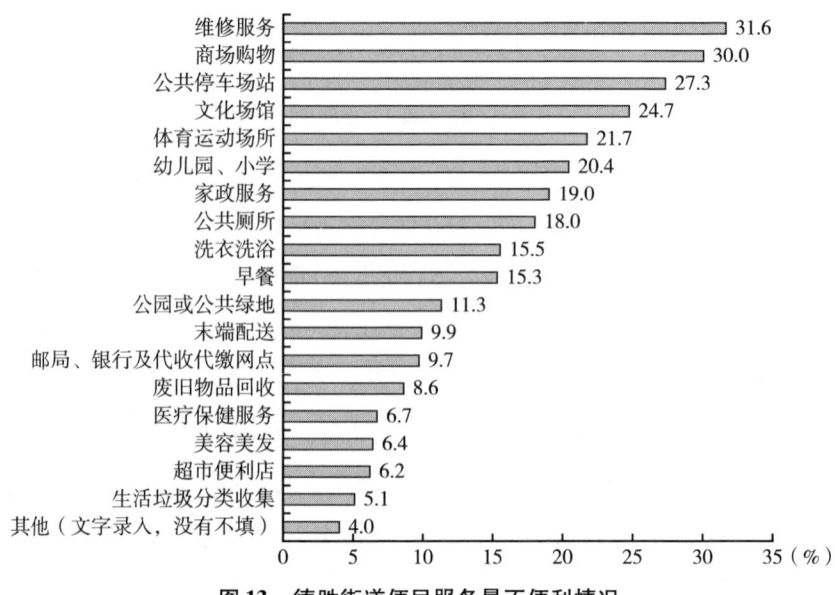

图 13　德胜街道便民服务最不便利情况

要求。此外，受访者对不同的社区服务项目的便利度的评价存在明显的差异，这表明德胜地区的社区便民服务资源分布不均衡，这些都是德胜街道以后要重点关注和解决的问题。

（八）公共安全服务评价：超过七成受访者对社区治安服务的供给状况表示满意，满意度最高

在公共安全服务项目供给情况调查中，社区治安服务的供给情况最好，在 12 个选项中排在第一位，满意度高达 72.6%，"社区法律服务"项目的供给状况仅次于"社区治安服务"，满意度为 62.7%，"社区禁毒宣传服务"为 51.1%，其他选项包括"社区消防安全服务"、"社区治安状况告知服务"、"社区帮教安置服务"、"社区矫正服务"、"社区警务设施和警力配备服务"、"社区物技防设施建设服务"及"社区青少年自护和不良青少年帮教服务"，在 30%～50% 的区间。此外，"社区应急服务"和"社区安全稳定服务"满意度相同，为 29.6%（见图 15）。关于德胜街道社区开展安全方面的培训和活动的情况的调研数据显示，有高达 98.0% 的受访者表示

"经常"和"偶尔"开展，这说明德胜街道的安全宣传教育工作开展力度强、覆盖范围广。从总体来看，德胜街道社会安全领域的服务项目内容丰富，为地区居民提供了稳定的日常生活环境，但数据也反映了在地区安全工作领域还存在不足的地方，需要街道进一步加大在安全硬件设施、青少年安全工作和应急维稳工作领域投入力度。

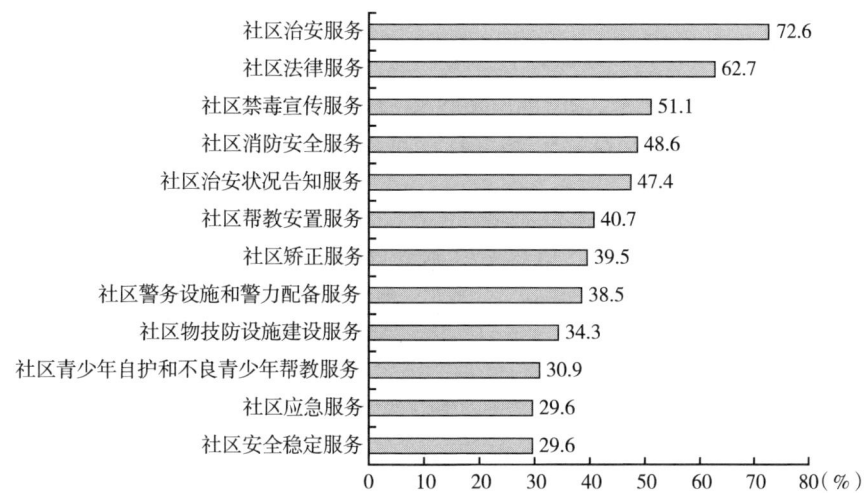

图14　德胜街道社区公共安全服务项目供给状况

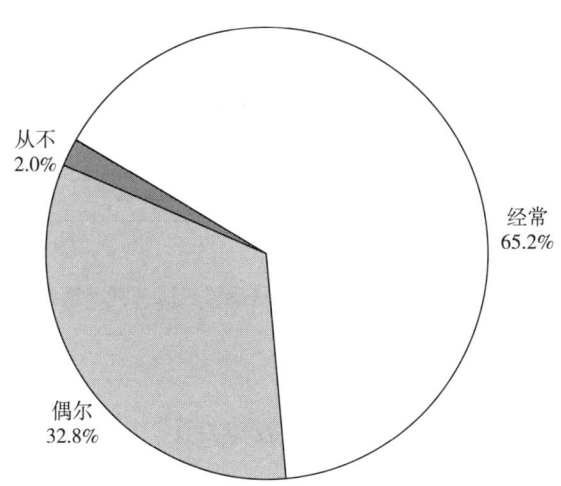

图15　德胜街道社区开展安全方面的培训和活动的情况

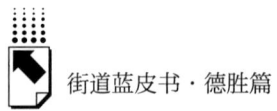

（九）地区信息基础设施服务评价：受访者普遍对加大智慧化、便利性基础设施投入表示支持

信息技术和智能科技的快速发展，为城市管理和服务工作提供了创新的方式和手段，也使城市居民的生活变得更加智慧和便捷，城市居民多样化和品质化的生活需求，对城市信息化基础设施建设提出了更多的要求。本次调查数据显示，受访居民普遍支持推进地区的智慧化和便利化的基础设施建设，按照需求程度来看，超过五成的受访者选择"社区便民服务在线办理"、"社区停车缴费智能化"和"社区生活服务信息查看"服务项目，表明居民对与日常生活紧密相关的智能服务设施投入的支持力度最大，需求度最高，而对"加强智慧社区信息基础服务设施建设"和"社区政务信息查看"的支持力度较弱（见图16）。因此，德胜街道要充分发挥现代科技和智能化基础设施的作用，将推进地区信息化基础设施建设与地区民生需求紧密结合，大力提升街道的为民服务能力和水平。

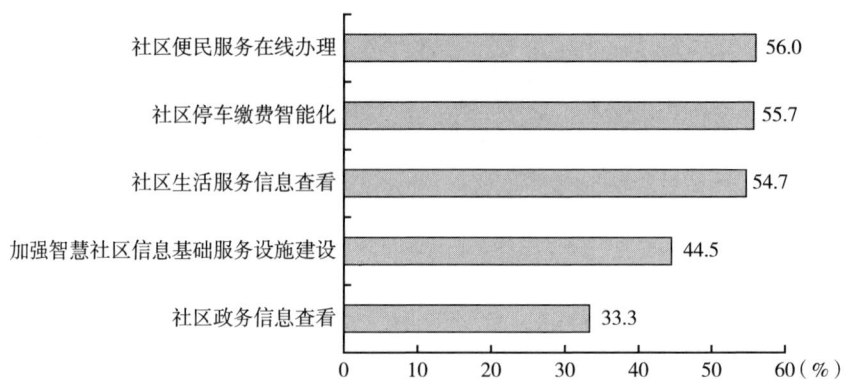

图16 德胜街道社区信息基础设施服务需求情况

三 基本数据结论

调查数据显示，德胜街道参与调查的居民年收入平均值为66113.6元，

高出西城区 15 个街道的平均值 1258.4 元，受调查居民中人均月收入在 3400~8700 元的占比最多，这表明地区常住居民总体生活水平较高，对街道社区服务的内容和品质要求也相对较高。此次调查，共涉及公共教育资源、公共文化服务、社区服务、就业（创业）服务、为老服务、残疾人专项服务、便民服务、公共安全服务和地区信息基础设施服务九个方面的评价指标，分析后得出以下数据结论。

第一，在公共教育资源评价方面，总体上受访者对德胜街道的教育资源状况较为乐观，受访者中认为地区教育资源分布总体平衡的比例值在设置选项中最高，但受访者选择的差异化也反映了地区教育资源分配不均衡的问题比较突出，尤其是在学前教育方面，受访者的满意度普遍较低，表明当前德胜街道的公共教育资源状况难以满足地区常住居民对教育资源的基础需求。

第二，在公共文化服务评价方面，虽然受访者对地区公共文化资源的知晓度相对较高，但是表示"部分了解"的占多数，居民了解得并不全面，也不深入，且受访者普遍认为地区在提供公共文化服务基础设施方面表现一般。在具体参与方面，居民大多数偏向于欣赏性的活动项目，文体娱乐活动参与度相对较低，街道公共文化服务的内容和品质还有很大的提升空间。

第三，在社区服务评价方面，超过七成的受访者表示对社区提供的群众文化服务满意度最高，但"社区居民体质测试服务"项目在受访者中的满意度仅为 4.2%，在所有参评的社区服务项目中，关乎居民身体健康方面的服务项目的满意度评价普遍偏低，说明社区在医疗卫生及健康服务方面的需求大于供给，社区各类服务供给有待实现进一步全面平衡发展。

第四，在社区提供的就业（创业）服务评价方面，超过六成的受访者表示街道提供了"社区职业介绍和岗位推荐服务"，但在"就业能力提升培训或讲座"和"自主创业指导咨询"方面的评价值明显下降。德胜街道十分重视为当地居民提供就业岗位信息和就业机会方面的服务，但在就业（创业）培训和指导服务方面投入力度不足。

第五，在为老服务评价方面，德胜街道在养老服务方面做得比较出色，调查数据显示，53.1% 的受访者表示"满意"和"很满意"，街道通过灵活应用地区资源为地区老人提供养老服务。在养老服务需求方面，"生活照料"服务项目的需求度最高，此外，对"医疗保健"、"紧急救助"和"日托服务"项目的需求度也相对较高。因此，从总体上看，地区养老服务的供给状况依然不容乐观，街道养老服务资源依然存在很大缺口。

第六，在残疾人专项服务评价方面，有55.8%的受访者认为社区提供了部分残疾人专项服务设施，有34.1%的受访者认为"比较完善"和"非常完善"，在社区残疾人服务项目供给状况的满意度评价方面，"法律援助"、"康复照料"和"就业指导"项目获得的评价值均超过50%，排在前三位，但与残疾人生活服务、心理健康和社会公益工作相关的服务有所短缺，街道在服务供给方面要关注残疾人的全面发展。

第七，在便民服务评价方面，社区便民服务项目涉及地区居民日常生活的方方面面，大到学生上学小到维修家电，有超过五成的受访者在社区及周边提供的便民服务的满意度评价方面持肯定态度，在社区提供的便民服务项目的便利度调查中，"超市便利店"的评价最高，"维修服务""公共停车场站""幼儿园、小学"等项目的便利度评价值较低，目前街道社区提供的便民服务与居民日益增长的服务需求之间还存在一定的差距。

第八，在公共安全服务评价方面，德胜街道高度重视地区安全管理和服务工作，在提供安全方面的培训和活动工作方面表现突出，有65.2%的受访者表示"经常"开展此类活动，在社区安全服务供给状况方面，社区治安服务项目的评价值最高，"社区物技防设施建设服务""社区青少年自护和不良青少年帮教服务""社区应急服务"等安全服务项目满意度较低，最高值与最低值相差43个百分点。街道在安全服务项目的内容和覆盖人群方面仍然需要调整和优化。

第九，在信息基础设施服务评价方面，受访者普遍接受和支持地区提供智慧化和便利化的信息基础设施服务，在"社区便民服务在线办理"、"社区停车缴费智能化"和"社区生活服务信息查看"服务项目上的需求度较高，这些项目都与当地居民的日常生活服务需求紧密相关。面对地区居民不断增长的智慧化和便利化社区服务需求，德胜街道需要在建立和完善地区信息化基础设施，发挥科技智能手段更好地服务地区民生工作上下功夫。

综上所述，我们可以从德胜街道的公共服务调查项目中筛选出 13 个重点选项，为街道开展下一步工作提供参考线索（见表 3）。

表 3　德胜街道公共服务重点选项调查数据

单位：%

序号	需重点关注的调查选项	调研占比
1	最满意的社区文化教育体育服务"社区群众文化服务"	71.1
2	参与度最高的公共文化选项"书画展览、摄影展等"	61.7
3	参与度最低的公共文化选项"文体娱乐活动，如广场舞、打太极拳等"	43.2
4	最需要加强的公共文化建设项目"公共场馆和公共文化设施"	62.9
5	满意度最高的就业指导和就业服务项目"社区职业介绍和岗位推荐服务"	60.2
6	满意度最低的就业指导和就业服务项目"自主创业指导咨询"	23.5
7	需求度最高的社区养老服务项目"生活照料"	65.9
8	满意度最高的社区残疾人服务项目"法律援助"	67.0
9	满意度最低的社区残疾人服务项目"文教服务"	20.6
10	便利度最高的社区便民服务项目"超市便利店"	84.2
11	便利度最低的社区便民服务选项"维修服务"	31.6
12	满意度最高的公共安全服务项目"社区治安服务"	72.6
13	需求度最高的信息基础设施选项"社区便民服务在线办理"	56.0

四　对策建议

德胜街道辖区面积 4.14 平方公里，有 23 个社区，区域分布特色鲜明，地区社会结构比较复杂，不同地区居民所居环境条件不同，对自身利益界定不同，对地区公共服务的需求也不尽相同，加之地区内部发展水平也存在一定的差异，都在一定程度上影响了地区公共服务水平的整体提升。德胜街道地处首都功能核心区，要在改善民生和提供更高品质的公共服务方面积极走在前列，以本次调研所得结果为依据，课题组提出以下参考性意见。

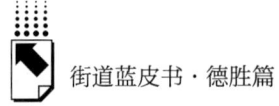

（一）持续开展和落实"德邻计划"，紧密对接地区民生需求

"德邻计划"是德胜街道的亮点工作，在服务和改善地区民生方面做出了积极贡献。街道发布的计划项目都与地区居民在日常生活中的实际需求高度契合，几乎涵盖了居民生活的方方面面，为保证项目能够紧密对接地区民生的需求，确保项目实施的可行性和有效性，项目工作组都会先走访和了解居民的需求，所有生活和工作在德胜的居民都可以参与。2016年4月德胜街道在第二届地区社会治理大会上发布了2017年的"德邻计划"项目，本次发布项目内容涉及"民生德胜""平安德胜""美丽德胜""文化德胜""聚力德胜"五个方面，共涵盖项目58个。其中，"民生德胜"的家门口的"养老驿站"项目，"平安德胜"的地区应急体系建设项目，"美丽德胜"的新风街1号院垃圾分类示范点项目和断头路打通工程项目，"文化德胜"的德胜街道博物馆项目等都是充分考察和结合地区居民的真正需求而设置的项目，能够帮助地区居民解决实际生活问题和困难。"德邻计划"以"德胜人"为核心，以"德胜文化"为精神凝聚力，以地区广大居民的共同参与为持久动力，计划项目的持续开展和落实，能够更好地推动地区社会治理，更加有效地解决地区民生问题，不断改善地区环境品质，不断提升居民的获得感和幸福感。

（二）依托街道网格化"全响应"社会服务管理体系，提升地区公共服务的智能化和精细化水平

德胜街道依托网格化"全响应"社会服务管理体系，全面推动"民生德胜"建设，大力创新民生服务模式，显著提高了地区公共服务的智能化和精细化水平。德胜街道从顶层设计到具体落实都高度重视并取得了突出的成绩。首先，德胜街道制定了《智能化民生服务与城市管理行动计划》，在全市范围内率先创设了"3＋6＋N"全响应社会治理工作模式①，这一模式

---

① 通过建设数据中心、信息传输渠道、社会服务管理指挥中枢3个基本框架，实现"民生服务、城市管理、维稳应急、分析研判、绩效考核、统筹推进"六大职能，同时根据百姓需求创新N个公共管理和服务项目。

不仅在地区得到全面应用，而且在全市得到推广；其次，通过搭建全响应体系，梳理和整合了地区的信息和数据资源，便于街道对地区情况进行系统、动态和实时的把握，为科学决策服务，如数据中心整合了 80 多个市区街业务系统、316 个台账以及社区数据，梳理了 6000 多项数据项和 3.6 亿条数据；最后，打造了"精准服务"的便民服务体系，推动了智慧社区和智慧城市建设，全响应系统通过 3G、GPS、WiFi、PDA 等技术，实现对地区问题的全面感知、快速传递、积极响应，及时了解居民的不同需求，充分调动地区各类资源，为居民提供合理的解决方案，实现公共服务的智能化、个性化和精准化。

（三）创新公共服务供给模式，打造高品质的地区公共服务项目

随着城市化的发展和城市生活水平的普遍提高，城市居民对政府公共服务提出了更高的要求，而传统的以政府为单一主体的供给模式在所提供的公共服务方面，无论是从内容还是从品质上都已经难以满足城市居民日益增长的美好生活需求，创新公共服务供给模式，打造高品质的地区公共服务项目已经成为城市基层政府的必然选择。德胜街道十分重视地区多元主体力量在打造丰富、优质和高效的地区公共服务中的重要作用，在坚持党委领导和政府主导的前提下，积极为社会多元主体参与地区公共服务建设搭建平台，如街道发布的"德邻计划"就为地区多元力量参与地区治理和家园建设提供了一个更为开放的平台，参与和推动项目实施的主体除了党政机关和社区居委会，还包括专业的第三方机构、企业单位、社会组织、物业、公益机构、社区居民等，街道通过购买第三方服务、大力培育和发展社会组织，积极扶持志愿组织开展服务活动等多项举措，推动公共服务模式创新，丰富服务内容，提高服务品质，以更好地满足不同社区不同层次居民的生活服务需求。

B.3
德胜街道基于工作人口的
地区公共服务调查报告

摘　要：　工作人口是区域发展的重要参与者和推动者，为其提供便利、
持续、优质的公共服务，对优化地区发展环境和服务水平，
提高街道服务区域发展的能力具有重要意义。为此，课题组
在 2015 年 1 月对辖区工作人口首次进行公共服务调查之后，
于 2017 年 5 月，再次就企业工作人口对德胜地区的公共服务
供给、参与和获得情况进行问卷调查。本次报告通过对社区
服务机构认知度、社区服务参与度、地区生活便利度、社区
基本公共服务满意度、社区公共服务需求度五个方面进行分
析，在对调查情况进行纵向比较的基础上，得出总体结论并
针对存在的问题提出具体建议。

关键词：　德胜街道　公共服务　工作人口

德胜街道是中关村科技园西城园的核心承载区，服务企业发展、做好工
作人员公共服务保障任务重大。本报告所涉及的调查对象是在德胜街道辖区
内纳税情况较好的一些企业的工作人员，包括中高层管理人员和普通员工，
调查进行时间为 2017 年 5 月。有 130 名工作人员填写了本次问卷，其中有
效问卷 90 份，有效率为 69.2%。

一　调查样本情况

调查对象中，中高层管理人员和普通员工的比例为 0.9∶1，男女比例为

0.9∶1，在本单位工作三年以上的占比为 72.2%，本科或大专学历占绝大部分，为 78.9%，硕博高端人才占到 17.8%。年龄分布在 36~55 岁的工作人口比例达到 70%，是企业的中坚力量。从户籍分布来看，本市户籍人口达到了 90% 以上，其中本区户籍人口占比 58.9%，本市其他区户籍人口占比 32.2%。从居住地情况看，在西城区居住人员占 63.3%，其中，拥有自有住房的工作人员约占八成。从家庭结构来看，三口之家居多，占 64.4%。从员工收入来看，46 名普通员工中，家庭人均月收入在 5000 元以下的占比为 52.2%，超过 10000 元的占比 17.4%，但仍有 3 人表示家庭人均月收入低于北京市最低工资标准 1890 元。44 名中高层管理人员中，月收入在 5000 元以下的占比 40.9%，月收入在 5000 元到 9999 元的占 34.1%，超过 20000 元的占 11.4%（见表 1）。

表 1　调查样本基本情况统计

单位：人

性别	男			43		女			47	
年龄	25 岁及以下	26~35 岁		36~45 岁		46~55 岁		56~65 岁		65 岁以上
	3	20		38		25		4		0
户籍	本区户籍			本市其他区户籍			非本市户籍			
	53			29			8			
居住情况	本区，自有住房			45		本市其他区，自有住房			27	
	本区，非自有住房			12		本市其他区，非自有住房			6	
工作年限	三年以上			一年到三年			一年以下			
	65			19			6			
学历	博士研究生		硕士研究生		本科或大专			高中或中专及以下		
	6		10		71			3		
家庭构成	四口以上		四口		三口		二口		一口	
	9		10		58		10		3	
收入情况	普通员工家庭人均月收入									
	1890 元以下	1890~3399 元		3400~4999 元		5000~9999 元		10000~19999 元		20000 元及以上
	3	5		16		14		7		1
	中高层管理人员月收入									
	5000 元以下	5000~9999 元		10000~19999 元		20000~29999 元		30000~49999 元		50000 元及以上
	18	15		6		2		2		1

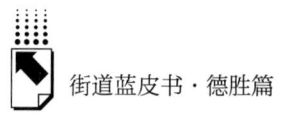

二 社区服务机构认知度

（一）街道办事处服务事项：超九成的受访者有一定的认知度

对于街道办事处对企业的服务事项的认知程度，48.9%的受访者表示"知道"，43.3%的人表示"知道一些"，而表示"不知道"的人仅占7.8%（见图1）。由此可见，企业对德胜街道的服务企业事项认知度较高。这与德胜街道地处中关村科技园西城园覆盖区域，对企业的服务意识较强是分不开的。

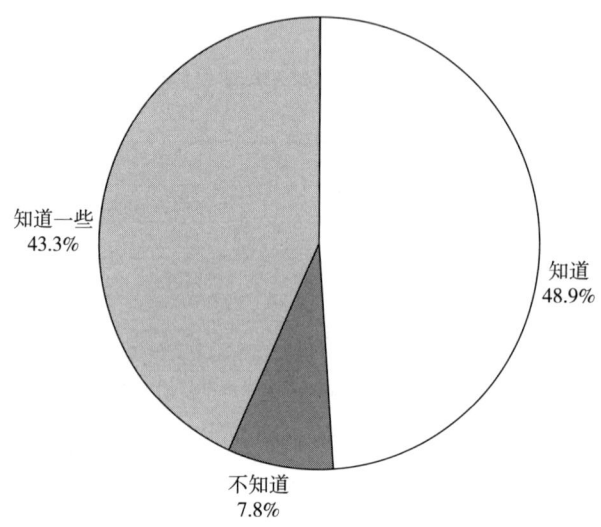

图1 德胜驻区单位工作人员对街道服务企业事项认知度

（二）社区居委会：企业对社区的认知度大幅提高

调查显示，关于社区居委会的办公地点、服务项目、领导姓名和相关活动，仅有3.3%的受访者表示对以上情况"都不知道"。而大部分的受访者做了肯定回答，说明人们对社区居委会的了解比较多，认知度较高。其中 92.2% 的受访者"知道办公地点"，77.8% 的受访者"了解服务项目"，65.6% 的受访者表示"知道领导姓名"，70% 的受访者表示"参加过活动"（见图 2）。而上次（指 2015 年 1 月的首次调查，下同）的这四个调查数据分别为 85.7%、50.7%、48.4% 和 46.3%，均有了大幅度提高，其中对服务项目的了解程度提高 27.1 个百分点，社区活动参加度提高了 23.7 个百分点。这表明，社区服务企业的力度在加大，双方互动的频率也在提高。

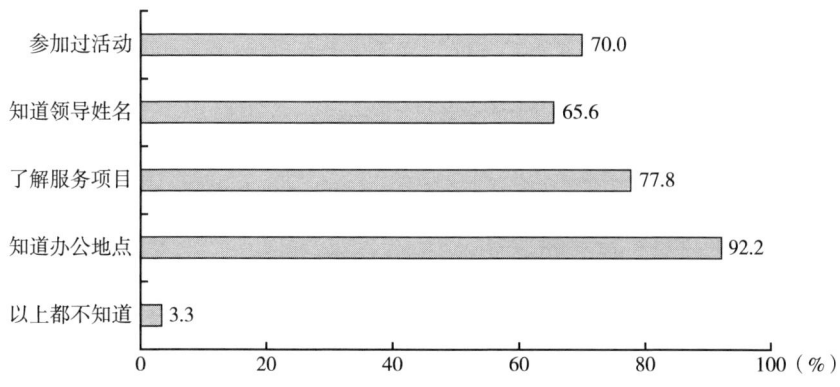

图 2　德胜街道驻区单位工作人员对社区居委会的认知度

三　社区服务参与度

（一）社区服务项目：受访者参与度整体提升

此次问卷再次重申了上次的问题，从 10 个方面进行了调查，结果显示，企业工作人员参与社区服务项目的频度整体上升。社区服务选项"都未参与"的人数从上次的 26.5% 下降为 12.5%，其余 9 个选项均有不同程度的提高。从具体服务项目看，参与或享受过法律服务的受访人数依然排在首位，占比也从上次的 43.3% 上升到 65.9%；以下排列的三个选项依次是

"图书阅览"（43.2%）、"棋牌娱乐"（34.1%）和"职业介绍"（31.8%），
均超过了30%。其中，"图书阅览"依然排在第二位，较上次调查上升
11.6个百分点，"棋牌娱乐"则上升了12.5个百分点。同样，本次调查中
"婚姻介绍"仍然排在最后一位，但参与度也由3.7%上升到现在的8.0%
（见图3）。这充分说明，街道为驻区企业工作人员提供服务的效果有了较大
幅度的提高。不过，仍有超过10%的人未参与到社区服务中，表明服务供
给仍有一定的提升空间。

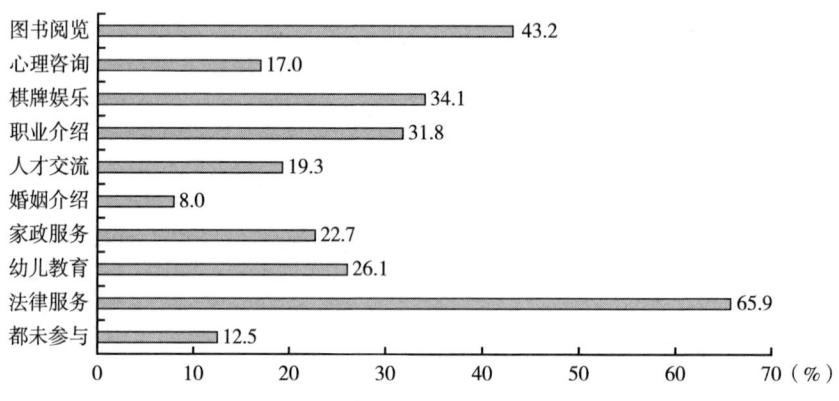

图3　德胜驻区单位工作人员社区服务项目参与度

（二）社区文化活动：参与者从不足七成上升至超过九成

对街道组织的文化活动参与度的调查显示，40.0%的受访者表示"经
常参加"，"偶尔参加"的占52.2%，较上次28.3%和45.2%的调查数据，
都有很明显的上升。而"从未参加过"的数据也由上次的26.5%下降为
7.8%，下降接近20个百分点（见图4）。这三组数据充分说明，德胜街道
的文化活动参与度较以往有很大提高，活动开展的影响面也在扩大。当然也
需要注意"从未参与过"任何活动人群的需求，丰富活动内容，扩大宣传
渠道。

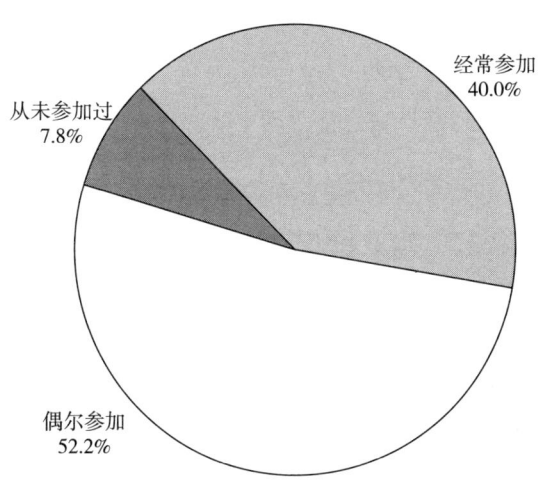

图4 德胜驻区单位工作人员的文化活动参与度

（三）社区公益事业：全部受访者愿意参加公益活动

此次问卷再次调查了企业工作人员对街道或社区组织的公益活动的参与意愿，结果显示，在"公益培训"、"文艺演出"、"助老助残"、"治安"和"绿化"五个选项中，全部受访者有不同选择，而且所有选项的占比有一定的提升（见图5）。相应比例分别由上次的32.4%、31.2%、28.1%、

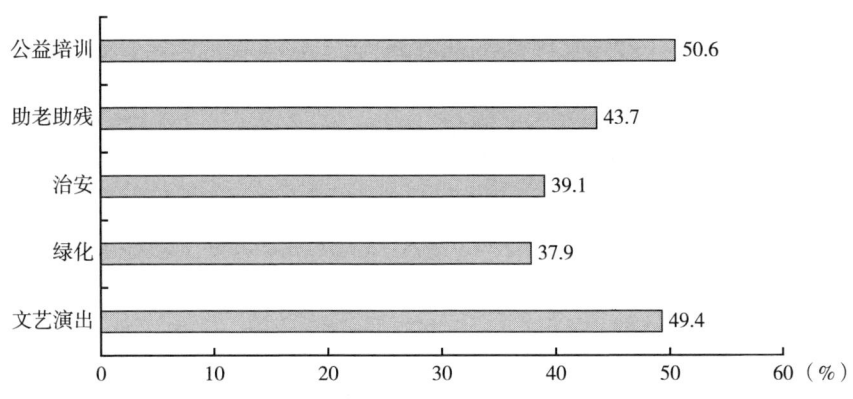

图5 德胜驻区单位工作人员参与社区公益事业的意愿

35.2%和29.8%上升为50.6%、49.4%、43.7%、39.1%和37.9%。其中，驻区企业工作人员对公益活动的参与意愿很高，街道社区应多策划组织相关公益活动，以便于人们参与到公益行动中来。

四 地区生活便利度

（一）停车资源情况：停车难问题变得越发突出

对停车资源情况的调查显示，91.1%的受访者认为单位周边停车条件不好，其中38.9%的受访者认为已经严重影响工作，这一数据较上次调查的34.3%提高了4.6个百分点，认为停车"很好，没有影响"的人由上次的13.4%下降至8.9%（见图6）。这组数据表明，德胜地区的停车难问题严重，变得更为突出。面对驻区企业的切身诉求，想方设法解决好停车难问题，已十分迫切。

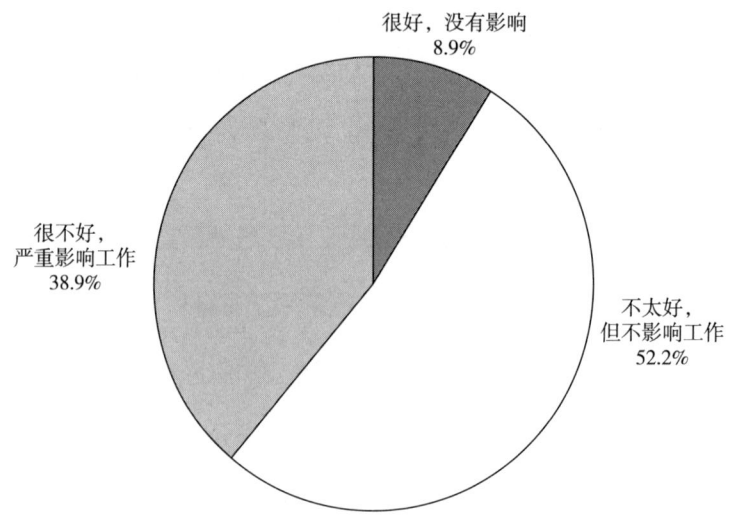

图6 对德胜驻区单位工作人员停车条件便利度的调查

（二）交通便利度：54.5%的受访者表示"最后一公里"步行时间超过10分钟

西城区位于首都核心区，地铁、公交等交通系统便利完善，在绿色出行理念的倡导下，公共交通成为区内企业工作人口通勤的首要选择。通过对公交车或地铁下车后"最后一公里"步行时间的调查，有54.5%的企业工作人员表示下车后需步行 10 分钟以上，其中步行 10 ~ 15 分钟的占比为36.7%，15 分钟以上占比为 17.8%（见图7）。而上次调研时这两个数据分别为 23.6% 和 22.9%。由此可见，西城区公共交通出行方面没有太大改观。从这个角度看，共享单车应是最好的补充。

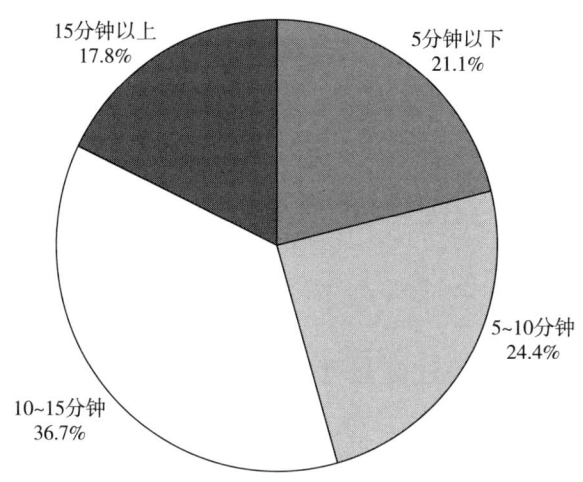

图7　对德胜驻区单位工作人员"最后一公里"
交通便利度的调查

（三）早餐便利度：早餐供应点便利度降低

本次早餐便利度同样涉及四个方面的选项，调查结果显示，84.4%的人表示不能够方便地在周边找到早餐供应点，其中"基本没有""很不方便""稍有不便，多走几步能找到"的分别占2.2%、5.6%和76.7%（见图8）。这三项的数据上一次分别是 9.1% 、8.9% 和 60.5% 。由此可见，德胜地区的早餐供应情况总体不足。在疏解整治促提升和背街小巷环境治理的形势下，在早餐店变少的同时，如何确保辖区工作人员的基本生活不受影响应引起高度重视。

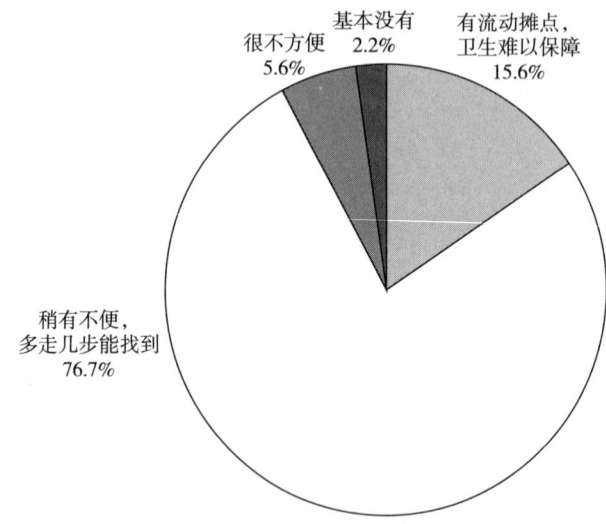

图 8　对德胜驻区单位工作人员早餐供应便利度的调查

五　社区基本公共服务满意度

（一）社会保障服务：住房保障满意度上升缓慢

社会保障服务具有保基本、促稳定的作用。德胜街道社会保障服务调查结果显示，"医疗保险"、"就业服务"和"社会福利"满意度名列前三位，"医疗保险"服务满意度最高，为 70.0% 。从整体来看，除"医疗保险"外，其他选项的满意度评价最高不超过 50% （见图 9）。但与上次调查相比，所有选项数据的满意度有不同程度的上升，"医疗保险"、"社会福利"、"就业服务"、"社会救助"、"养老服务"、"低保"和"住房保障"满意度分别增长了 22.4 个、21.4 个、13.2 个、10.6 个、7.7 个、7.2 个和 5.4 个百分点，其中，改善最快的是医疗保险和社会福利，住房保障水平提升较慢。此外"都不满意"的人数占比由11.2%下降为2.2%。

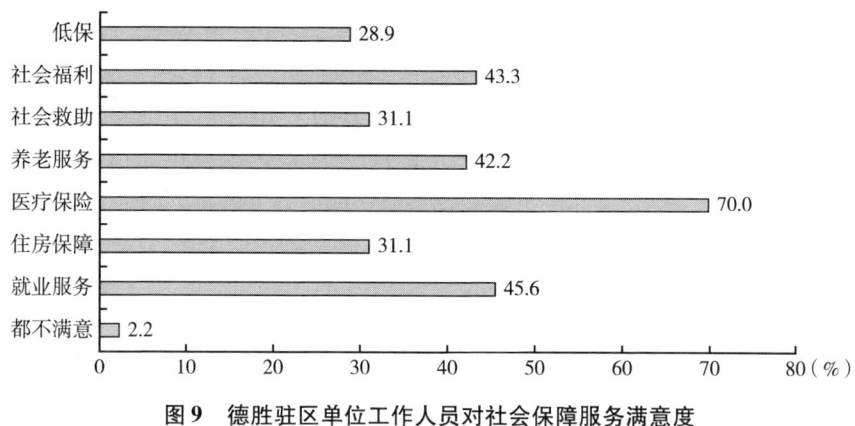

图9 德胜驻区单位工作人员对社会保障服务满意度

（二）医疗卫生服务：满意度平均上升15个百分点

调查结果显示，人们对德胜地区医疗卫生服务满意度有所上升，"就医方便"、"价格合理"和"设施先进"三组数据较上次调查分别上升了13.3个、15.5个和16.7个百分点，达到68.9%、61.1%和43.3%，平均增幅达到15.2个百分点。表示"都不满意"的也由8.9%下降为1.1%（见图10）。但从总体来看，德胜地区的医疗卫生服务仍有一定的提升空间。

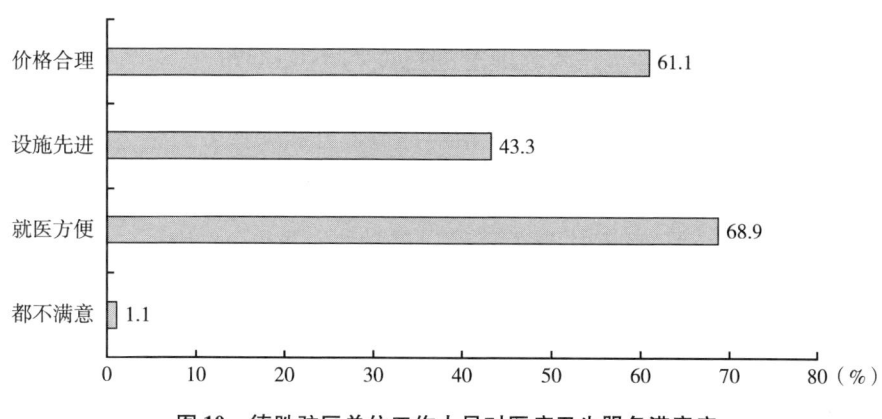

图10 德胜驻区单位工作人员对医疗卫生服务满意度

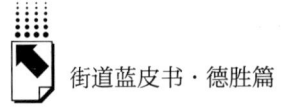
（三）公共安全：满意度整体提高

在公共安全满意度的调查中，87.8%的受访者表示对"社会治安"满意，55.6%的受访者对"流动人口管理"满意，40.0%的受访者对"突发事件处理"满意。这三组数据较上次调查分别上升了17.6个、16.3个和4.8个百分点。对这三个方面"都不满意"的人数比例由10.0%下降为4.4%（见图11）。由此可见，德胜地区的公共安全状况整体提升，但进一步改善的空间较大。

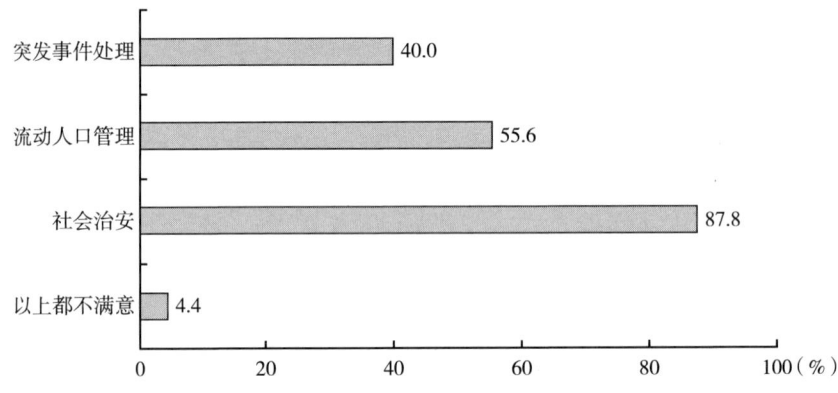

图11　德胜驻区单位工作人员对公共安全满意度

（四）市容环境：五类选项的满意度均不足60%

从调查结果来看，德胜街道在市容环境提升和保持方面整体满意度不高。在满意选项中，58.9%的受访者选择了"低矮面源污染"，57.8%的受访者选择了"生活垃圾定时投放清运"，选择"雾霾应急举措"、"扬尘污染治理"和"厨余垃圾分类收集与利用"的比例分别为36.7%、46.7%和42.2%。这三项满意度均不到50%，与此同时，仍然有2.2%的受访者选择"以上都不满意"（见图12）。

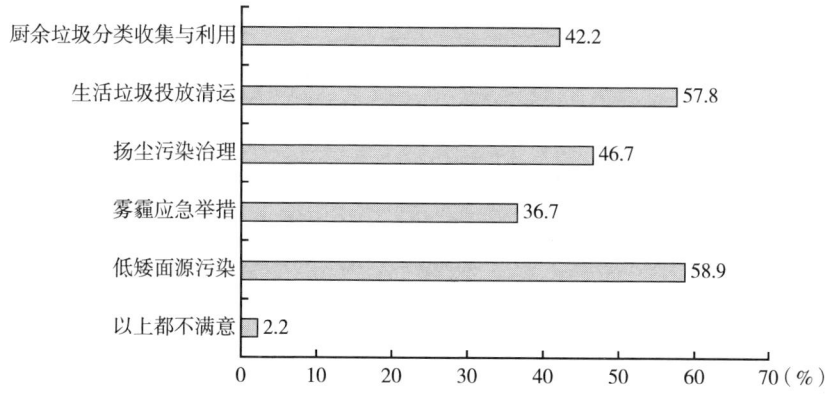

图12　德胜驻区单位工作人员对市容环境满意度

（五）城市管理：违章停车问题变得更为突出

从此次调查的情况看，城市管理问题可谓令人担忧。有72.2%的受访者认为"违章停车"问题最为突出，其次为"绿化不够"和"私搭乱建"问题（见图13）。与上次调查相比，选择"违章停车""绿化不够"的比例继续呈上升趋势，分别增长了6.7个和12个百分点。"私搭乱建""门前三包""乞讨卖艺"等问题没有明显变化。只有"游商占道""街巷保洁不彻底"问题有较大的改观，选择比例分别由18.0%、34.3%下降为10%和

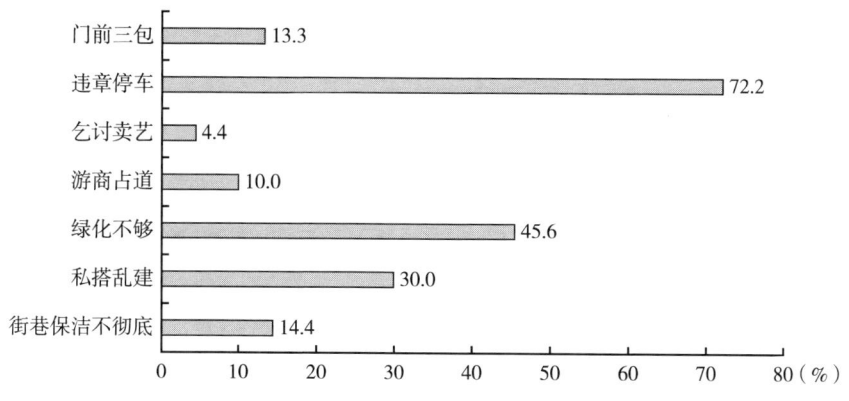

图13　德胜驻区单位工作人员认为城市管理存在的问题

14.4%，"街巷保洁"改善幅度最大。由此进一步证明，疏解整治促提升和背街小巷治理行动在某些方面取得了一定的成效，但在违章停车、绿化等方面还存在不小的问题，需要统筹谋划，全面推进。

（六）公用事业服务：对各选项的满意度呈上升趋势

调查显示，德胜地区工作人口对辖区市政公用事业的满意度整体提高，与上次调查相比均有不同程度上升，对各选项表示"都不满意"的从4.7%降为0（见图14）。从满意度排序看，除供气以24.7个百分点的最大增幅提升到第一位（66.7%）之外，其他排序不变，依次为供水（65.6%）、供电（65.6%）、通信（52.2%）、市容市貌（44.4%）、邮政（38.9%）、信息化水平（34.4%）和城市规划布局（28.9%），其中城市规划布局满意度提升幅度最小，仅上升2.7个百分点。由此可见，满意度最低的仍然是城市规划布局。

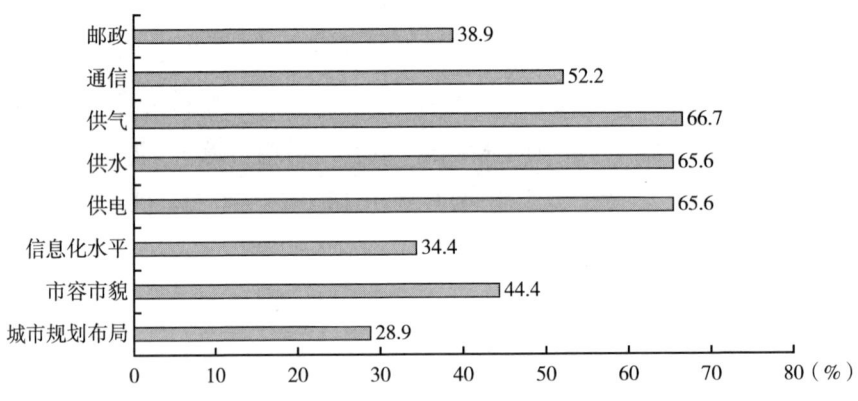

图14　德胜驻区单位工作人员对市政公用事业服务满意度

（七）消防安全：防火设施和安全状况有所改善

此次调查显示，73.3%的受访者表示"防火设施很好，会安全逃生"，这一数据较上次调查上升11.6个百分点。表示"防火设施一般，火势不大

的情况下可以逃生"和"防火设施不好，逃生机会不多"的从上次的
35.2%和3.1%分别下降为24.4%和2.2%（见图15）。由此可见，德胜地
区防火设施和安全状况满意度有较大的提升。

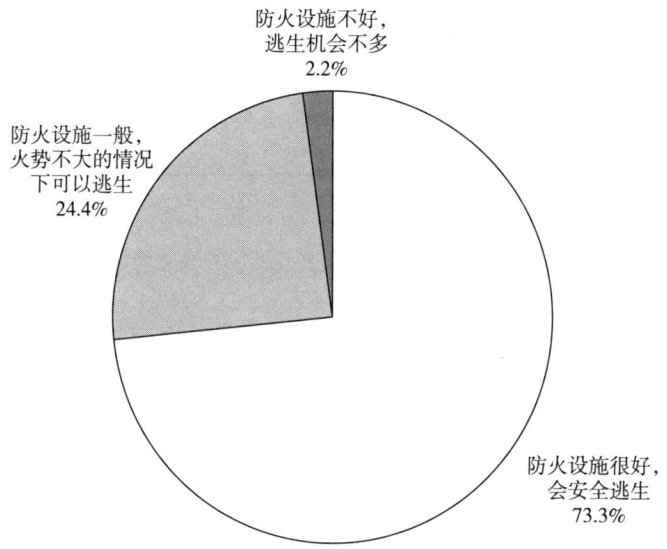

图15　德胜驻区单位工作人员对消防设施和安全满意度

六　社区公共服务需求度

（一）硬件设施需求：对体育健身点的需求最为迫切

公共服务设施是丰富社区文化必不可少的硬件设施。对德胜地区社区最
缺乏的公共服务设施的调查显示，体育健身点和文化活动室最为短缺，而且
有加重的倾向。此次调查分别有63.3%和54.4%的受访者表示不能满足需
求，较上次调查还上升了12.5个和10.9个百分点。此外，图书室的需求也
由26.8%上升到35.6%。而对宣传栏、公共广告栏、卫生所的需求度均处
于下降趋势，由上次的两位数降至个位数（见图16）。

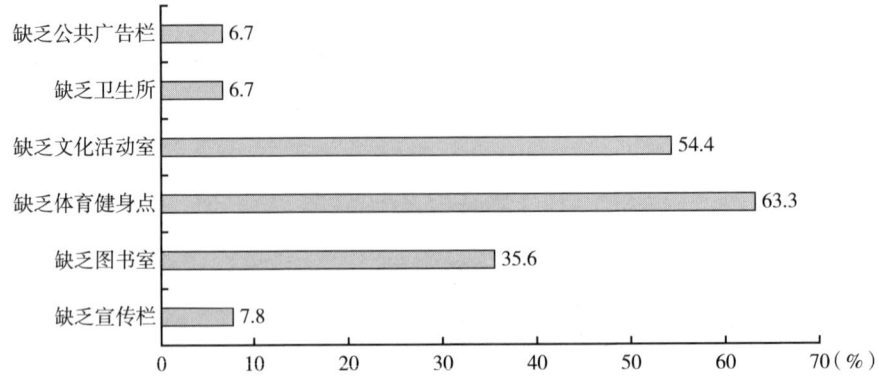

图16　对德胜驻区单位工作人员硬件设施缺乏情况的调查

（二）服务项目需求：便民利民服务、文化娱乐、老年服务和青少年课外服务需求较大

调查显示，企业工作人员对德胜街道的便民利民服务（41.6%）和文化娱乐服务（40.4%）需求度最高，超过40%，老年服务（38.2%）和青少年课外服务（36.0%）紧随其后，分别排第三、第四位（见图17）。与上次调查相比，青少年课外服务、便民利民服务和老年服务需求度分别增长了8.2个、8.1个和5.5个百分点，医疗保健、法律援助、劳动就业需求度

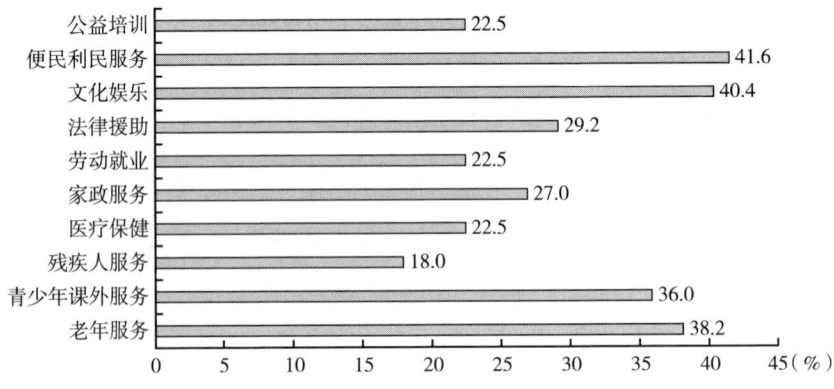

图17　德胜驻区单位工作人员对服务项目需求情况

出现不同程度的下降。由此可见，德胜街道要增加对青少年、老年人以及在便民利民方面的服务供给。

此外，相关调查发现，辖区内企业获取信息和服务的主要渠道是通过网络、微信等，显示出大数据时代人们对互联网的高度依赖性，与此同时，企业与街道社区的沟通和联系的平台和渠道有限，需要进一步发挥党对企业的领导作用。

七　基本数据结论

基于对德胜街道驻区单位工作人员的调查，并与上次调查数据进行比较后，课题组从社区服务机构认知度、社区服务参与度、地区生活便利度、基本公共服务满意度和公共服务需求度等五个方面进行归纳，得出如下结论。

第一，在社区服务机构认知度方面，92.2%的受访者表示对街道办事处服务企业事项"知道"和"知道一些"；96.7%的受访者对居委会或多或少了解一些，对社区服务项目参与度整体上升。

第二，在社区服务参与度方面，社区服务项目参与度整体上升，87.5%的受访者参与过社区服务项目，其中参与法律服务的受访人数最多，占比为65.9%；参与过社区文化活动的受访者由不足七成上升至超过九成，达到92.2%；全部受访者表示愿意参加公益活动，其中超半数人员愿意参加公益培训活动。

第三，在地区生活便利度方面，停车难问题变得越发突出，其中38.9%的受访者表示停车条件很不好，严重影响工作；54.5%的受访者表示"最后一公里"步行时间超过10分钟，共享单车应是一种有效的补充；有84.4%的受访者表示不能够方便地在周边找到早餐供应点，早餐便利度问题继续扩大。

第四，在社区公共服务满意度方面，社会保障服务项目中，医疗保险服务满意度最高，达到70%，而住房保障水平的满意度最低，上升幅度最小；医疗卫生服务中，满意度总体平均上升15个百分点，有68.9%的受访者表示就医方便；公共安全情况整体呈上升趋势，87.8%的受访者对社会治安表示满意；市容环境五类选项的满意度均不足60%，对"低矮面源污染"和"生活垃圾投放清运"评价最高，"雾霾应急举措""扬尘污染治理""厨余垃圾分类收集与利用"的满意度未达到50%；城市管理中，"违章停车""绿化不够"等问题较为突出，"街巷保洁"大有改善；对公用事业服务各选项的满意度呈上升趋势，在满意度排序中，城市规划布局排最后一位，仅有28.9%的满意度；从消防安全看，防火设施和安全状况总体有所改善，选择"防火设施很好，会安全逃生"的上升为73.3%。

第五，在社区公共服务需求度方面，硬件设施需求中，对体育健身点的需求最为迫切，上升到63.3%。此外，文化活动室和图书室的需求度也增加到54.4%和35.6%；服务项目需求中，便民利民服务、文化娱乐、老年服务和青少年课外服务需求高企。其中，青少年课外服务、便民利民服务和老年服务三类需求分别增长了8.2个、8.1个和5.5个百分点，医疗保健、法律援助、劳动就业需求出现不同程度的下降。

通过对上述结果进行梳理可以看出，虽然存在部分项目服务改善缓慢、服务便利性问题加剧等现象，但德胜地区的公共服务水平总体上升。从具体选项的数据变化看，德胜地区的公共服务亮点较为明显，难点也反映突出，有13个选项值得重点关注（见表2）。

表2　德胜驻区单位工作人员对公共服务重点选项调查数据比较

单位：%

序号	需重点关注的调查选项	2015年1月调查数据	2017年5月调查数据	数据变化情况
1	最积极参与选项"法律服务"	43.3	65.9	上升22.6个百分点
2	最愿意参与选项"公益培训"	32.4	50.6	上升18.2个百分点
3	满意度最高的社会保障选项"医疗保险"	47.6	70.0	上升22.4个百分点
4	满意度最高的公共安全选项"社会治安"	70.2	87.8	上升17.6个百分点
5	便利度最差选项"停车条件不好"	86.6	91.1	上升4.5个百分点

序号	需重点关注的调查选项	2015 年 1 月调查数据	2017 年 5 月调查数据	数据变化情况
6	便利度较差选项"吃早餐不方便"	78.5	84.4	上升 5.9 个百分点
7	满意度最低的城市管理选项"违章停车"	65.5	72.2	上升 6.7 个百分点
8	满意度较低的城市管理选项"绿化不够"	33.6	45.6	上升 12.0 个百分点
9	满意度最高的城市管理选项"街巷保洁"	34.3	14.4	下降 19.9 个百分点
10	需求度最大的公共服务设施选项"体育健身场所"	40.8	63.3	上升 12.5 个百分点
11	需求度较大的公共服务设施选项"文化活动室"	43.5	54.4	上升 10.9 个百分点
12	需求度最大的公共服务项目选项"便民利民服务"	33.5	41.6	上升 8.1 个百分点
13	需求度较大的公共服务项目选项"文化娱乐服务"	36.5	40.4	上升 3.9 个百分点

八 对策建议

当前，西城区正在积极落实北京市委市政府疏解非首都功能整治城市环境的相关部署，大力推进疏解整治促提升和背街小巷环境整治专项行动。为此，各街道推动了违法建设拆除、"开墙打洞"治理、地下空间和群租房整治、老旧小区整体提升、"七小"门店整治和文明街巷创建等工作。虽然街区环境、街巷面貌得到了很大改善，但由于对疏解整治促提升后的空间使用等配套政策的制定滞后，街道又缺乏对腾退空间利用的自主权，导致许多公共服务项目问题加剧。结合德胜街道实际，课题组提出以下建议。

（一）以"街区设计"为抓手，统筹好腾退空间利用和公共服务供给

德胜街道是率先实施推进街区整理计划的街道。为突出街区特色，有效

提升品质，德胜街道发挥属地资源优势，联系中国城市建设研究院对地区进行整体规划与街区设计，将疏解整治促提升专项行动的任务逐项分解到各社区和重点街巷，进一步明确疏解空间的功能定位和提升标准，这为有效解决疏解整治促提升后的空间使用政策制定滞后问题提供了契机。为此，建议在街区设计中，按照不同街巷功能定位和资源分布，统筹疏解腾退空间，保障和改善基本公共服务，优先做好社区生活性服务业配套，实现供求平衡。

（二）以"便利"为目标，提高公共服务布局的合理性和项目的针对性

德胜街道在配置公共服务资源时需要与中关村科技园西城园产业布局和功能、业态、服务需要相适应，要做好街区现状梳理和问题诊断，对街区进行综合评估分析。统筹单位资源与公共资源、短期与长期、文化保护与传承，把便利性作为设定公共服务项目和进行布局的基本原则，提高服务的针对性和布局的合理性，进而优化街区功能和服务环境，提高服务保障能力。

（三）以"突出问题"为导向，重点解决好社会参与和共建共享问题

停车难、买早点难是工作人口反映最为突出的问题，也是影响德胜街道服务品质最直接的问题。特别是随着街区专项整治行动和重点地段抗震加固工作的推进，问题日益加剧，违法停车现象也更为突出。解决这两个问题显得更为迫切。街道要以解决这两个突出问题为抓手，提升管理服务水平，并加强公共责任意识的宣传，充分调动驻区单位共建共享的参与和开放相关资源的积极性，共同解决好最现实最紧迫的停车难、吃早点难等问题，推动形成社会单位共同参与街区治理的工作机制，提高街区共管共治、共建共享水平。

理 论 报 告

Theory Reports

B.4
基层社区治理模式要素与类型分析

摘　要：　2017 年 4 月，德胜街道召开了地区社会治理大会暨"德邻计划"项目发布会。在过去三年时间里，"德邻"从一种文化理念上升为治理理念；从一种社区工作方式上升为基层治理模式。"德邻计划"的升级，体现并回应了习近平总书记对基层社会治理的要求："基层是一切工作的落脚点，社会治理的重心必须落实到城乡、社区。"德胜地区进一步完善社会治理体系，需要深入的理论思考和实践探索。本文梳理了基层社区治理模式的要素、社区治理模式的类型，分析了"德邻计划"的现状，并对"德邻"模式提出了相关思考。

关键词：　德胜街道　社区治理　治理要素　协商治理　社会参与

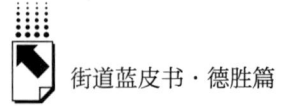

一 从现代治理逻辑看基层社会治理模式的要素

（一）治理的要素分析

治理模式，即在治理过程中经提炼出来的具有一般性、简单性、重复性、结构性、稳定性、可操作性的方式。治理模式的要素主要有四项，治理主体、治理理念、治理体制机制、治理内容（见图1）。治理主体回应了谁是实施者的问题，因此治理主体是治理模式的要素之一。治理理念一定程度上与治理目标趋同，决定了治理的发展方向、水平和成效，因此也是治理的要素。治理体制机制掌握和决定了治理运行状态，因此是要素之一。治理内容，亦是治理对象，没有内容不可能实现治理，因此是要素之一。

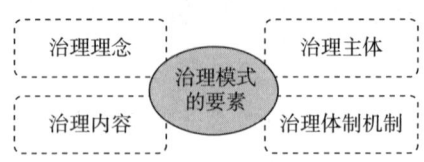

图1　治理模式要素

（二）治理的发展趋势：多元主体参与的耦合型治理结构

治理现代化需要多元主体参与。我国改革开放以来，不同利益诉求迅速增长、公共生活主体日益多元，国家管理、政府管理、社会管理日趋复杂和困难，治理空间、治理格局有待优化与调整。一方面，改革开放后非政府组织的出现和公民参与意识的增强成为推动治理方式转变的重要契机和基础；另一方面，随着治理现代化的推进，社会各界普遍认为政府虽然具备充沛的资源，但是政府已不能仅依靠自身的力量应对日趋复杂的社会管理工作。现代治理倡导的是多元利益主体相互协作，从不同角度提出专业的方案，保证治理的有效性和系统性。

多元主体会形成多中心的耦合型治理结构网，主体之间是一种相互影响、平等关系，而不再是垂直的上下级关系。互联网、大数据和云计算等新技术是改变传统行政体制的助力之一，通过这些技术构建起一个扁平化、网络化的世界，将人、物、组织等融合进网络世界中。在这个网络世界中的每个节点就是一个中心，实现多中心间的交流往复。

耦合型治理结构推动治理向民主化发展。耦合型治理结构奠定了治理发展趋势必须以民主为主线。各主体既有相对独立的思考空间与权力，又有共同负责公共事务的任务。由于各主体之间不存在等级关系、领导与被领导关系，因此在公共决策过程中只能通过谈论、对话的方式达成共识。另外，治理理论的演进也突出了民主性。从传统公共行政理论强调阶级利益开始，到新公共管理理论强调政府掌舵、鼓励市场化行为，到新公共服务理论注重服务理念，再到治理理论强调的民主建设、多元参与、公民精神等，"民主"理念逐渐发展起来（见表1）。

表1　治理理论的演进

对比内容	对比理论			
	传统公共行政理论	新公共管理理论	新公共服务理论	治理理论
政府定位	划桨者	掌舵者	服务者	引导者、参与者
理念目标	强调政府权威，自身效用最大化	期望缩小政府规模，鼓励市场化	鼓励多元参与	强调多元参与，加强民主建设
公共参与	被动参与	选择参与	扩大参与	主动参与
公民角色	选民及委托者	顾客	公民	公民

（三）治理的模式选择：协商型治理

从社会管理结构来看，主要分成层级型管理结构和耦合型治理结构。虽然随着社会发展和结构调整，向耦合型治理发展是必然趋势，但是治理结构的变化是缓慢进行的，因此会形成两种结构并存的局面。

在层级型管理结构中，管理主体之间的关系是垂直的，呈金字塔状，由此形成了管理模式和悬浮模式。从以往的实践看，管理模式抗风险能力、合

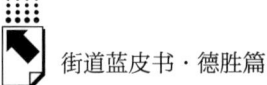

法性及民主建设程度较低。这种模式在学术理论演进与实践改革创新的双重推动下已被取代，由此而衍生出一种介于管理结构和治理结构之间的模式——悬浮模式。

对政府过度依赖的悬浮模式：是指政府不再直接、深入地管理社会。其目的是让社会恢复自身活力，不过社会依然存在于以政府为主的等级秩序中。在此模式中，由于国家依然在管理和决策中占据主导地位，社会虽然可以影响政府，但难以进入决策制定过程，民主度相对较低。在抗风险方面，因为社会有一定自主性，所以悬浮模式抗风险能力比管理模式略高（见图2）。

但是，非国家主体对国家（政府）存在较强的依赖。这种悬浮模式也体现由管理向治理过渡的过程。

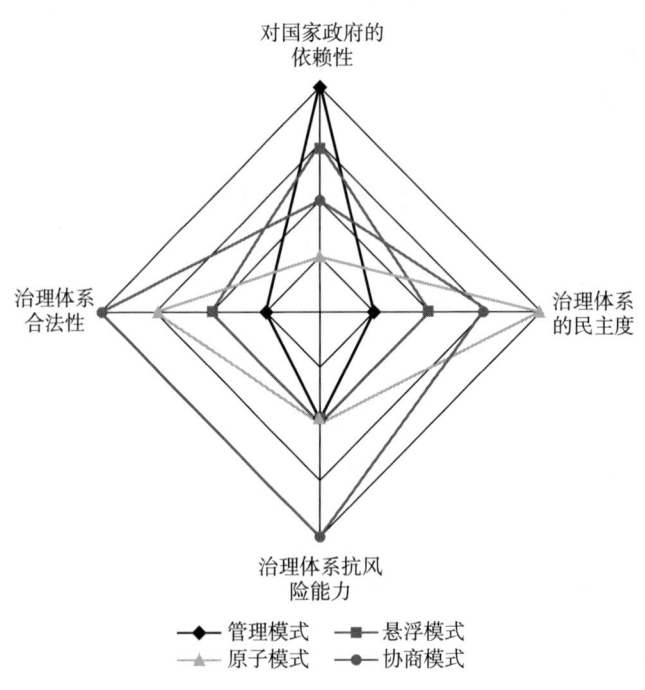

图2　模式的比较分析

耦合型治理结构强调治理主体的平等关系和相互协调机制。在耦合型治理中，治理主体的关系往往是平行支撑的，而按照治理主体的沟通机制的不同，可以形成两种模式：原子模式与协商模式。

抗风险能力弱的原子模式：治理体系内部更加"碎片化"的治理形态。在原子模式中，各个治理主体享有非常高的自主性，但与高自主性相对应的内部联结机制是弱相互作用，即各个治理主体忽略协商与协作机制，自主制定治理目标。各个治理主体相互之间只进行小范围的反馈，治理范畴和重心仅是自身的网络单元。这种高自主性，在抗风险方面存在弊端。因为未与其他治理主体建立灵活的协商模式来共同分担风险，一旦出现系统性风险，各个治理主体将很难协调集体行动，共同抵御危机。

整体水平较高的协商模式：该模式中，各类治理主体通过协商合作、共同努力实现治理目标，相互间保持独立和平等的关系。也正因为这种平等关系，各类主体对政府的依赖性不强。该模式以协商的方式进行决策制定，更具民主性和抗风险性。综合考虑来看，协商治理模式是治理的最优选择。

二 从社会治理实践看基层社区治理模式的类型选择

（一）国外实践案例

一是以新加坡为代表的强政府型。新加坡政府对社区治理直接干预，具体表现是社区组织负责人由国民议员委任和推荐；设立专门机构主导社区工作；等等。

二是以日本为代表的协同型。日本的基层社会治理主要依靠政府与非政府组织的共同协作。日本政府在基层治理中，主要承担宏观设计、业务指导以及资金支持的责任。日本社区中的民间组织种类繁多，受政府的社区管理机构"地域中心"管理。

三是以美国为代表的强社会型。美国的社区不是政府管理的基础单元，社区事务的运行主要依靠居民自治，例如社区委员会、志愿者等，非政府组织提供相关服务，政府在其中发挥的作用仅是制定社区发展规划。

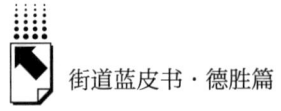

（二）国内实践案例

政府主导与社区弱参与型。沈阳市沈河区提出社区"还权、赋能、归位"工程。一是完善顶层设计，在制度设计和资源配置上进行改革。二是围绕强化社区管理服务职能，创新推行功能区管理体制。三是选派机关干部作为社区工作站站长，进一步完善"四位一体"的组织架构（见图3）。四是实现工作重心下移，向社区下放人、事、物管理权。

社区居委会	社区党工委
社区公共服务中心	社区社会组织服务中心

图3　社区"四位一体"组织架构

政府主导与社区主推型。焦作市解放区提出"复合共治、多元服务"社区治理模式。一是解放区充分发挥党政力量的主导作用，始终坚持共治共享的治理理念，主动开展社区体制改革。二是在社区党组织引领下，形成居委会、网管理事会等多种自治模式。三是加强社会资源共聚，社区建设实现良性运行。

社区主导与有限政府型。深圳市罗湖区提出社区多元融合新机制。一是搭建公益服务平台，社区居委会作为组织者，开展社区公益服务项目。二是畅通民意表达渠道，开展社区协商，社区居民议事会覆盖率达到100%。三是推动社区融合、培育社区社会组织力量。四是丰富社区邻里活动，以居委会为平台，通过娱乐活动、互助互动等加强邻里交流。

（三）基层社区治理模式的类型分析

基层社区治理模式类型的多样性与治理主体作用发挥相关。治理模式根据治理主体的组合可以细分出不同类型。从国外案例可以看出，基层社区治理模式分成政府主导、混合治理、社会主导三种，治理主体分别是强政府与弱社会、有限政府与有限社会、弱政府与强社会。由于我国现行的社会管理体制，政府在社会管理中一直扮演治理主体的角色，因此难以借用国外划分社会治理模式类型的标准进行分类，但是从政府主导力的强弱也可以分成三种类型：政府主导与社会弱参与型、政府主导与社会主推型、社会主导与有限政府型。

基层社区治理模式类型与政府作用相关。作为治理主体之一，政府作用发挥的强弱，与治理阶段成逆相关关系。换句话说，政府作为治理主体发挥作用增强时，一般是治理开展的初期；政府作为治理主体发挥作用减弱时，是治理的成熟表现。从上文可以看出，当政府作为治理主体发挥强作用时，治理导向是社区行政职能与组织管理。当政府与社会共同发挥作用时，治理导向是在政府提供的政策指导、资金支持下，开展居民自治与公益服务。当社区发挥主导作用时，治理导向是居民自治、社会组织培育、公益服务、民主建设等。

基层社区治理模式的类型应适用于区域发展实际情况。总的来说，社会治理模式的类型不存在优劣的区别，只是处于不同的治理阶段。各地区应根据实际情况，选择相应的治理模式类型。但无论哪种类型，政府都应成为治理主体之一。即使在发达国家，除个别情况，政府依然是基层社会治理的主体之一。

三 德胜地区"德邻计划"治理现状分析

（一）从"德邻计划"到"德邻文化"，从营造计划再到"德邻治理模式"

从感化、教育居民到形成"德邻计划"。德胜街道立足地区特点，以感化、教育群众为初衷，逐步形成了"德邻"概念。"德邻"取自《论语》："德不孤，必有邻"，意为有道德的人不会孤单，一定会有志同道合的人与他为邻。2015年4月，德胜街道向全地区发布"德邻计划"，引导工作和生

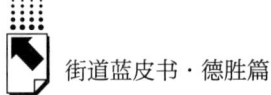

活在这里的人们做有德有为的德胜人、和睦共处的好邻居，并在反复实践、提高认识的基础上，提出了"德邻文化"理念。在这一过程中，公民精神得到培育。

从"德邻计划"到"德邻文化"地区营造计划。2016年4月，德胜街道在第二届地区社会治理大会上正式发布了"德邻"计划的升级版——"德邻文化"地区营造计划，将"德邻文化"与区域治理结合起来，具象成一系列德胜人可参与、可互动的家园营造计划项目。从而以激发社区内生动力、共创文化愿景为核心，发掘邻里关注议题，推动社区居民参与行动、项目化运作，塑造社区"德邻"品牌；通过社区学习、荣誉回馈、资源支持等激励方式，提升居民参与度；进而扶持居民形成社区自组织，或对原有自组织进行社区公益化引导，提升参与成效；最终进一步深化和推广邻里文化愿景，形成"德邻文化"营造的服务循环。在这一过程中，文化理念升级为治理理念，居民也享受了服务。

从"德邻文化"地区营造计划到新"德邻计划"。经过两年思考与实践，"德邻文化"已经成为德胜人的文化共识，收获了德胜人的价值认同，"源于德，终至胜"俨然已成为德胜人心中的信念和决心。2017年，德胜街道在第三届地区社会治理大会上发布了由60个项目组成的"德邻计划"。邀请群众参与其中，深入推进"德邻文化"理念，形成"共建、共管、共享"的工作格局，提高科学治理水平，以期最终实现地区品质的提升。在这一过程中，不仅进一步丰富了服务内容，同时形成了工作机制（见图4）。

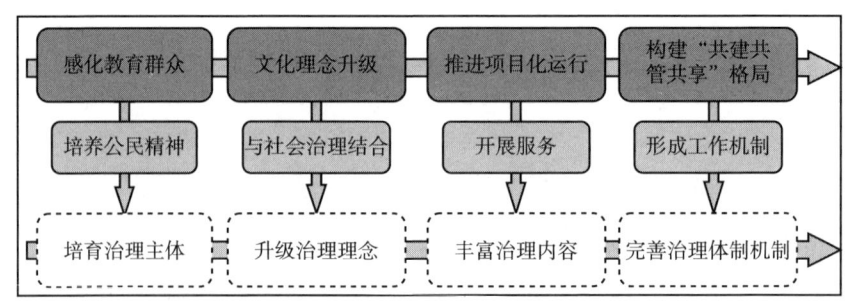

图4 从"德邻计划"到新"德邻计划"

（二）"德邻计划"的治理现状分析

从治理模式选择看，"德邻"模式是一种社区协商治理模式，更是一种先进理念，是加强社区治理的有效手段。目前，西城区已制定了《西城区关于推进社区协商工作的实施意见》《西城区推进参与型社区协商治理三年工作规划（2015~2018 年）》《2015 年西城区社区参与型协商工作指引目录》等政策文件，奠定了以协商推动基层社会治理的基础。德胜街道作为参与式协商治理的试点街道，应在"德邻"治理模式中更广泛地应用协商手段，更多地体现双向互动、多元参与。把群众自治范围内的事情交给群众自己依法处理，加快推进街道的职能转变。

从治理模式要素看，"德邻"模式已形成完整的理念、内容、机制。一是"德邻"模式具有治理理念。"德邻"治理理念源于"以德至胜""德不孤，必有邻"的文化理念，从而形成有德、团结、互助的价值导向。这一价值导向就是"德邻"的治理理念。"德邻"治理理念是不断探索、总结、提升的，不仅遵循了政策新要求，符合发展新趋势，更回应了群众新需求。二是"德邻"模式具有治理主体。治理主体分别是街道、社区居民、社会组织、企业单位等。在德胜地区，多元主体参与社会治理的格局已基本形成。三是"德邻"模式具有治理内容，即"民生德胜""平安德胜""美丽德胜""文化德胜""聚力德胜"五大方面 60 个项目。这五大方面基本覆盖了基层社会治理的全部内容。四是"德邻"模式具有治理机制，即项目化运行机制和"共建共管共享"工作格局，项目化运行机制相对成熟。

从治理模式类型看，"德邻"模式还处在治理起始阶段，呈现强政府弱社会的特征。街道作为治理主体之一承担了大量治理任务。虽然社区居民、社会组织、企业单位参与到各个项目的工作中，但非政府治理力量只在部分项目中发挥了主要作用，如票选便民服务商项目，采取居民协商议事形式；特色巧娘工作室打造项目，由街道妇联依托社会组织力量共同协作。也就是说，街道作为治理主体发挥了主要治理作用，目前"德邻"治理模式属于

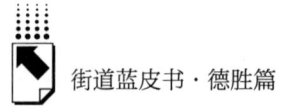

强政府弱社会型。从时间来看，"德邻计划"自诞生起至今不过三年时间，"德邻"治理模式仍处在起始阶段。

（三）构建新型熟人社会，全面提升法治意识和道德自觉

"熟人社会"是费孝通先生在《乡土中国》一书中提出的概念。在传统社会里，由血缘、地缘等织就了一张庞大而复杂的关系网，人与人之间有一定关联，是一种熟人社会。以辩证的态度来看，这种"熟悉"给社会带来两种结果，一是人与人之间较为信任，整体上较为亲密，敌对意识少。正如费孝通所提出的：乡土社会的信用并不是对契约的重视，而是发生于对一种行为的规矩熟悉到不加思索时的可靠性。二是"人情"往来过多，出现"人治凌驾于法治"的局面。熟人关系不仅提供帮助、便利，也可以营私舞弊、徇情枉法。熟人社会既形成了信任与规矩，维持了社会的稳定，又在一定程度上扭曲了法治秩序，扰乱了社会的稳定。

新型熟人社会不再仅仅依靠血缘、地缘的维系。新型熟人社会的建构标准是多样的：可以是社会分工或职业；也可以是某种共同信念及对某种价值的共同拥护等。与传统的熟人社会不同，新型熟人社会有一定时代性，诞生于现代社会发展的大背景之下。而法治是现代社会的突出特征，因此新型熟人社会的构建必须在法治框架内。新型熟人社会不仅避免了传统熟人社会的弊端，也更加理性、有序、稳定、团结。新型熟人社会既是"有机的团结"，也是"机械的团结"；既是礼俗社会，也是法理社会。

以"德邻计划"为基础，构建新型熟人社会，全面提升人的法治意识与道德自觉，推进社会治理现代化。首先，"法"与"德"是实现治理现代化的关键。习总书记曾强调，坚持依法治国和以德治国相结合，推进国家治理体系和治理能力现代化。其次，社会发展和社会治理的动力来源于多个方面，但归根结底在于个体人。实现社会治理现代化的关键，也就在于个体人的法制意识与道德自觉。最后，在构建新熟人社会的过程中，提高人的法治意识与道德自觉。"德邻文化"营造计划就是构建新型熟人社会的过程——成为"有德之人"，塑造"有德邻舍"，成就"有德有为社区"。

四 对"德邻"模式的几点思考

（一）遵循治理逻辑，强化协商对基层社会治理的作用

明确社区协商制度和定位。在完善社区协商议事机制的基础上，街道要牵头以制度的形式明确协商程序和规则。同时，在实践过程中，深入研究政策理论，探索社区协商议事会的定位。目前，对社区协商议事会的定位有几种论述：一是社区协商议事会只能议事，不具有决策权；二是社区协商议事会是居民代表大会的一种组织形式，具有决策权；三是社区协商议事会是有别于居民代表大会的组织；四是社区协商议事会支配和领导社区居委会，居委会是执行机构。

丰富基层协商的形态和种类。基层协商民主的形态有决策型、咨询型、监督型、协调型。第一种是通过协商整合多元主体的理念与方案，从而进行决策，包括听证会等。第二种是通过协商搜集相关意见和建议，从而提升主体治理水平，包括专家咨询会。第三种是通过协商掌握和了解信息，保障群众对基层政府和自治组织社会管理职能的监督，包括审议会议、网络论坛等。第四种是通过协商，协调意见相左的主体，解决利益矛盾，协商形式包括人民调解会议、社区圆桌会议等。在具体应用中，应注重多种协商形式的使用，特别是专家咨询会、网络论坛等。

（二）探索实践规律，根据区域情况持续提升社会参与度

深入分析"四大板块"发展情况。德胜地区处于治理的初级阶段，需要进一步扩大社会参与，提升非街道主体作用。但是，提升非街道主体作用的同时，更要避免"原子模式"的出现。因此需要进一步掌握地区情况和数据信息，对已划分的东西南北"四大板块"进行新一轮调研，摸清各板块内社会组织、企业单位、社区等的资源情况、发展问题、人员构成等。在对板块内的经济发展、人员素质等进行分析对比后，选择发展相对成熟、参

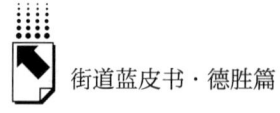

与意识较高的板块进行先行先试。

充分发挥党组织平台作用。街道通过党工委,进一步加强与辖区内单位企业、社会组织,特别是社会团体的交流与合作。鼓励信誉良好的单位企业、社会组织为地区治理注入新的力量。邀请地区内的政协委员、人大代表等为地区治理工作建言献策。

(三)紧抓项目核心,完善"共建共管共享"运行机制

在共建方面,着重形成两个方面的机制:居民自治机制和社会组织培育机制。居民自治机制是基层社会治理的重中之重,与群众生活关系密切,也是最紧要的部分,其中包括网格化管理、楼门管理、自管会等。社会组织培育机制用于孵化社会组织,提升社会组织服务能力,为社会组织服务社区、参与社会治理奠定良好基础。

在共管方面,着重形成三方面的机制:法律保障机制、多层次协商机制和社会动员机制。法律保障机制是指必须依法依规开展治理、服务、维权等。街道、社区要牢固树立法治理念,做好依法行政工作,为依法加强和完善地区社会治理打好基础。协商是重要的治理方式,多层次协商机制包括社区层面的协商和街道层面的协商,注重利用不同形态的协商参与社会治理。为提升参与度,形成良好的社会风气,社会动员机制必不可少,其中要特别注重发挥好传媒动员和参与动员的作用。

在共享方面,着重形成志愿服务长效运行机制。社会参与中重要一部分是志愿服务,且志愿服务涵盖多个领域,如社区志愿服务、环境保护志愿服务、文化传承志愿服务等。但是,志愿服务供需对接存在矛盾,志愿者数量不足,需要探索建立志愿服务的长效运行机制。

参考文献

付建军:《从悬浮到协商:我国地方社会治理创新的模式转型》,《中国行政管理》

2017 年第 1 期。

丁鹏：《社区治理与服务：社会治理和国家治理的基础工程》，《中国民政》2014 年第 5 期。

马璇：《城市社区治理域外模式及其启示》，《新西部》（理论版）2016 年第 12 期。

B.5
特大城市社区重构熟人社区机制研究
——以差序格局为视角

摘　要： 德胜街道通过打造"德邻计划"，营造"德邻文化"，积极推
　　　　动地区新型熟人社区建设，调动了德胜人参与社会治理的积
　　　　极性，重新唤醒了德胜人的共同家园意识。德胜街道"德邻
　　　　计划"的实践为特大城市社区重构熟人社区的机制研究提供
　　　　了新鲜案例和有益借鉴。随着我国城市化率的不断提高，我
　　　　国城市发展的规模和速度也达到了前所未有的水平，并形成
　　　　了一些超大城市和特大城市，传统的以血缘和地缘为纽带形
　　　　成差序格局的熟人社会逐渐失去了存在条件，熟人社会逐渐
　　　　走向陌生人社会。快节奏的城市生活和高流动的城市人口，
　　　　带来了城市社会的日趋冷漠和城市社区管理成本的日益提高
　　　　等问题，而传统的熟人社会在解决这些问题上具有相对的优
　　　　势，因此，从差序格局的视角出发，对国内外已有的理论和
　　　　实践进行研究，对在现代城市社区重构熟人社区的机制具有
　　　　重要的现实意义。

关键词： 德胜街道　城市社区　差序格局　德邻文化

一　关于特大城市社区重构熟人社区机制的理论基础

　　城市社区的概念最早来源于西方，是工业化和市场化的结果，而熟人社
会的概念则来源于费孝通教授的《乡土中国》，是中国传统社会尤其是乡村

社会所具备的社会关系格局。当前，随着中国市场经济的发展和对外开放程度的加深，原有的社会差序格局被打破，传统的熟人社会逐渐被以现代城市社区为纽带的陌生人社会所取代。因此，以特大城市社区为背景，探讨熟人社区的重构机制需要对上述相关的理论概念和理论渊源进行分析和解读，为后续机制研究廓清思路和框架。

（一）西方城市社区概念与我国城市社区的发展

1. 关于城市社区的概念

城市社区的概念来源于西方。其与西方社会的工业化、城市化和现代化发展紧密联系在一起，从地理空间范围上来说，城市社区是指以生产劳动关系和生活消费方式为纽带而在一定区域范围内聚集起来的人类群体，该群体以非农业劳动人口为主，最初是围绕工厂、公司、交通运输等生产工作区域发展起来的。随着城市化和工业化进程的不断推进，现代城市社区越来越发展成为特定区域范围内基于理性选择自然聚集在一起的独立生活共同体，社区成员之间的关系也趋于疏远与冷漠。城市发展带来的社会变迁在社区层面体现深刻，随着城市规模和城市人口的不断膨胀，现代城市社区的管理成本越来越高，管理难度越来越大，关于在城市社区重构熟人社区的机制研究已经成为城市建设和管理的重要话题。早在 1887 年德国社会学家斐迪南·滕尼斯就对城市发展给社区带来的陌生和冷漠提出了担忧和思考，在其著作《社区与社会》中，滕尼斯从社会学的角度出发将"社区"的概念定义为一种特定的社会群体，即具有同质性、一致价值观念、联系紧密、团结友爱、守望相助、极富人情味的一类社会群体，可见，滕尼斯关于社区所强调的一种群体的紧密关系和共同的思想价值，是对回归传统社区的一种呼吁。"二战"后美国学界关于社区概念的研究逐渐向地域上靠拢，其中以帕克教授为代表的功能主义学派，从制度、要素、内部结构、地域等角度对社区概念做了进一步的明确，帕克强调社区不仅是人的聚集，同时也是组织制度的汇聚；中国社会学家费孝通教授在《社会学概论》中对社区的概念也做出了明确的定义，即社区是若干社会群体（家庭、民族）或社会组织（机关、

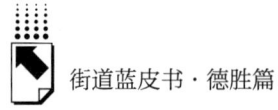

团体）聚集在同一地域内，形成一个在生活上互相关联的大集体。以上学者关于"社区"概念的界定可以为"城市社区"重构熟人社会的机制研究提供思路。

2. 我国城市社区的发展

中国的城市社区概念是伴随我国市场化进程和城市化进程逐渐产生和发展起来的，从行政范围上来说，是指城市下设的街道办事处管辖下的每个社区居委会所负责管辖的范围，城市社区作为中国城市建设的基层单元，承担着医疗、卫生、党建、文化、治安等各类民生服务和管理事项。1989 年 12 月 26 日第七届全国人民代表大会常务委员会第十一次会议通过《城市居民委员会组织法》，标志着我国城市社区发展进入了一个新阶段。我国城市社区的发展不同于西方城市社区发展的模式，中国城市社区发展经历了从熟人社区到半熟人社区以及陌生人社区演进的过程。在传统的单位制模式下，中国城市社区大多延存着传统乡村熟人社会的关系格局，如在一些特大城市的老旧小区的单位大院、集体宿舍、弄堂、胡同内居住的群体还保留着互帮互助、邻里守望的优良传统；改革开放以后，市场力量在社区不断渗透，以职业和收入层次为纽带而形成的新型社区关系迅速扩张，传统的以血缘和地缘为纽带的社区逐渐被瓦解，这些新型社区大多以大型房地产商开发的商品性楼盘为主，在又高又密集的城市楼房社区中，居民虽然住在同一片区域中，但是相互之间的人情关系却很生疏冷淡，这种陌生人社区增加了城市社区的管理成本，而且增加了社会的安全风险，不利于构建人与人之间和谐相处的城市社区。

（二）中国"熟人社会"概念与我国城市社区管理

1. 中国"熟人社会"观念与现代"熟人社区"建设

中国传统乡村文化孕育了"熟人社会"观念，关于"熟人社会"的概念和内涵，费孝通先生在《乡土中国》中有具体的论述，是指以血缘和地缘为纽带形成的一种人际关系网，熟人社会存在和运转的核心是以差序格局为支撑的伦理型人际关系，在熟人社会圈子中，人与人之间的关系是密切相连的，社会事务的管理依靠的是长期形成的风俗约定和道德约束。熟人社会包含的许多观念正是现代城市社会所欠缺的观念，与传统熟人社会以血缘和地缘关系为纽带不同，现代城市社会是以社区为纽带将人聚集起来，在城市社区背景下，人们虽然生活在同一片区域内，但相互之间的关系不如熟人社会紧密，城市社会的冷漠不仅不利于城市管理工作的顺利推进，而且刺激了人们对公共生活的追求。因此，城市管理的基础单元以社区为切入口，在城市社区率先重构熟人社区，恢复人与人之间的信任关系和团结友爱关系，是适应现代城市社区发展需求的积极尝试。传统熟人社会是依托血缘或地缘联系在一定区域内自然而然形成的一种差序格局，而现代化的城市社区是由国家和政府推动建设的，要在城市社区重构熟人社区，靠民众自发形成是有一定困难的，需要党组织、街道、居委会发挥牵头作用，通过多种方式帮助社区居民形成新的差序格局，推动新的城市熟人社区建设。

2. "熟人社会"对我国城市社区治理的影响

"熟人社会"涵盖的一些观念要素与我国现代城市社区发展现状相契合，重构城市熟人社区对于解决我国现代城市社区治理面临的问题具有积极的影响作用，主要表现在以下四个方面。第一，重构城市熟人社区可以有效地降低城市社区的治理成本，熟人社会圈内，人与人之间的关系趋于和睦，即使发生矛盾和冲突，也可以通过社区威望人士或热心人士协商调解或化解，推动社区生活朝着无讼趋势发展，如在基层党组织的带领下，基层党员骨干和积极分子在现代化居民楼中发挥服务群众的带头模范作用，以楼组和院落等小规模小范围为起点打造熟人社区，推动群众参与自我管理、自我服务，从而减少政府的管理投入。第二，重构城市熟人社区能够使城市居民重新建立信任关系，降低社区潜在的安全风险，提升社区居民的安全感和幸福感。现代城市新型小区居住人口的数量和流动性都很大，相互之间缺乏交流，信任感不足，居民之间的防范意识较强，而通过重构城市熟人社区，重塑邻里互信、邻里互助的社区人际关系，才有温情家园和和谐宜居之所。第三，重构城市熟人社区可以培育居民的社会参与意识和社会责任意识，有利于构建社区自治管理体制，提升居民民主自治水平。熟人社会是靠道德规范和舆论压力实现居民的自我约束、自我监督和自我管理，形成共商共建共享的协同治理机制。第四，重构城市熟人社区能够推动城市社区管理模式创新。现代城市新型社区包含的主体存在多元性，不仅包括既有的居民、居委会，还有物业、商户和两新组织等，重构熟人社区可以增加这些主体之间的沟通和联系，有效整合社区资源，让它们为创新社区管理和服务方式共同出谋划策，在构建和谐社区中发挥合力。

二 特大城市社区重构熟人社区的必要性和可行性分析

改革开放以来，我国城市建设和发展取得了前所未有的成就，一些超大城市和特大城市的发展已经达到国际先进水平，但随着改革的深入推进，我国大城市发展也迈进了转型期，原来偏重经济和物质，追求速度和规模的发展模式已经不再适应我国城市发展的需要，顺应时代发展趋势，重拾中国传统熟人社会的优良传统，通过在城市重构熟人社区的方式，缓解和应对大城市在发展过程中所面临的问题和挑战。

（一）特大城市社区重构熟人社区的必要性

1. 现代城市社区的管理成本不断提高

随着我国城市化进程不断加快，大城市数量和规模也得到前所未有的发展，城市新开发住宅小区多为商品楼住房，密集的现代化楼群小区内的居民大多以独门独户的形态存在，同时这些新型社区居住者以青年人家庭为主，他们上班休息时间大致相同，相互之间沟通交流的机会少，社区居民相互之间的关系较为淡漠，缺乏邻里互信，因此，社区内的各项管理和服务事项都需要借助第三方力量解决，从中国社会传统和居民心理角度出发，最具权威性的是政府部门和居委会，但是现代城市社区包含的主体多元，包括居民、商户、物业、企业、社会组织等，这些主体之间的利益关系复杂，协调难度大，许多问题单靠政府和居委会很难解决，这不仅增加了社区管理工作的内容，而且增加了政府和居委会的工作压力和管理成本。

2. 开放式街区给城市社区带来更多的安全风险

当前，我国城市发展面临着转型，要加快建设资源节约型城市，推动城市可持续发展，在此背景下，大城市在规划中越来越倾向于建设开放式街区，开放式街区可以有效缓解城市交通压力，可以实现资源整合和资源共享。但同时，开放式街区也给城市社区的管理带来许多问题。这是因为特大城市中的新型社区往往是商品性住房，人们通过市场价格取得房屋居住权，开放式的城市社区中的人口流动性大，人员成分复杂，社区居住成员可能来自不同地域甚至来自不同国家，他们从事的工作类型多样，收入水平存在很大的差异，人与人之间的沟通交流少。因此，居民相互之间的信任度低，防范意识却很高，这些都在不同程度上增加了城市社区的安全风险，在这种陌生人社会环境中发生盗窃和诉讼案件的频率比较高。

3. 陌生人社会带给城市冷漠的人际关系

现代城市社区的建设格局和城市居民快节奏的生活特点，打破了中国传统的熟人社会关系圈，取而代之的是相互独立的陌生人社会，在城市陌生人社会中人与人之间的关系趋于冷漠、缺乏人情味和人情关怀。虽然从地理空间上看，城市社区的居民生活在同一地域范围内，却缺乏公共的生活空间和公共文化活动。这种冷漠的社区人际关系，使地区居民缺乏集体利益观念和家园共建意识，陌生人社会环境很难激发居民的社会参与意识和社会责任意识，一旦出现矛盾纠纷，很难通过协商调解手段解决，不利于城市和谐社区的建设。此外，随着我国城市化的发展，许多附带的城市社区民生问题日益凸显，如社区养老、基础设施更新、精神文化建设等问题，这些问题单独依靠政府的资源和力量很难得到解决，需要通过重构城市熟人社区，帮助社区居民重拾互帮互助、邻里和睦的人际关系，树立共同家园意识，形成城市社区建设的合力。熟人社会与陌生人社会的比较如表1所示。

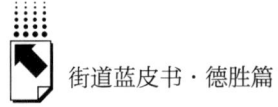

表1　熟人社会与陌生人社会的比较

比较内容	熟人社会	陌生人社会
代表时期	传统社会时期	现代社会时期
个人特点	个人界限模糊、感性	独立、理性
处世原则	人情、交情	法治、契约
人际关系	熟络	冷漠
纽带	血缘、地缘为主	职业、收入、爱好等

（二）特大城市社区重构熟人社区的可行性

1. 中国具有构建城市熟人社区的文化底蕴和历史传统

中国现代城市社区是在改革开放和市场经济背景下，吸收和借鉴国外发达国家的建设经验和成果而发展起来的，西方城市社区强调的是个人主义和理性主义，社区管理和运行则是按照契约精神和法律精神，这与孕育在中国传统乡村地域上的熟人社会截然不同。但随着我国城市化进程的不断深入，原来单纯追求效率与规模的社区建设模式已经不再适应当前中国城市的发展趋势。费孝通教授在《乡土中国》中就中国传统乡村的熟人社会进行了系统的论述，揭示了中国人独特的生活方式和社会关系，这种熟人社会可以有效地弥补我国当前城市社区发展中的缺陷。在我国城市发展转型的重要时期，结合中国本土的特点，建设符合中国居民生活特色的城市熟人社区具有深厚的文化底蕴和历史传统，中国儒家文化强调宗室姻亲关系，提倡"友""善"文化，费孝通教授在阐述熟人社会时提出的差序格局概念，就是指中国传统社会围绕血缘和地缘关系扩散开来的社会关系结构，中国城市社区就是建立在这种文化基础之上，许多大城市社区至今还保留着传统熟人社会的风格，如在上海弄堂和北京胡同的街坊邻居之间仍然保持着相知相熟、互帮互助的友好传统。

2. 科学技术的发展和应用为构建熟人社区提供了桥梁

现代城市熟人社区的重构要充分利用先进的科学技术，不断与时俱进，更好地了解居民的需求特点，提高城市社区的建设水平和发展品质，为加强城市社区居民之间的交流和互动提供多元化渠道。

现代科学技术的发展和应用逐渐改变了人们生活方式和交流方式，智能手机的广泛普及，互联网、新媒体、大数据、云计算等先进科技手段的推广和应用，不仅方便了城市居民的日常生活，而且为重构城市熟人社区搭建了新的桥梁。大城市社区的构成不再以传统的血缘和地缘关系为纽带，而是以职业群体和收入水平等为纽带，居住在大城市社区内的人口以中青年人口为主，该群体对网络等新鲜事物的接受和学习能力强，可以借力智慧城市的基础建设，积极引入先进的网络和科技手段，如通过开展线上党建课堂、开通社区微信公众号等方式，为在大城市社会重构熟人社区提供多元平台和创新模式。

3. 城市居民具有参与熟人社区建设的精神诉求

随着传统单位制的解体，新的社会人的地位和利益得到凸显，人的创造能力和需求能力得到更大程度的释放，居住在大型城市社区的居民的物质生活已经摆脱了基础需求，而更加注重生活的品质和特色，城市社区居民在精神文化生活方面的诉求日益高涨。但是大城市快节奏高压力的工作和生活环境，一方面加剧了城市社区的冷漠；另一方面也压缩了城市居民的公共生活时间和空间，不利于居民的身心健康发展。城市社区是居民生活的基础单元，为组织和联络居民提供了条件，城市社区要充分发挥基层党组织、居委会、社会组织、志愿者团体的功能，开展多样化的社区活动，如从相同的职业或兴趣爱好入手组织公益性的社区文化活动，丰富社区居民的精神文化生活，加强居民之间的感情交流，激发居民参与社区建设的自觉性，加快推进熟人社区的建设。重构大城市熟人社区符合当前城市发展的新需求和新特点，大城市物质财富的不断膨胀相应地刺激了精神文化的巨大需求，以城市社区为单位重塑社区共同价值认同，提升社区居民的集体归属感，使城市社区居民重获精神寄托。

三　国内外构建城市熟人社区的机制研究

中国特大城市重构城市熟人社区有其必要性和可行性，在有着熟人社会历史文化传统和沿袭西方城市社区格局的中国现代化大城市重构熟人社区，必须重设适应现代城市居民工作和生活习惯的差序格局。新的差序格局和新的城市熟人社区的形成，既需要充分研究和总结国内外城市社区建设和发展的典型实践，从中挖掘和借鉴有利于构建熟人社区的成功经验和有效机制，也需要充分结合中国城市发展的自身特点和基础环境，构建具有中国特色的新型城市熟人社区，这些内容是本理论报告研究的关键和重点。

（一）日本社区营造的实践与机制研究

日本的社区营造实践开展的时间是 20 世纪六七十年代，日本经济发展取得了高速增长，但伴随而来的许多城市问题和社会危机也日益凸显。因此，为了应对城市发展带来的负面影响，日本从历史文化街区的保护、基础设施改造、环境保护、城市绿化等多个方面开展了社区营造计划。日本的社区营造计划根据城市发展情况可以总结为诉求和对抗型、市民参与型、市民主体型三个不同类型，这三种类型之间的关系是一脉相承的过渡关系，日本的社区营造活动不断突出市民的主体地位，是以市民参与为根本，政府、企业和各类社会组织相互协商合作的实践模式，让市民在参与社区营造活动中逐渐建立起紧密的社会关系，构筑了深厚的家园文化认同。日本社区营造类型与日本城市发展不同阶段所面临的问题相对应，从最初的历史文物的保护到地震后的家园重建再到经济衰退后出现人口老龄化、城市空洞化问题等；鼓励和扶持市民自治团体、NGO、志愿者组织的发展，发挥其作为市民与政府之间沟通对话平台的作用，使城市社区的规划和建设更加民主和科学，增强了政府与市民之间的信任感；日本政府通过出台法律文件的形式将市民在参与社区营造实践中总结出来的制度规范化，保护市民自治权利。日本市民的社区归属感和热爱感源自家园共同体意识，这种共同体意识不是自然而然形成的，而是市民在不断参与社区营造活动中逐渐培育出来的，市民通过公开的自由讨论和政府对话、参与社区自治组织和志愿者活动等形式为社区建设贡献自己的力量，逐渐形成了社区利益共同体和文化共同体（见表2）。

表2　日本市民参与社区营造的各项权利

提出建议的权利和表达意见的权利	参与社区营造方针、城市计划、各种事业计划等的制定
	参与地方政府行政长官、议员的选举
	参与审议会、听证会、恳谈会、地区说明会等
监督权	参与社区营造活动的运营和监督
知情权和自由讨论权	参与各种社区营造的说明会、研习会
参与权	参与社区营造的各种具体活动

（二）台湾地区社区营造计划研究

我国台湾地区的社区建设可以根据社区的发展程度分成两个不同的阶段，第一个阶段是社区发展阶段，主要是1993年以前台湾地区开展的基层民生建设运动和民生阶段社区发展运动，该阶段社区发展还不成熟不健全，社区发展的目标和任务集中在发展经济和基础建设方面，通过政府制定小康计划和社区福利服务实验计划，自上而下地推动社区发展，为下一阶段的社区营造计划奠定了物质基础。1993年以后为第二个阶段，台湾社区建设由被动建设阶段进入主动营造阶段，更加注重打造社区"软"实力，相继启动了一系列社区营造计划，其中社区总体营造计划，是从精神文化建设入手，培养居民的社区共同体意识，提升社区凝聚力，为社区问题的解决提供新模式，其核心模式是社区居民共同参与的自下而上的运作模式。新故乡社区营造计划，是由台湾地区政府提出的重点计划，计划目标是要建设一个人性、人文、产业、环境等和谐有序的永续社区，以目标为引领，该计划是一项社会工程，是呼吁和号召居民建立共同的生活认同和责任认同，共同营造高品质的社区。健康社区六星计划，该计划以社区主义为核心，建立自下而上的提案机制，深入了解社区居民的利益需求，注重引进和培养社区自治人才，形成永续成长、成果共享、责任共担的社区发展格局（见表3）。新故乡社区营造第二期计划，是台湾社区营造计划的进一步深化，通过创新模式、加强培训与交流、新增补助项目等方式，让多元主体自助、自主、自发参与社区建设。台湾地区的社区营造计划是多元主体共同参与的，政府角色由主导者变为协助者，社区居民具有建设的自主性和主控权，在日趋冷漠的城市社区，通过凝聚社区意识，重新唤起人们的共同家园情感。

表3 台湾地区健康社区六星计划的解读

理论基础	社区主义
理论核心价值	一是强调社区的主体性和自主性； 二是培育社区自我解决问题的能力； 三是培育社区营造人才
计划目标	一是推动全面性的社区改造运动，打造一个安居乐业的"健康社区"； 二是建立自主运作且永续经营的社区营造模式； 三是强化民众主动参与公共事务的意识，建立自下而上的提案机制，厚植群众互信基础，营造"永续成长、成果共享、责任分担"的社会环境
行政部门	整合了经济部、农委会、文建会、环保署、交通部、劳委会、青辅会、内政部、卫生署、教育部、体委会等13个部门
市政计划	共62项子计划，其中"直接相关计划41项"，"相关计划"21项

（三）上海构建熟人社区的多种模式研究

上海是我国具有典型代表性的国际大都市，其城市社区发展面临的许多问题都具有代表性，为改善社区治理环境，提升社区发展品质，上海采取多种模式推动熟人社区建设，以下对上海构建熟人社区的主要模式和成功经验进行汇总。一是通过营造良好的社区公共生活推动熟人社区建设，主要通过开展文化创建活动、关爱社区老人和儿童、保护社区环境、倡导垃圾分类等公益活动，积极创新社区公共文化活动管理模式，依托社区文化活动中心开展多种形式的文化活动，推出了政企合作模式，如上海万科社区由政府与企业共同举办社区文化节；委托管理模式，即政府通过购买方式委托给企业进行管理，如上海闸北区临汾街道就以该方式将社区文化活动中心全权委托给明悦文化服务中心开展运营；志愿者辅助管理模式，如上海普陀区宜川路街道通过招募志愿者助力社区文化建设。二是充分发挥基层党组织和党员的领导和带头作用，形成以居委会为主导、以居民为主体、其他社会主体共同参与的社区治理框架，打造和谐宜居的熟人社区，如上海普陀区打造熟人社区的"同心家园"服务模式①。三是培育和支持居民成立自治组织，开展自治活动，通过自下而上的方式征集和运作自治项目，打造熟人社区，如上海杨浦区以"睦邻中心"托起"熟人社区"，为社区居民提供惠民服务项目。四是加强科技应用和创新，积极探索"互联网＋小区"管理模式，为构建"熟人社区"提供新的技术条件，通过建立社区信息化平台、开通微信公众号、公布电子邮箱等方式，实现线上和线下联通，拓宽社区居民的自主参与渠道。

（四）德胜街道以"德邻计划"重构熟人社区

德胜街道在 2015 年第一届社会治理大会上推出了"德邻计划"，提出了"德邻文化"，以"德邻计划"推动社会治理，以"德邻文化"重塑价值认同，引导人们构建"以德为邻""邻里守望"的熟人社区。德胜街道通过多平台宣传推广，深化德胜人对德邻文化的认同，提升社区凝聚力；通过项目制管理的方式，整合社区资源，打造街区治理品牌；通过将文化理念上升为治理理念，将"德邻计划"升级为"德邻文化"地区营造计划，创新社会治理模式。以基层党建为引领，推动形成"多元参与，同题共答"的社会治理体系和"共建、共管、共享"社会治理格局；坚持街道党工委、办事处的领导地位，统筹好"五个德胜"的社会建设目标，提升街区发展品质。德胜街道提出的"德邻计划"和"德邻文化"是相辅相成的，是构建熟人社区的德胜家园营造计划，以"德邻计划"汇集社区建设资源，解决居民关心的问题和难题，以"德邻文化"为引领，提升社区凝聚力，让居民在参与社区建设的亲身实践中，自觉形成共同家园意识，弘扬德胜精神（见表4）。

---

① 党群同心、上下同心、条块同心、内外同心。

表4 2017年发布的"德邻计划"项目之"文化德胜项目"

项目名称	主办单位	参与人群	项目名称	主办单位	参与人群
德胜街道博物馆项目	街道社会办专业团队	地区单位、地区居民	体育嘉年华项目	街道社区办	地区单位、地区居民
"德邻文化"营造项目	街道社会办	地区单位、地区居民	名师名厨进军营项目	街道民政科西城区饮食行业协会	驻区部队、单位
社区居民公约打造项目	街道社会办	地区单位、地区居民	"筑梦"百姓宣读项目	街道宣传部	地区文明单位、企业、学校、社区组织、职能部门、科室、社区
德胜文化艺术项目	街道社会办	地区单位、地区居民	道德讲堂项目	街道宣传部	道德文明单位（社区）
民主团结教育嘉年华项目	街道民政科	地区单位、地区居民	廉洁文化一条街建设项目	街道纪工委	地区单位、地区居民
特色巧娘工作室打造项目	街道妇联、社会组织	地区女性	社区科普活动展厅打造项目	街道社会办	地区单位、地区居民

四 关于在特大城市重构新型熟人社区的思考

随着我国社会改革的持续深入和推进，我国城市建设和发展也面临着转型，原有的城市社区生存模式已经难以满足人们的多元化需求，城市社区治理也面临更多的新问题和新挑战，而中国传统的熟人社会为现代城市社区建设和发展提供了新思路。我国城市社区既有构建熟人社区的必要需求，又具备重构熟人社区的相应条件，在特大城市探索新型城市熟人社区已经成为我国城市发展转型的重要实践内容。笔者通过参考一些国家和地区的做法和经验，结合我国特大城市社区建设特点，为重构新型城市熟人社区提出以下四方面思考性建议。

（一）重构城市熟人社区需要形成新的差序格局

中国传统熟人社会是以血缘和地缘为纽带而构建起来的人际关系网，费孝通教授在《乡土中国》中就中国传统熟人社会进行了详细的解读，支撑熟人社会存在和运行的内核是从个人伦理视角扩散开去的一种差序格局,这种差序格局决定了一个地域内人与人之间的亲疏远近关系。在差序格局下人与人之间的亲疏远近关系的主观性很强,在过去构成差序格局的要素有血缘、宗法、伦理、权力等,而现代城市社会是建立在自由、民主、法治、平等的基础上,人与人之间的亲疏远近不再局限于血缘、经济和政治地位等,而更多的是建立在地位平等的基础上,以职业、学历、技术、兴趣等新要素来决定。因此,根据中国传统熟人社会的理论内涵,在现代城市社区重构熟人社会需要形成新的差序格局,即要结合新时代城市社区的存在和构成特点,在现有城市社区发展状况基础上挖掘和创造能够形成新型熟人社区的资源要素和条件,通过新的差序格局来引导和帮助城市社区居民重新建立起邻里守望的和谐人际关系,共同营造温馨和美好的生活家园。

(二)重构城市熟人社区需要塑造共同的文化价值观

现代城市社会中人与人之间的关系更加趋于理性和冷漠,城市的陌生人社会环境不仅不利于缓解城市居民的工作压力,而且容易激发更多的社会矛盾和纠纷。构建城市熟人社区是改善这种冷漠的人际关系的有效路径,而熟人社区中人与人之间的亲密友好关系和充满人情味的生活环境却是现代城市社区所缺乏的,要重构城市熟人社区需要让社区居民重新建立起共同的文化认同和价值观念,有了共同的文化价值认同,才能使居民更加自愿和自觉地参与社区活动,在参与社区建设等各项事务中更多地通过民主协商的方式达成一致意见,并制定规范社区居民参与社区事务的自治公约,使居民能够站在社区集体利益的立场上解决问题。在城市社区积极塑造共同的文化价值认同,不仅可以增强社区居民的家园归属感和责任感,而且为重构城市熟人社区奠定良好的文化和心理基础。比如德胜街道为重构熟人社区,积极打造"德邻文化",唤起德胜人的共同家园意识,并进一步将文化理念上升为治理理念,通过构建熟人社区降低社会治理成本,提升地区社会治理水平。在城市社区积极营造共同的文化价值认同,重构熟人社区,符合当前我国城市

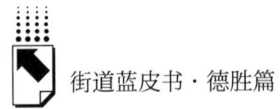

发展转型的时代背景,与我国树立社会主义核心价值观和构建社会主义和谐社会的目标相契合。

(三)社区活动是积累熟人社区情感基础的重要方式

社会属性是人的本质属性,正是因为这种社会属性人与人之间才有了各种社会关系,构建新型城市熟人社区需要人与人之间建立各种关系,而在城市基层社区,开展社区活动是建立人际关系的便捷路径,也为社区居民相识相知、交流互动提供了平台。社区居民在活动过程中能够加深相互之间的了解,密切相互之间的联系,逐渐积累起友好和谐的感情基础,因此,社区活动是帮助城市社区居民培养共同情感和建立友好关系的重要方式。而现代社区的居民来自不同的国家和地区,从事着不同的行业,有着不同的收入和爱好,相互之间的沟通交流少,通过广泛开展社区活动,具有共同爱好和共同生活方式的人聚集在一起,既可以丰富社区居民的日常生活,满足社区居民对公共生活的诉求,而且可以在活动中增进社区居民之间情感交流,营造团结友好的社区文化氛围,凝聚共同家园意识。在实际工作中,要充分调动群众参与活动的积极性,需要发挥基层党组织、居委会和其他社会组织的组织作用,通过建立和完善基层网络,更加准确地了解社区居民的多元化需求,整合社区各类服务资源,丰富活动内容和形式,发挥熟人社区生活圈的涟漪效应,吸引更多的社区居民参与社区活动,不断提升活动的覆盖率和影响力。

(四)以现代科技手段为支撑加快重构新型城市熟人社区

科技是推动现代城市发展的创新驱动力,建设现代化的智慧城市已经成为国家竞争力的重要内容,科技实力和应用水平不仅是衡量一个城市实力的重要标准,也是衡量一个城市发展潜力的重要标准。面对转型期我国城市发展中出现的诸如资源浪费、环境污染、人际信任危机、人口老龄化等一系列问题,要把智慧社区建设与新型城市熟人社区建设结合起来,不断推动社会治理模式创新。在互联网、大数据和云计算等技术背景下,要主动顺应时代发展潮流，抓住现代城市社区居民的生活和交往特点，形成新的差序格局，重构城市熟人社区。要主动发挥"互联网＋"优势，加快推进城市熟人社区建设，借助大城市智能手机和宽带网络的高度普及，发挥微博、QQ、微信等网络社交工具的作用，如通过为新平台建立业主群、各类公益群、共同爱好群、志愿者群等，密切社区居民相互之间的联系，提高社区信息的实时共享水平，扩大社区活动宣传动员的覆盖面。重构新型城市熟人社区，要重视和加强科技应用，使人与人之间交流互动方式更加多样化，极大地提高信息传播速度，提升人际沟通效率，但同时也要注重对各类信息平台的监督和管理，有效地保护居民的个人信息，提高社区居民相互之间的信任感，保障沟通交流的顺畅性。

参考文献

费孝通：《乡土中国》，人民出版社，2008。

黎熙元、何肇发：《现代社区概论》，中山大学出版社，1998。

许娟：《和谐社区为主导——推进新熟人社会建设》，《社会主义研究》2009 年第 3 期。

陈岩：《准确定位城市社区》，《中国改革》2006 年第 5 期。

高瑞、李存祥：《浅析构建熟人社区建设在社区管理模式的运用》，《赤子》（上中旬）2015 年第 15 期。

刘羽：《城市社区管理需要重构熟人社会》，《党政论坛》2012 年第 10 期。

宋丽娜：《熟人社会的性质》，《中国农业大学学报》（社会科学版）2009 年第 2 期。

李宽：《城市社区共同体的生成机理：从陌生人到熟人》，《重庆社会科学》2016 年第 5 期。

赵卫、华周芮：《社区失落还是社区解放：传统老旧社区邻里关系变迁研究——以北京大栅栏街道为例》，《开发研究》2016 年第 4 期。

阎明：《"差序格局"探源》，《社会学研究》2017 年第 5 期。

调 研 报 告

Survey Reports

B.6
关于德胜街道群团工作改革的调研报告

——以街道总工会创新服务为例

摘　要：　群团事业是党的事业的重要组成部分，群团工作者肩负着重
　　　　　要使命。新时期，群团工作愈加重要，2015年党中央召开了
　　　　　党的群团工作会议，这在党的历史上是第一次。加快贯彻落
　　　　　实《关于加强和改进党的群团工作的意见》，深化群团改革
　　　　　是党对群团工作提出的新要求，要结合自身工作，增强政治
　　　　　性、先进性、群众性，夯实群团工作的基础。西城区德胜街道
　　　　　为推动地区发展、做好"四个服务"，在2015年以前就开始深
　　　　　入研究和探索群团工作转型。2015年后，更是围绕中央的新要
　　　　　求进一步创新服务，强化工作成效。本文梳理德胜街道群团工
　　　　　作的基本情况和创新服务具体举措，并提出了相关建议。

关键词：　德胜街道　职工之家　集体协商　购买服务　群团改革

一 德胜街道工会基本情况与 创新服务的背景

德胜街道位于西城区东北部，是中关村科技园西城园覆盖区，区域内非公企业 3000 余家，已建会企业 2600 多家。街道总工会有专职干部 3人，工会服务站 1 个，工作人员 12 名。面对如此多的建会企业和广大会员，如何为其服务是街道总工会的工作重点。在专职人员较少、工作量又大的情况下，要把工作做好，就必须创新思路和方法，才能适应企业和职工的要求。德胜街道总工会主要在三个方面进行了深度探索和创新实践，分别是工会服务站和职工之家建设、集体协商和工会维权、购买服务。

从 2003 年起，全国开展职工之家建设。2015 年德胜街道在持续推动工会服务站、职工之家建设的同时，针对辖区内非公企业规模小、数量多、跨区域、流动性大、人员结构比较复杂的特点，树立普惠与特色服务相结合的服务理念，不断加强与企业间的交流，有效增强工会服务地区发展、服务职工群众的能力，不断激发基层工会组织的活力，提升工会组织的凝聚力和吸引力。

2006 年，德胜地区成立了餐饮行业工会联合会并建立起行业职代会、开展工资集体协商工作。实际上，早在 2003 年前德胜街道工会就开始逐步推进区域工资集体协商工作。截至 2015 年，从最初建立时的 11 家，发展到最多时的 80 多家，随着市场经济的发展，餐饮行业也不断发展变化，2015年德胜地区餐饮企业有 59 家，有职工 1702 人。

2014 年，街道总工会利用北京市温暖基金会购买社会组织服务的机会，认真研究辖区职工实际需求，积极与一些社会组织对接合作，使工会服务职工的渠道得到拓宽，服务职工的机制更加多元，服务职工的方式得到延伸，服务职工更加专业，取得了良好的效果。

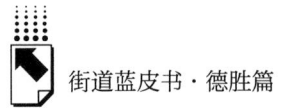

二 德胜街道总工会创新服务的具体举措

（一）以一站一家筑牢工会工作基础，增强政治性

1. 大家带小家，推动工会服务站和"职工之家"建设

按照《关于加强工会服务站规范化建设实施方案》的要求，以街道总工会为"大家"，全力打造工会服务站。让工会服务站在服务职工中切实发挥作用，使之真正成为辖区职工的"家"。在此基础上，街道总工会以23个社区联合工会、13个楼宇工会和300多个基层工会委员会为基础，全部成立实体组织，积极推进"职工之家"建设，确保工会活动达到全覆盖。为加强"职工之家"建设，总工会为10家有场地、有设施、有活动、有效益的企业悬挂"职工之家"牌匾，并在资金上给予大力支持，拨款20多万元为50家职工之家配备书籍、文体器材柜和文体活动器材，丰富职工的业余文化生活。

在"职工之家"的建设过程中，为使基层工会更好地发挥作用，街道总工会采取以会代训、现场观摩、维权话剧、总结表彰、经验交流、职工活动等多种形式进行专业、专项讲座培训，增强教育的针对性，提高基层工会干部的综合素质和能力。

2. 搭建沟通平台，发挥地区基层工会作用，促进工作均衡发展

针对基层工会干部兼职多、轮换勤、工会知识生疏的特点，街道总工会将基层工会工作实行顶层设计、关口前移、信息化管理。从2011年起，地区工会组织及服务管理被逐步纳入全响应服务系统，建立街道总工会多个QQ群，如工会主席联系群、女工委员群、单身联谊群、工会财务群等，覆盖基层工会上千家，加强了企业之间交流，基层工会活动不再局限于本企业，已拓展到全地区，起到了搭桥铺路的纽带作用，做到了"三个实现"。一是实现了畅通普及工会业务知识，上传下达工作任务，信息发布，政策咨询，企业和职工相互学习、相互交流，国家重大活动舆情信息反馈，职工利

益诉求表达的渠道。二是实现了工会服务窗口前移。对不符合独立建会条件的小微企业和零散就业人员，依托社区联合工会"职工之家"开展丰富多彩的活动，扩大社区工会影响力，增强工会对社区各类企业员工的吸引力。三是实现了工会与职工零距离接触。建立了法律咨询、就业指导、用工招聘、业务沟通、青年联谊、生活救助、互助保障的 QQ 群。拉近了工会与企业、工会与职工之间的距离，使工会有的放矢地开展工作，更好地服务职工群众。

3. 维护职工切身利益

街道总工会重点抓了维权预警、协调劳动关系、帮扶救助、安全教育等工作。一是规范工资平等协商，引导餐饮企业合理提出工资增长目标，提高职工工资收入水平，48 家餐饮企业 1584 名职工受益。二是以"安康杯"竞赛为抓手，开展职工安全生产教育活动，200 多家单位 4100 多名职工参加市区街安全及工会知识答题。找出安全问题 751 个，对单位工会及街道工会提出意见建议 1030 条，件件有落实有答复。三是开展"和谐企业"创建活动，举办法律知识大讲堂，逐年增加"和谐企业"创建申报单位，举办劳动争议调解员法律知识培训；组织观看维权话剧《加薪风波》等。四是加强困难职工帮扶，重大疾病患者救助，贫困学生资助，餐饮行业、施工工地、保洁员等特殊群体慰问，女职工参与特殊疾病保险办理等，坚持全方位服务不间断，把温暖送到职工心坎上。

4. 普惠与特色相结合，广泛调动企业和会员参与工会活动

始终坚持"普惠制与特色服务相结合"的服务理念，让地区会员每年都能感受到工会组织的服务与关爱。一是定期开展普惠活动，包括健康体检、日常服务等。二是通过举办活动、购买服务项目、积极参与活动，满足企业和职工的工作、生活需要。其中，特别注重紧跟时代发展，各基层企业、楼宇、社区结合北京申办 2022 年冬奥会，普遍开展丰富的文体活动、小型赛事等。三是定制"基层文体活动柜"，配备 20 余类 65 种文体器材，解决了基层工会活动场地受限、不便组织、缺少器材等问题。

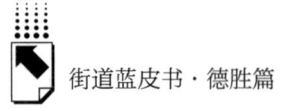

（二）以集体协商完善工会工作方式，增强先进性

1. 建立机制，明确主体

2006 年 8 月，德胜地区餐饮行业工会联合会正式成立。随后，筹备建立了餐饮行业职代会，起草了《德胜地区餐饮行业职代会工作制度（试行）》《德胜地区餐饮行业集体合同（草案）》《德胜地区餐饮行业集体协商工资协议书（草案）》。同时，把审议行业性集体合同和工资集体协议作为职代会的一项权力固定下来，为推行行业工资集体协商提供了制度上的保障。

2006 年 8 月 25 日，德胜地区召开餐饮行业第一届职工代表大会，来自德胜地区餐饮企业的 54 名职工代表以及列席代表、特邀代表共 80 多人参加了大会。会上，工会联合会通报了本地区餐饮企业建会和成立餐饮行业工会联合会的情况；审议通过了《德胜地区餐饮行业职代会工作制度（试行）》；审议通过了《德胜地区餐饮行业集体合同（草案）》和《德胜地区餐饮行业集体协商工资协议书（草案）》。

2. 设定岗位，调查摸底

开展集体协商最核心的问题是探讨薪资待遇。具体来说，就是共同制定一个底线，也就是最低工资标准。经协商，工会联合会细分出三类岗位，如技术岗位、服务员岗位、勤杂工岗位，并要求最低工资高于北京市最低工资水平。

在分析德胜地区的社会和经济发展形势、行业内部各企业的经营状况和效益、职工队伍的人员结构和职工对劳动报酬的诉求等因素后，工会联合会向企业发出"要约书"，准备启动协商会议。德胜地区餐饮企业的规模、效益参差不齐，为了提出各企业都适宜的工资要约，工会联合会进行了大量调查，经研究后制定了三类岗位的最低工资标准，比当年北京市最低工资标准 640 元分别高出 40 元、20 元和 10 元。并将三个岗位的最低工资标准写进《工资协议书（草案）》。

3. 会前协商，会后落实

提出工资要约后，工会联合会召开行业工会主席例会，进一步征求意见，并将工资协议草案文本下发，要求各企业工会派 3 名职工代表在规定的时间里与企业方进行协商，并将结果反馈回来。在这一过程中，一些企业负责人提出疑虑，例如，在北京已设立最低工资标准的基础上，为何要再设立地区最低工资标准等。为此，工会联合会召开协商会议，邀请企业负责人参加，并针对提出的问题进行回应。工会提出工资要约的依据，是在分析德胜地区经济发展和各企业经营状况的基础上提出的，既代表了地区整体发展水平，也是企业能够做到的，如果与北京市最低工资看齐，签订行业工资协议就没有实际意义。经过多次讨论、宣传、讲解，企业经理们的顾虑最终被打消，顺利完成会前协商，形成了《德胜地区餐饮行业集体协商工资协议书（草案）》。

2006 年，在德胜地区餐饮行业第一届职工代表大会上，三个主要餐饮企业负责人与工会联合会主席签订了《德胜地区餐饮行业集体合同》和《德胜地区餐饮行业集体协商工资协议书》。其他餐饮企业按照这一方式陆续签约，报当地劳动行政部门审查后生效并公示。

4. 主动要约，定期协商

行业工会联合会每年在召开行业职代会之前都主动向企业发出工资集体协商的要约，而且确定了每年会定期进行一次协商，通过集体协商，职工工资每年都有所提高。从 2006 年 8 月以来，在每年召开的行业职代会上，工会联合会都要审议通过当年的工资集体协议，工资标准也在逐年提高。

2009 年 8 月召开了餐饮行业第二届一次职代会。由于当年经济环境不佳，经职代会审议通过，继续维持 2008 年工资协商水平，对此企业和职工都能理解。从 2010 年开始，工会联合会每年在地区餐饮行业成员单位中进行问卷调查，掌握了解地区的工资总体水平和平均工资水平，根据不同岗位的工资水平，得出地区餐饮行业各岗位的平均工资数，结合当年北京市出台的最低工资标准，按每年递增 10% 的标准进行协商，均获得企业的认同，每年都按确定的地区协商标准签订工资协议书，收到很好的效果。就拿餐厅服务员这个岗位来说，其月工资从 2006 年的 600 元/人提高到 2015 年的 2000 元/人。也就是说，在每年进行的工资协商过程中，始终贯彻地区餐饮行业工资指导线，再结合当年北京市最低工资标准，做到上不封顶、下不低

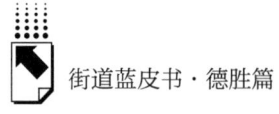

于平均工资的原则，这样既保证了小微企业员工的工资水平，又对餐饮业的整体工资水平没有过多影响，企业和员工普遍认同。

5. 强化监督，突出维权

行业职代会劳动法律监督小组在闭会后采取两种方式进行监督，一方面是深入企业座谈；另一方面是请企业在职代会上汇报。从行业职代会劳动法律监督小组每年对餐饮企业落实工资集体协议抽查情况来看，取得了比较满意的效果。其有以下几个特点。一是企业领导重视、法律意识较高。在抽查过程中通过与企业负责人的交流发现，他们都十分熟悉集体合同和工资协议的内容和条款，法律意识、民主意识较强。这些企业职工队伍相对稳定，职工心情比较舒畅，劳资关系也比较和谐。二是企业工资标准普遍高于行业协商的工资标准。从抽查地区餐饮行业三个岗位的最低工资标准执行情况看，地区企业所提供的薪资高于行业协商的最低工资标准。三是突出了维权。绝大多数企业的经营者能为员工提供比较好的居住条件，一些企业在保证职工正常休息休假的基础上，每年都组织优秀职工外出旅游，还建立了女职工经期病号饭、医疗备用基金等，同时利用业余时间组织职工开展文化娱乐活动，既丰富了职工的业余生活，又树立了职工热爱企业、热爱岗位，热爱生活、积极向上的人生观。

（三）以购买服务改变工会工作方式，增强群众性

1. 强化购买服务理念

德胜街道总工会向社会组织购买服务合法合理。首先，《政府购买服务管理办法（暂行）》第二章第五条的内容，为相关群团组织购买社会专业服务提供了法律保障；其次，德胜街道总工会购买服务是由于服务人员和服务对象数量相差悬殊，需要通过购买服务补充和提升服务。购买社会服务，是推动公共财政体系建设，改进公共服务供给方式，促进社会组织发展，逐步建立、完善政府购买社会组织服务的长效工作机制的重要方式。

2. 明确购买服务流程

购买社会组织服务流程基本分为以下六个步骤。第一，确定购买的服务

项目。根据工作需要和企业职工需求，确定购买服务项目计划，并将项目及其预算纳入年度预算，落实资金安排。

第二，选择购买服务机构或社会组织。可通过市、区、街道等相关部门提供的各种社会组织，也可通过民办非公企业单位性质的民办社工机构，承接政府购买服务项目。

第三，签订购买服务合同。实施购买社会组织服务的各级组织或部门与服务机构签订购买服务合同，约定双方权利义务。合同中除应明确服务范围、要求、期限、违约责任等内容外，还应按照资金支付与服务质量挂钩原则明确支付方式。

第四，组织实施。服务提供机构要严格按照合同规定提供各项服务，保证服务数量、质量和时效。实施购买社会组织服务的单位要对服务机构提供的服务实行跟踪监管，也可进行共同实施。对于工会组织购买服务，在资金、场地、人员组织上要尽量提供帮助。并依据合同约定条款对服务机构提供的服务进行检查、验收；建立应急工作机制，制订应急服务预案，应对服务过程中的特殊情况。

第五，建立绩效考评机制。将政府购买社会组织服务工作纳入政府目标管理；实施政府购买社会组织服务的部门应及时做好绩效评估；财政部门应会同审计、监察部门，对实施购买社会组织服务的绩效情况进行年度抽检和考评。

第六，资金安排及支付。购买社会组织公共服务的费用应全部纳入年度预算，按年度预算的要求实施管理。年初预算未做安排但工作必须开展的项目，要调整预算安排。在服务事项评估结束后，根据评估结果按合同约定支付资金。

3. 展开调查，细化需求，对接社会组织

德胜地区是中关村科技园区德胜园的所在地，是北京市科技研发、高端交易、金融后台和文化创意产业的聚集地，入驻企业规模小、数量多，写字楼密集，职工多是中青年知识分子，工作压力大，交流平台少。据调查，职工的需求主要集中在三个方面：一是单身职工多，择偶需求大；二是职工孩

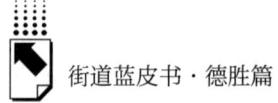

子普遍较小，职工子女需要增强安全防范意识；三是90%以上的员工年轻、好动、思想活跃，参加活动的要求也越来越高。明确职工需求后，街道与相关社会组织开始对接合作。

通过座谈、协商洽谈等方式具体掌握社会组织可提供的服务内容，并进行筛选和确定，让每一个合作的社会组织能最大限度地发挥作用。例如，以开展单身职工交友联谊活动为主要内容的北京仁合公益着力解决单身职工找对象难的问题，以开展职工家庭亲子课堂为主要内容的斯福社区儿童安全公益机构为辖区孩子提供专业的安全培训，以开展楼宇员工工间活动为主要内容的睦邻社工事务所为楼宇小企业职工搭建活动平台。实际上，社会组织开展的活动形式更加新颖、更具专业性，能更好地满足现代企业和职工的需求。为此，街道总工会与这三家社会组织签订了合作意向书。

4.明确合作分工

在项目执行中，每次活动前，双方就合作内容进行详细商议和明确界定，充分利用社会组织和工会组织各自优势。利用社会组织优势，重点就是由社会组织做好活动书面文稿方案制订、活动的具体策划和实施。利用工会组织场地、政策、组织、资金等优势，由街道总工会协调场地、宣传、人员组织，有时还会提供适当资金支持。

与不同的社会组织合作，方式也有所不同，例如，与仁合公益举办的全市首个启动公益活动项目单身青年交友联谊活动，就是通过双方事先商议，活动方案和具体实施过程全部由仁合公益具体完成；街道总工会负责提供室内场地为组织交流、趣味游戏提供平台；协调联系室外活动场地怀柔红螺湖鸟岛拓展训练基地，为使活动有所保障，场地费、教练费等部分费用也由街道总工会给予支持，保证了活动的顺利开展。与斯福社区儿童安全公益机构组织的社区职工家庭安全亲子课堂活动时，由街道总工会协调街道新康社区活动中心和西城师范附小，共同组织社区、企业职工、子女、小学教师和学生共同参加。与睦邻社工事务所开展的楼宇企业员工"午间工作坊"活动时，协调解决了场地、活动现场的饮水、投影等具体问题。以上开展的活动正是由于找准了双方合作的内容，使双方优势互补，资源得到整合，保证了活动的开展更加顺利。

5. 注重活动内容质量，推动项目落地

在开展活动过程中，街道注重发挥社会组织专业性、技术性和活动形式新颖的特点，切实提升服务企业和职工的质量、效果。

以依托仁合公益开展的单身青年交友联谊活动为例，和以往单纯由工会组织的交友活动不同，一是在活动过程中增加了一群志愿者；二是开展了丰富多彩的小游戏；三是人员跨界，不再局限于街道下属的企业，而是来自全市各个不同的区县和行业；四是设置关注度高的主题。首次举办仁和公益联谊活动，正值世界杯期间，主办方特意设置"世界杯我们牵手去狂欢"这样的主题，参与者通过以足球互动游戏和面对面的交谈相互了解，找出自己中意的对象，留下联系方式，促成交友目的，不但现场活动热烈，而且场下也有收获。职工普遍反映良好，在解决职工实际问题的基础上，还进一步扩展了朋友圈。

与斯福社区儿童安全公益机构开展社区职工家庭安全亲子课堂项目，主要参与者是儿童、学生，次要参与者是老师、家长。一是基于主要参与者年龄和到场人数的考虑，活动设置了观看视频播放环节，形成一个直观的感性认识。二是增加现场互动内容，帮助儿童与青少年更准确地识别危险、隐患，主要包括动手绘制社区、学校地图，找出安全隐患和进行安全防范的可利用资源等，从而加深其对周围环境的印象，有备无患。三是通过评选小安全信息员，宣讲安全当先锋等方式，增强儿童与青少年的安全责任意识。只有这样专业、生动、新颖、可用的活动内容和方式才能真正受到社区和学校的欢迎。

与睦邻社工事务所在普天德胜楼宇企业开展员工午间工作坊系列活动，主要利用吃完午饭之后的空余时间，组织一些小巧、趣味、集体项目的游戏，调动职工的兴趣爱好和主动参加活动的积极性，使参与者能尽快熟悉，加深彼此了解，消除陌生感。同时，还举办了一些内涵丰富、增长知识、静心修养的讲座，如"开心下午茶"环节，邀请茶师为大家讲解茶文化，让员工精神上更加放松，身心更愉悦。午间工作坊活动，丰富企业员工的午间

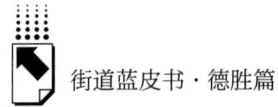

生活，增长文化知识，增进了人与人之间的沟通、了解，增进了友谊，营造了和谐的楼宇氛围。在获得企业和职工的满意后，德胜街道总工会还将合作良好的社会组织推荐到其他街道工会，让服务职工的范围不断扩大的同时，实践了政府购买社会组织服务的长效机制。

三　关于德胜街道总工会进一步创新服务的思考

（一）对工会总体工作的思考

一是加快向枢纽型社会组织转型。建设好枢纽型社会组织，实际就是要继续推行群团组织的改革。德胜街道总工会在加强"三性"的同时，也需注重去"机关化、行政化、贵族化、娱乐化"，既承担"枢纽"作用，又突出"社会组织"作用。枢纽就是要发展好自身，做好沟通交流的平台；社会组织就是要更强调公共服务。

二是利用新媒体扩大工会影响力。目前，工会的宣传力度在逐步加大，工会组织影响力也随之扩大。工会与传统新闻媒体的联系日渐顺畅，工会活动多次被新闻媒体报道，提升了影响力。与之相比，利用新媒体宣传有待加强，如建立公众号、服务号，既可以畅通工会的宣传渠道，也可以在此基础上构建一些新的小程序，如网络投票、网络咨询服务、短视频拍摄等，从而进一步提升工会组织的凝聚力和吸引力，使基层工会工作更加富有生机和活力。

（二）对行业工会建设的思考

一是适当给予行业工会资金支持。目前，北京市已实行工会经费由税务部门代收，独立建会企业都缴纳了工会会费，行业工会联合会不是一个实体，开展联合工会的经费要从街道总工会里支出，街道总工会的工会经费都是企业工会缴纳的，没有行业工会的专项经费。所以，对行业工会的建设，上级工会应该给予专项经费支持。这样才能更好地保证行业工会开展正常的职工活动。

二是制定行业工会的规章制度。目前，行业工会还没有具有法律效力的规章制度，应该由权威部门制定出台相关的制度和程序等，进行规范，这会促进更多的企业加入行业工会。

（三）对购买服务的思考

一是购买社会组织服务要结合地区及职工实际。要根据本地区企业和职工的实际需求，选择能够提供相应服务的社会组织，有针对性地设计活动项目，开展不同层次、不同内容、适用性强的活动，为职工提供有针对性的服务，才能满足职工个性化、多样化、专业化的服务需求。同时，购买社会组织服务在一定程度上还充实了工会服务站的工作内容，扩大了工会服务职工的覆盖面，提升工会服务职工的质量。

二是应进一步加大购买社会组织服务的规模和数量。这样做可以使基层工会有机会与更多的社会组织对接，可以打破行政区域、行业限制，跨区域组织活动，解决了地区的局限性。通过专业的手法，增强活动的吸引力，提升活动的持续性和职工参与度。

三是应进一步找准总工会与其他服务类的社会组织的关系。总工会实际是基层工会系统的枢纽型社会组织，其作用的发挥可以依靠其他广大的社会组织的共同力量，采取合作的形式。合作过程中，首先应该是做好定位，切实把握好总工会与其他提供服务的社会组织的关系。其次，总工会是具有影响力的组织，而其他承接总工会服务的社会组织还相对较弱，这就要求总工会能够放下"身段"真正地开展平等合作，让承接服务的社会组织能够感受到总工会的"诚意"，从而真正设身处地地开发好的服务项目，服务地区广大的职工群众。

参考文献

黄彬：《杭州市垃圾分类处理现状与对策研究》，《现代城市》2012 年第 9 期。

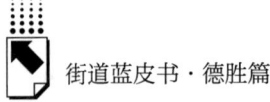

温州市瓯海区人民政府办公室：《关于政府购买社会组织服务工作的实施方案》，2012 年 10 月。

谭卓华：《长沙市政府在社会组织发展中的作用研究》，湖南大学硕士学位论文，2013。

德胜街道工会主席陈洪祥：《如何通过购买社会服务激发工会组织活力让特色活动服务广大职工》。

B.7
关于德胜街道推进垃圾
分类的调研报告

摘　要： 垃圾分类是城市环境建设的重要内容之一，在城市街道社区广泛开展和推广垃圾减量和垃圾分类，治理与建设卫生环保、市容整洁、环境优美的城市家园，有利于不断提升人民群众的生活品质。德胜街道在西城区市政市容委的正确指导下，把推进垃圾分类工作作为为民做实事的重要工程，充分结合区情，开展垃圾分类试点工作，通过积极探索和努力创新，地区垃圾分类的水平不断提高，街区卫生环境显著提升。随着垃圾分类的深入持续推进，垃圾分类所蕴含的节约环保理念深入人心，街道逐渐形成了人人参与、人人关注生态建设的良好氛围。

关键词： 德胜街道　垃圾分类　环境建设　项目化管理

《北京市生活垃圾管理条例》规定，生活垃圾管理工作要坚持政府主导、社会参与、全市统筹和属地负责，要遵循减量化、资源化、无害化的方针，逐步建立和完善生活垃圾处理的社会服务体系。生活垃圾处理工作是一项关乎民生的基础性公益事业，是北京市各级人民政府的重要管理职责。

一　德胜街道开展垃圾分类工作的背景

城市巨大的人口和消费规模带来城市经济繁荣发展的背后，也产生了巨量的生活垃圾，城市的生活垃圾治理能力和水平直接影响着城市的环境品质。德胜街道高度重视垃圾治理工作对地区经济和社会发展的重要价值和意义，在辖区广泛而深入地开展垃圾分类试点工作，积极创建优良的街区环境，致力于实现"美丽德胜"的建设目标。

（一）城市开展垃圾分类工作具有重要价值和意义

城市开展垃圾分类工作具有重要的价值和意义。首先，从经济效益方面来讲，城市垃圾总量大、种类多，对城市垃圾进行分类收集、存储、运输和处置，对其中的可再回收垃圾进行重新利用，发展循环经济和绿色经济，可以有效地提高资源利用率，节约城市资源，创造新的城市价值。其次，从环境效益方面来讲，开展垃圾分类工作势在必行，大量城市生活垃圾的露天堆置不仅给城市带来脏乱差的环境，严重影响市容市貌和城市形象，而且容易滋生细菌和病毒，给城市居民的身体健康带来危害。最后，从社会效益上来讲，通过深入居民社区开展垃圾分类的宣传和指导工作，帮助民众了解垃圾分类工作的方法和意义，有利于提高民众的节能环保意识和社会责任意识，鼓励和调动更多的群众参与垃圾治理工作，共同建设美好的家园环境。

（二）国内外已经形成比较成功的城市垃圾分类工作做法与经验

垃圾分类理念已经被城市广泛接受，许多发达国家和国内比较发达的地区较早地启动了垃圾分类治理工作进程，并形成了一套适合地区发展的垃圾分类工作经验和模式，如欧洲的德国、亚洲的日本和中国香港地区。

1. 日本：形成垃圾分类的成熟运行体系

日本的垃圾分类工作做得十分成功，已经具备一整套成熟而合理的运作体系，其在垃圾分类工作领域的许多成功做法和经验值得研究和借鉴。一是日本各地普遍建立了一套适用于本地区的科学细化的垃圾分类标准，这是后续垃圾回收处理工作顺利开展的前提基础，如日本德岛县上胜町把垃圾细分为44类，并计划到2020年实现"零垃圾"的目标。二是日本建立起一套完整规范的垃圾投放和回收工作机制，规定居民定时定点投放垃圾，保洁工人和运输车辆定时定点回收和运输垃圾，保证垃圾的及时处理。三是日本构建了相应的垃圾回收产业体系，为分类回收后的垃圾处理、加工和再利用提供了坚实的产业支撑，形成了一条绿色环保的经济链条，实现真正的垃圾减量和节约环保。四是开展系统全面的垃圾分类宣传教育工作，日本垃圾分类工作的宣传管理十分到位，根据不同受众采用不同的宣传方式，日本重视教育的潜移默化作用，强调环保教育要"从娃娃抓起、全民动员"。五是将垃圾分类工作纳入立法议题，日本制定和通过《绿色购买法》《建设再利用法》《食品再利用法》《家用电器再利用法》等一系列法律，为规范管理和执行垃圾分类工作提供了制度性保障。

2. 德国：把垃圾分类纳入循环经济

德国是世界上开展城市垃圾分类工作最成功的国家之一，业已形成一套科学完善的工作运行体系（见图1）。市场化是德国垃圾分类工作的突出亮点，德国将垃圾分类工作视为循环经济体系的重要组成部分，垃圾分类工作的重心和目标就是实现资源保护、能源节约、经济可持续发展，可以说德国垃圾处理和再利用是德国循环经济的核心。重视立法工作，德国法律是推动垃圾分类工作获得成功的重要手段，目前德国已经出台的法律有《废物管理法》《循环经济和废物处置法》《封闭物质循环与废物管理法》等。德国在垃圾处置工作上坚持预防为主、产品责任制和合作原则，从源头上减少垃圾产生量，从源头上约束企业和民众等主体的行为，强化其责任意识，减少不必要的废弃物产生，最大限度地实现循环利用，采用合理、合法的对环境无害、无污染的方式处置无法回收利用的垃圾。德国的垃圾分类基础设施十分完善，分为棕色有机垃圾桶、灰色垃圾桶、黄色垃圾桶，专门储存玻璃、纸类的容器，更好地方便民众进行垃圾分类，提高垃圾分类的效果。

3. 中国香港：通过垃圾回收减少城市垃圾

人口多、面积小的发展环境特点决定了中国香港处理城市生活垃圾工作的必要性和紧迫性，中国香港《都市固体废物管理政策大纲》将垃圾回收与循环利用作为减少城市垃圾的三大途径之一，长期以来中国香港通过制定

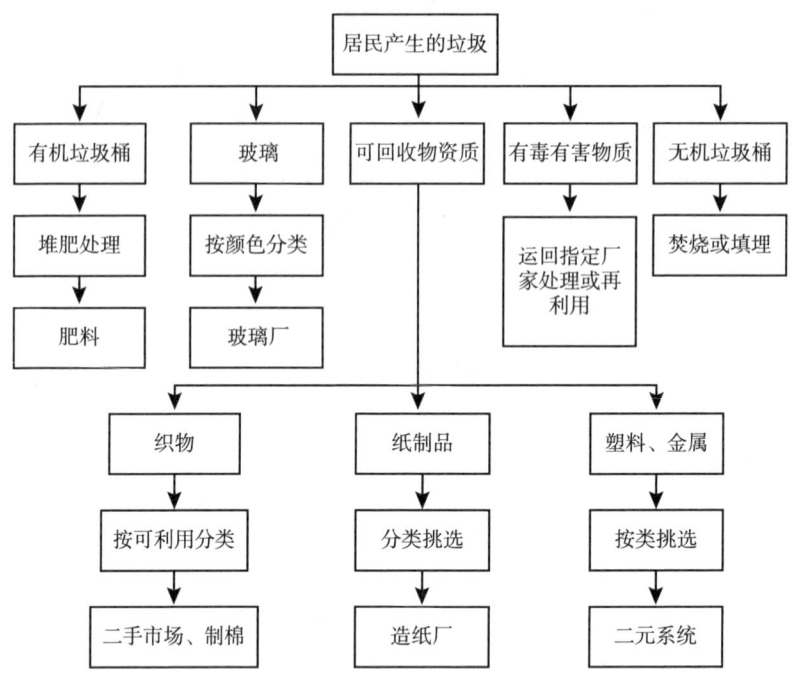

图1　德国垃圾分类系统

规划、宣传教育、模式创新等多种方式推动城市卫生环保事业的发展。一是以规划为先导，因地制宜地制定垃圾分类工作的目标和中长期计划，如香港地区有"家居废物源头分类计划"、十年废物管理蓝图"香港资源循环2013～2022"。二是强调源头分类治理，建立垃圾收集与分隔系统，以避免出现"分类收集、混合处置"现象，如香港地区推行了"家居废物源头分类计划""工商业废物源头分类计划"，编写了《住宅楼宇废物分类源头指引手册》。三是充分发挥物业管理公司在政府与居民之间的桥梁作用，让物业管理公司在垃圾分类工作中发挥带头作用。四是不断提高垃圾处理设施的建设与运营水平，推行多样化的便民的回收设施，重视垃圾分类处理工作各个环节的规范化管理。五是重视对民众、学生进行宣传教育，让垃圾分类的正确理念融入人们的日常生活，社会环保组织在宣传教育方面发挥了重要作用。

（三）德胜街道开展垃圾分类工作的基本情况

德胜街道积极响应北京市"垃圾减量、垃圾分类"工作的号召，结合街区特点，在正确的思路和目标指导下，逐步探索适合本地区的垃圾分类试点推广工作，形成了良好的工作局面。

1. 德胜街道垃圾分类工作的思路框架和目标设置

德胜街道开展垃圾分类工作不仅具有一套完整的思路框架，而且设置了具体的目标指向。街道开展垃圾分类工作以试点工作为起点，坚持成熟一个、创建一个的工作原则，及时探索和总结不同示范社区的工作经验，特别重视对未开展垃圾分类小区的筹划和准备工作，以点带面推动地区垃圾分类工作的全覆盖，保证区域整体垃圾分类效果的稳步提高。德胜街道将垃圾分类工作与地区全面建设目标相结合。一是把垃圾分类工作与小区大环境建设相结合，把小区垃圾治理工作与绿化工作、设施建设改造工作结合起来，全面提升小区整体大环境质量。二是把垃圾分类工作与居民幸福指数相结合。垃圾分类工作的深入推进给群众居住环境带来了实实在在的好处，干净整洁的街道和优美舒适的环境大大提升了居民的生活幸福感。三是把垃圾分类工作与提高地区居民素养相结合。通过宣传和开展垃圾分类工作，提高居民的节约环保意识、社会责任意识和家园共同体意识，这与德胜街道倡导的"德邻文化"紧密契合，有助于提升小区凝聚力，构建熟人社会和和谐的邻里关系。

2. 德胜街道开展垃圾分类工作的进展情况

早在2009年德胜街道就积极响应北京市开展"垃圾减量、垃圾分类"工作的号召，在辖区广泛开展和推广垃圾分类试点工作。目前，德胜街道已经创建垃圾分类小区数量58个，分布在21个社区，共惠及29668户居民家庭9万余人。德胜街道垃圾分类小区数量在西城区排名第二。德胜街道推动垃圾分类工作主要采取了引入第三方公司或物业两种形式，其中物业负责32个小区，第三方公司负责26个小区，以德外大街为界分东西两片分别由两家第三方公司负责。以德胜街道1号院垃圾分类示范点建设情况为例，德胜街道向示范社区居民发放了垃圾分类承诺书和生态卡，承诺书签订工作主要由绿色生活馆运营团队在多个时段和多种模式下灵活性开展，现已经签订承诺书的有539户，并针对1号院内不同群体采取有针对性的垃圾分类宣传，如针对少年儿童开展"一个孩子改变一个家庭"等宣传教育，面向学生征集以环保为主题的文章、诗歌、绘画、摄影等作品。通过一系列工作，1号院垃圾分类示范点建设工作已经初显成效，院内居民垃圾分类参与意识、主动意识都明显提高，现居民主动分类投放1000余次。

二　德胜街道推进垃圾分类工作的基本做法

德胜街道垃圾分类工作自开展以来已经取得明显成效，街道因地制宜，充分结合试点社区的具体情况推进垃圾分类工作，已经打造了一批示范性的垃圾分类试点社区，起到了良好的带动效应，极大地提升了区域整体的环境质量。

（一）明确责任主体，保障垃圾分类工作的"三个落实"

垃圾分类工作作为一项服务民众的公益性事业，主要是在政府主导下自上而下推进的。德胜街道党委高度重视垃圾减量、垃圾分类工作，为充分开展好地区垃圾分类工作，街道进一步明确了相应的责任主体，保障各项工作制度得到有效落实。首先，街道在建设地区垃圾分类示范小区工作中，始终坚持以社区党建为中心，发挥基层党组织的战斗堡垒作用和基层党员模范的带头作用。其次，街道成立了以主管主任为组长的垃圾分类领导小组，抓好垃圾分类的"三个落实"工作，确保各项工作有人负责，各环节存在的问题有人解决，明确街道、社区、物业各自的工作任务及责任。把完整的垃圾分类工作制度作为垃圾分类工作正常化、科学化运转的重要保障，德胜街道围绕厨余垃圾、可回收物、其他垃圾及有害垃圾的处理工作，已经建立垃圾分类的四项基本工作机制，如制定了垃圾分类指导员工作规章制度，加强指导员培训工作，确保了指导员队伍作用的发挥。街道要重视和加强对垃圾分类工作所需基础经费的投入和支持，包括开展垃圾分类宣传活动、垃圾基础设施的配置、实施奖励、垃圾分类指导员补贴发放等方面。

（二）积极探索垃圾分类试点，以点带面实现垃圾分类工作全覆盖

德胜街道通过在试点社区积极探索垃圾分类工作的方式和方法，及时总结和推广成功有效的工作经验和模式，确保垃圾分类全面覆盖到位。2014年街道与总参动员部和国防部外事办积极沟通，探索部队营区开展垃圾分类的形式与办法，并于2014年正式通过市、区验收，得到了市、区领导的高度评价，开创了垃圾分类进军营的先河，2015年北京军区第一干休所、装备部五路通营管所也顺利通过垃圾分类小区验收。德胜街道还梳理了辖区26个无物业、管理较差的垃圾分类小区，深入探索老旧小区和无物业管理小区的垃圾分类工作开展的有效方法。新风街1号院社区是街道重点打造的垃圾分类工作示范社区，一方面，安装了厨余垃圾就地化处理设备；另一方面，采取政府购买服务的方式，通过引入第三方专业团队力量（中直物业），推动工作模式创新，促进工作效率提升，如街道投资改造的"德胜街道中直一号院绿色生活馆"项目，充分利用了现代科学技术，建立了垃圾循环处理新模式，"绿色生活馆"成为社区居民身边的"服务驿站"、社区垃圾分类的对外"展示窗口"以及社区居民互相学习的"交流平台"。街道通过先行先试，成熟一个、创建一个，由点及面、全面推广，逐步实现垃圾分类工作的全覆盖。

（三）实施标准的项目化管理模式，建立科学有效的运行机制

项目化管理是德胜街道开展垃圾分类工作的重要手段，街道通过与物业公司签订协议或引入第三方专业公司的方式开展垃圾分类工作，逐步建立起科学有效的运行机制，取得了良好的效果。2014年，德胜对33个垃圾分类小区实施了项目化管理，与31个物业公司、管理单位及社区居委会签订了垃圾分类项目化管理责任书。德胜街道与物业公司签订协议，在协议中明确

物业公司需要完成的各项工作指标，如制定相应的垃圾分类知识宣传海报或展板，开展一定数量的宣传活动等，街道会根据垃圾分类奖惩实施办法，对物业所负责社区的垃圾分类开展工作情况进行检查，实施奖励或处罚。街道通过与物业公司签订协议，明确了各自的职责和分工，使垃圾分类的各项运行机制更加科学有效。而对于辖区内缺乏正规化物业管理的多产权的老旧小区，德胜街道采取公开招标的方式引进第三方具有专业资质的公司，并委托这类公司管理负责该小区的垃圾分类工作，如德胜街道通过公开招标，把以德外大街为界的东西两个片区的垃圾分类工作承包给两家公司运作，在有害垃圾处理方面，含汞废弃灯源由北京生态岛科技有限责任公司回收处理，废弃药物由西城区药品医疗器械行业协会回收处理。德胜街道通过引入物业公司或第三方公司，对垃圾分类治理工作实施项目化管理，引进先进的技术手段，创新工作模式和方法，实现工作流程的不断优化。

（四）区分受众开展宣传工作，提高居民自主参与意识

垃圾分类工作与社区居民的生活息息相关，需要全民合力、广泛参与，共同推进社区卫生环境的改善。德胜街道通过区分受众开展的垃圾分类宣传教育工作，具有针对性、多层次、全方位、循环式、人性化的特点，取得了良好的效果。街道针对地区学生、居民、机关团体、"绿袖标"指导员、物业单位等不同群体，灵活选择和实施不同的宣传教育工作方式，如针对学生特点开展"小手拉大手"垃圾分类进校园等宣传活动，针对社区居民则充分发挥社区志愿者、小区楼门院长、小区热心公益人士的带动作用，街道还通过开展垃圾分类置换活动，对垃圾分类表现优异的个人、家庭或单位给予适当奖励和表彰，得到了群众的理解和支持。鉴于垃圾分类指导员在垃圾分类工作中发挥的重要作用，街道重视和加强对指导员的培训工作，2014年街道邀请中华环保基金会对54个小区的物业公司、管理单位及"绿袖标"指导员进行了培训，并联合开展垃圾分类进楼宇、垃圾分类进社区等系列宣传活动，累计宣传上百次，参与人数近万，在提高社区居民对垃圾分类工作的知晓率和参与率方面发挥了重要作用。街道积极利用科技手段创新宣传方

式，让群众更加深刻地体会垃圾分类工作给生活带来的好处，如街道投资改造的"德胜街道中直一号院绿色生活馆"就充分利用了"互联网＋"手段，让居住在一号院的居民能够通过便利化、智能化方式获得低碳生活体验、绿色消费指导和节能环保知识等。

三　德胜街道在推进垃圾分类工作方面存在的问题

垃圾分类工作作为一项为民服务的公益性事业，需要持续推行，这就离不开政府的大力支持、社会和民众的主动参与和积极配合，离不开相对完善的软硬件环境设施建设，还要正确地处理好各相关主体之间的利益关系。在这些方面德胜街道还存在着一些亟待解决的问题。

（一）垃圾分类公共基础设施建设有待进一步健全

相对完善的垃圾分类公共基础设施是垃圾分类工作有效开展的硬件基础，德胜街道的垃圾分类技术装备和基础设施还有待进一步健全，主要体现在一些老旧小区缺乏规范化管理，相应的垃圾分类基础设施配备和保障工作不完善，小区缺乏供居民进行垃圾分类的配套垃圾桶设施和回收站点，有些小区虽然配备了垃圾桶，但只有"可回收垃圾"和"不可回收垃圾"两类垃圾桶，没有进行科学合理的细化分类，导致小区脏乱差等环境问题难以得到有效解决。此外，与垃圾分类工作相关的其他设施和装备，如垃圾回收站、运输工具和处理设备也存在着不能满足地区垃圾分类工作需要的问题和设施更新滞后等问题。

（二）垃圾分类工作制度有待进一步完善

街道在垃圾分类工作制度方面还有待进一步完善，在政策层面的系统性和可操作性不足，主要体现在相关部门之间的政策沟通不畅，缺乏协调性，各部门职责没有得到清晰的界定，容易出现多头治理、相互推诿的问题，导致垃圾分类工作各个环节之间缺乏衔接，垃圾分类治理混乱，治理效率低，效果差，主要是因为试点工作缺乏前期深入考察调研或缺乏矫正调整机制，制度的单调和僵化使得一些试点政策仍然没有很好地匹配试点社区的具体情况和需求，造成垃圾分类工作的无效化。垃圾分类工作是一项系统工程，街道在垃圾分类工作上的统一制度标准、监督评价制度和奖惩制度方面还有待加强。与垃圾分类相关的法律制度有待完善，垃圾分类工作要实现长远可持续发展，成为政府常态化工作和人民日常的生活方式，规范的法律法规能够明确界定参与垃圾分类工作的各个主体包括政府、街道、社区、物业、居民的职责和义务，不断提高垃圾治理工作的科学高效性。

（三）垃圾分类的市场化和产业化动力不足

垃圾分类工作开展的目标和意义是要通过系统的垃圾分类与回收，实现重新利用，以达到节约资源和保护环境的效果。当前，德胜街道为进一步推动垃圾分类工作的落实，采取了一系列行之有效的宣传工作、组织工作、推广工作等，垃圾分类试点社区居民的垃圾分类意识不断提高，垃圾分类工作制度逐步完善，垃圾分类工作效率大幅提升，但是当前街道开展垃圾分类的小区一般采取包干模式，由物业或第三方公司来负责垃圾处理工作，费用固定，社区居民参与垃圾分类工作的积极性和自觉性不高，垃圾分类工作的市场化和产业化发展动力不足，完整的产业化和市场化链条会倒逼垃圾分类各项工作环节的优化和细化，进一步提升垃圾的初级分类、回收清运、重新加工利用等工作环节的衔接度和效率，社区居民也能够充分享受垃圾分类产业化带来的有形无形收益，从而积极参与垃圾分类工作。

（四）垃圾分类宣传工作有待进一步深化

垃圾分类体现了一种节约环保和绿色健康的生活理念和生活方式，垃圾分类工作的覆盖范围和最终效果取决于民众对垃圾分类工作的认可度和参与度。德胜街道十分重视开展社区居民的垃圾分类宣传动员和教育引导工作，通过垃圾分类置换小物件，奖励和评优等多种方式，针对不同群体如学生、单位和社区居民采取不同的宣传教育方式，取得了积极的成效。但是垃圾分类宣传工作还需要进一步深化，如在流动人口多的小区和老旧小区等推广垃圾分类工作困难程度较大的地区开展宣传工作的力度有待加大；在宣传手段方面主要还是依靠传统的线下宣传，许多上班族没有时间参与社区垃圾分类宣传活动，扩大宣传工作的覆盖面还存在广大的空间；此外，还存在社区之间宣传力度不平衡的问题，示范社区的垃圾分类宣传活动内容形式丰富、开展频率高、参与群众多，而其他社区的宣传工作力度相对较小，这些是今后街道需要下功夫解决的重要问题。

四 关于德胜街道进一步开展好垃圾分类工作的建议

开展垃圾分类工作是我国生态文明建设的内在要求，根据 2016 年我国发布的《"十三五"全国城镇生活垃圾无害化处理设施建设规划》要求，要加快提升城市生活垃圾处理能力。德胜街道在开展地区垃圾分类工作方面已经取得了明显成效，同时面临着一些亟待解决的问题，从改善民生和造福群众的立场出发，街道应该就当前垃圾分类工作推进过程中出现的问题提出和制定有针对性的解决方案，以更好地推动垃圾分类工作，加快建成"美丽德胜"。

（一）党政机关要充分发挥带头作用，加强对垃圾分类工作的支持和投入力度

垃圾分类治理作为一项自上而下开展和推广的惠民工程，党政机关和政府各部门在工作推进和落实过程中发挥着关键性的带头和引领作用。党政机关要进一步重视和加大对垃圾分类工作的支持和投入力度。首先，党政机关单位要主动做好自身单位的垃圾分类治理工作，为群众做表率，2017 年 10 月 18 日，国家机关事务管理局、住房城乡建设部、发展改革委、中宣部、中直管理局印发了《关于推进党政机关等公共机构生活垃圾分类工作的通知》，为党政机关开展垃圾分类工作提供了有效遵循。其次，街道要把垃圾

分类工作作为改善地区民生的一项重要工程来抓，将垃圾分类治理工作列入政府工作计划，把地区垃圾分类开展效果、居民的参与度作为对基层工作考核的重要指标，督促社区投入人力物力来支持垃圾分类回收工作。最后，开展垃圾分类工作应该避免一刀切，在推广和复制示范社区的做法时要充分考虑不同社区的适应性，即要深入街区开展调研工作，了解不同社区的居民构成、生活习惯以更好地掌握日常生活的主要垃圾类型和数量，因地制宜地制订垃圾分类方案，提高垃圾分类工作与社区垃圾分类需求之间的匹配度。

（二）积极引入市场机制，建立完善的垃圾分类产业支撑体系

在垃圾分类工作开展的初期阶段，政府主导性质明显，政府在推进社区垃圾分类工作，改善居民生活环境中发挥着无可替代的作用，但垃圾分类工作是一个相对专业和系统的领域，随着垃圾分类工作的深入和细化，政府也面临着更大的工作负担和压力。因此，政府需要进一步转变工作思路，创新工作模式，通过积极引入第三方专业化公司或管理机构，采取政府购买或者PPP合作模式，开展地区垃圾分类治理工作，充分发挥和利用市场力量解决基层民生问题，通过引入市场机制，倒逼垃圾分类工作体系的优化，进一步提升各项工作环节的紧密度，提高工作效率，逐步建立和完善地区垃圾分类产业支撑体系，形成科学的垃圾分类回收机制，从而提高社区生活垃圾的回收利用率，为垃圾分类工作的持续开展提供内在经济驱动力，有效降低政府的运行成本。

（三）建立健全垃圾分类治理的相关制度，形成垃圾分类工作的长效运行机制

街道在推动垃圾分类治理工作时要着眼于长远，及时总结示范社区开展垃圾分类工作的成功经验和模式，不断深入分析和探索地区基层社区开展垃圾分类工作的特点和规律，不断完善地区垃圾分类治理工作的各项制度，形成垃圾分类的长效工作机制。德胜街道的垃圾分类试点示范工作已经卓

有成效，社区在支持和开展垃圾分类工作中发挥着积极作用，有效地配合和落实了街道相关部门的工作任务，但不同社区的具体情况不同，街道需要重视和重点解决试点示范社区经验和方法的普遍适用性和具体的执行落实问题，通过建立健全垃圾分类治理的相关制度，明确和强化各相关部门的工作职责，加强垃圾分类工作相关部门间协调与合作，尤其是政府在垃圾分类治理工作中越来越重视物业、企业、社区等多元社会力量的参与，通过完善的工作制度引导和规范各方行为，正确地处理好不同利益主体之间的关系，形成齐抓共管的工作局面，共同建设清洁美丽的德胜家园。

（四）充分发挥科技智能手段的辅助作用，不断提升和扩大垃圾分类工作的影响力和覆盖面

现代科学技术的进步和智能终端应用的普及为开展和推广垃圾分类工作提供了新的工具和手段，街道可以充分借助这些先进技术和设备优化垃圾分类工作环节，提高垃圾分类的效率，改善垃圾分类工作的效果，不断提升和扩大垃圾分类工作的影响力和覆盖面。一方面，与传统的垃圾分类宣传手段相比，新媒体等智能终端宣传平台具有实时便捷、受众广泛、传播速度快等特点和优势，能进一步扩大宣传教育工作的覆盖面；另一方面，互联网技术和移动智能终端的应用，有利于促进垃圾分类工作方法创新，优化垃圾分类和回收工作流程，可以使垃圾分类工作更加方便快捷，进而调动和增强人们参与垃圾分类工作的积极性，如通过采用垃圾智慧分类模式，可以实现再生资源回收和生活垃圾分类的无缝衔接，将垃圾分类与二维码技术相结合创新垃圾分类回收方式，让群众在参与垃圾分类过程中得到相应的账户积分奖励，在提高垃圾分类工作的趣味性的同时也能提高群众对垃圾分类工作的接受度。智能垃圾分类模式发挥有效作用的前提是本地区具备了完善的垃圾分类标准和垃圾分类设备，这就需要政府做好相关的基础性工作，为居民群众更好地参与垃圾分类工作提供更加人性化的管理和服务。

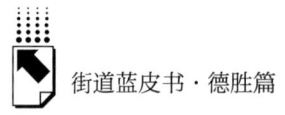

参考文献

王震国：《城市垃圾分类管理的国际借鉴与改革的市场化思考》，《上海城市管理》2008 年第 4 期。

金熙德：《极致的日本垃圾分类》，《世界知识》2008 年第 11 期。

赵静：《区分宣传受众，实施项目化管理——记西城区德胜街道垃圾分类工作》，《城市管理与科技》2015 年第 2 期。

《国务院办公厅关于转发国家发展改革委住房城乡建设部生活垃圾分类制度实施方案的通知》，中国政府网，2017 年 3 月 18 日。

北京市人民政府法制办公室：《北京市生活垃圾管理条例（草案）》，首都之窗，2010 年 11 月 9 日。

北京市城市管理委员会：《北京市生活垃圾分类工作进展》，首都之窗，2017 年 12 月 5 日。

《北京市城市管理委员会关于印发北京市生活垃圾处理设施运营监督管理办法（试行）的通知》，首都之窗，2017 年 12 月 29 日。

北京市人大常委会：《关于〈北京市生活垃圾管理条例〉实施情况的报告》，北京市人大常委会官网，2017 年 10 月 9 日。

B.8
关于德胜街道多策并举助力非公党建从"有形覆盖"到"有效覆盖"调研报告

摘　要：　党的十八大报告提出要加大非公有制经济组织、社会组织党建工作力度；党的十九大报告则进一步提出要把企业、社会组织等基层党组织建设成为党的战斗堡垒。加强和改进非公有制企业党的建设，是夯实党的执政基础，引导非公经济健康发展，促进社会和谐的重要组织保障。西城区德胜街道从提升"四个服务"水平和落实首都城市战略定位的大格局出发，按照地区资源禀赋和发展情况，把非公党建放在更加重要的位置上。本文在梳理德胜街道非公有制经济组织党建情况、社会组织党建情况的基础上，提出了该地区加强非公党建的举措，通过抓学习、抓组织覆盖、抓党员、抓活动、抓支部建设等多种方式助力非公党建发展，总结了当前非公党建工作面临的问题并提出相关建议。

关键词：　德胜街道　非公有制企业党建　社会组织党建　扩大组织覆盖

中关村科技园西城园覆盖德胜街道全域，大量非公企业和社会组织聚集在此。在这一背景下，研究和推动非公党建成为德胜街道的重要任务。针对着力提高非公党组织覆盖率这项要求，德胜街道工委在这方面开展了一系列工作，在西城区第一批实现楼宇党建全覆盖、第一批建立街道级社会组织孵化中心。在提高党建覆盖率的同时，着力创新举措、破解难题，逐渐形成了

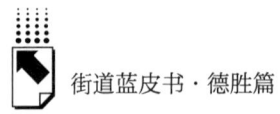

"抓党建凝聚发展共识、搭平台助力红色引擎、促服务引领志愿服务"的工作理念，推动党建由"有形覆盖"向"有效覆盖"转变。

一　德胜地区非公党建基本情况

（一）非公企业党建基本情况

截至 2017 年，德胜辖区内共有非公企业 3000 余家，其中高新技术企业 567 家、上市公司 37 家，形成"研发科技、高端交易、金融后台、文化创意"四大支柱产业，地区内有普天德胜、康华伟业等国家级孵化器以及奇虎 360、三夫户外等知名非公企业，连续多年地区税收实现两位数增长，非公有制经济在德胜地区的影响力越发明显。

德胜街道辖区非公企业已成立支部 51 个，独立支部和联合支部兼有，明显呈现流动性、年轻化的趋势。在册党员 533 人，平均年龄 31 岁，其中大专及以上学历 448 人，占 84%；另外还有流动党员 240 余人，平均年龄 38 岁，其中本科及以上人员 192 人，占流动党员总数的 82%。非公党支部涵盖孵化器、高科技、互联网等高精尖企业以及餐饮、建筑等传统行业，经过几年实践和探索，街道逐渐涌现出梅泰诺公司党支部、91 金融党支部、普天德胜科技孵化器联合党支部等一批具有代表性的街道非公企业党组织典型，它们对推动地区经济和社会事业发展发挥了重要作用。

（二）社会组织党建基本情况

辖区内现有登记注册类社会组织 61 家（区级），社区社会组织 326 家。承怡公益文化中心、西城区睦邻社工事务所等社会组织，承接着政府、社区民生服务领域的养老服务，党建管理领域的党建培训等各类项目。街道对社会组织的引入和支持力度越来越大，政府购买服务的金额也逐年递增。

德胜地区有 4 个社会组织党支部,现有党员 26 名,平均年龄 30 岁,其中大专及以上学历 21 人,占 81%,社会组织党支部呈现高学历特征。社会组织作为激发社会活力的重要元素,在德胜地区也取得长足发展,街道工委始终将党建引领作为发展社会组织、激发社会活力的根本要求,按照"以空间换服务、以项目促发展"的理念,构建"1 + X"的社会组织培育发展模式,并将党建促进中心作为德胜街道社会组织孵化中心,培育发展社会组织。地区各项事业逐渐从单一治理向多元参与转变,形成了行政管理与社会自治互联、政府工作与社会工作互补、政府力量与社会资源互动的良性机制,为德胜蓬勃发展的各项事业注入新鲜血液和活力。

二 德胜街道助力非公党建发展的主要措施

(一)抓学习覆盖,重在把握学与干的关系

党的十九大召开后,街道工委组织地区非公支部,以各种形式学习贯彻党的十九大会议精神。在街道党建促进中心、普天德胜孵化器、北环商务楼宇中心等地,街道组织召开了非公党支部座谈会,地区非公企业代表结合自己企业及工作实际,畅谈党的十九大学习心得体会。街道社会组织联合党支部的党员表示,学习非常及时,让社会组织内的党员第一时间深入了解了报告内容,并通过座谈,与地区工作快速紧密结合,指导工作开展。

街道在组织学习党的十九大的同时,也组织学习了《中共中央国务院关于营造企业家健康成长环境 弘扬优秀企业家精神 更好发挥企业家作用的意见》精神,提出"激发和保护企业家精神",是对企业家群体的肯定与激励,充分体现了党和国家对企业家群体的亲切关怀、高度重视和殷切期盼,使广大民营企业家备受鼓舞、充满信心。

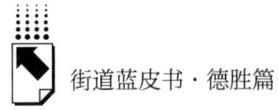

（二）抓组织覆盖，重在把握量与质的关系

推动新生党支部建设和发展新党员是非公党建"有效覆盖"、健康成长的关键。首先，在具备条件的非公企业、社会组织中积极推动党支部建设。2017年新成立5个非公企业党支部，其中包括北京政府采购企业协会党支部。目前街道非公党建覆盖率达到90%，100人以上企业全部实现组织覆盖，50人以上企业均有党员，较圆满完成市区制定目标。其次，在非公党支部做好党员发展工作。近年来，平均每年新发展非公党员4名，增强了非公企业和社会组织"造血"功能，严格按照发展计划，做好积极分子、发展对象、预备党员的培训教育以及发展工作，建设一支数量充足、素质较高的非公党员队伍。

（三）抓服务覆盖，把握供与需的关系

引领党员结合自身实际切实发挥作用，是扎实抓好党建的重要内容，街道工委积极引领非公党员做好各项志愿服务，回馈社区、回馈社会，充分体现非公党员的先锋模范作用。为了更好地实现社区居民服务需求和党员服务资源的精准对接，街道工委设计开发了德胜地区党员志愿服务系统APP，通过手机APP客户端进行服务发布和对接。

一是梳理资源与需求，开展线上线下双联动。结合地区党员队伍、驻区单位和地区实际，一方面，深入调查统计报到党组织的工作性质、业务特色和党员特长、服务意愿，分类梳理党员志愿服务意愿；另一方面，征集和梳理地区居民的服务需求，转化成为81个服务项目，形成时间、地点、内容、意义、积分等"5W"的规范化文本，然后录入系统。在此基础上，通过党员志愿服务APP系统将服务和需求智能匹配、就近推送，实现社区志愿服务项目与报到单位党组织、党员的有效对接，也有利于全面把握党员志愿服务的方向和管理。自服务系统上线以来，下载量达1000人次，共促成1500余件服务活动，好评度达100%。

二是建立品牌服务团队，提供专业优质服务。针对目前党员志愿服务项

目不够专业、特色不够鲜明、志愿者队伍管理机制不够健全、各志愿组织彼此之间缺乏沟通等现状,街道依托党员志愿服务系统,在社区、商务楼宇、非公企业中,着力打造91金融党员服务队、地区商务楼宇工作站服务队等7支品牌志愿服务队伍。开展了"益企伴你e动生活"互联网知识科普小课堂、"承怡爱你援梦藏童"公益文化志愿服务进社区、"公益金融直通车之互联网金融常识科普"等系列活动,带动整个地区志愿服务队伍发展壮大,达到了志愿者队伍结构梯队化、服务活动专业化、服务渠道多样化、服务成果长效化的目标,创新了马甸社区的"预约定制式"为老服务模式和煤炭社区的"乐空间"文化助老服务模式,实现了地区资源优势和社区居民需求的精准对接。

(四)抓阵地覆盖,把握形与神的关系

2015年底,街道党建促进中心正式启动运营,作为党建成果展示平台、党员活动平台和培训教育平台,党建促进中心切实发挥了阵地作用,为地区党员群众提供了多元服务。街道形成了"1+19"工作格局,以1个核心阵地,即党建促进中心,辐射带动19个商务楼宇工作站,打造非公党员"15分钟活动圈",确保党员活动有场地、党建宣传有阵地,为地区党员提供服务。

2017年,党建促进中心开展党员教育培训、支部活动、专题党日等各类非公党建活动100余次,非公党员2000余人次参加,逐渐成为地区非公党建的"红色驿站"。此外,地区商务楼宇工作站为党员提供活动场地面积超过1000平方米,其中北广大厦楼宇工作站由北广集团免费提供300余平方米的场地供党员和职工活动,成为区域化党建的典范。商务楼宇工作站辅助聚力德胜党建促进中心,发挥了重要的阵地作用,为多种形式的党建活动提供了场地支撑,为凝聚党员力量、培养高素质党员提供了肥沃土壤。

(五)抓平台服务,重在把握实与虚的关系

针对非公党员年轻化、流动性大等特点,街道工委推出一系列适合非公

党员群体的党建活动。时间上，街道化整为零，利用午休、周末等时间，避开了繁忙的工作时段，使党员群体更有精力和兴趣投入活动中。内容上，充分挖掘科技文化资源，组织开展红色讲堂、兴趣俱乐部、志愿服务等党群活动，增强党组织活动的吸引力和影响力，结合"两学一做"，开展"红墙意识"大讨论，逐渐打造了多个小而精的党建品牌项目。方式上，针对年轻党员生活节奏快、互联网使用频繁的情况，坚持"互联网＋党建"工作理念，开辟网上阵地，开展在线党建，充分利用信息技术手段，开展党员学习教育、组织关系管理、党费收缴等工作，增强党组织活动的开放性、灵活性和有效性。

德胜街道工委开展了一系列诸如此类的党建活动：组织地区非公党员成立"在线微课堂"，在非公党员微信群中开展"两学一做"的学习讨论，并开展"两学一做"的专题讲座；组织非公党员参观"802"军事纪念馆，实地感受解放军战士的英雄气概和伟大精神，接受爱国主义和革命传统教育；组织非公党员参加顺义的北京国际青年营地，缅怀革命先烈，坚定社会主义信仰；开展"七一党史知识竞赛"和"印象德胜，德邻相伴"摄影比赛活动，丰富非公企业党员、职工的精神生活；组织地区非公党员和党建指导员第一时间观看聆听习近平总书记十九大讲话并开展热烈讨论，确保每一位党员时刻与党中央保持高度一致。此类活动形式新颖活泼，内容丰富深刻，与非公党员群体的特点紧密结合，非公党员踊跃参加，取得了良好的效果。

同时，街道工委协调多方力量，助推企业发展，为地区非公企业开展菜单式服务，进一步加大与中关村科技园西城园、地区职能站所以及劳动、计生、司法等部门的合作力度。通过西城区工商联德胜商会，搭建企业之间政策宣传、企业合作、资源共享、劳务保障、法制宣传等方面的平台，2017年组织商会会员开展植树、招商引资洽谈等活动十余场。

（六）抓培训覆盖，重在把握教与学的关系

发挥好非公企业党组织书记"领头雁"作用，不断完善非公企业党建工作指导员分级选派机制，从退居二线的领导干部中选拔了党建指导员，实

现地区企业党建工作指导员"零缺位",切实保障非公企业党建良好发展；结合"两学一做"教育常态化制度化工作要求，对非公党支部书记、党建指导员、党务工作者进行了全员分批培训，进一步提升党建、党务工作标准。

同时，要落实党组织书记联系企业负责人、党组织班子成员联系经营管理人员和普通党员、每名党员联系职工群众制度。严格规范党组织建设，办好"三会一课"，按需召开党企联席会，深化非公企业党务工作者沙龙交流，积极发挥党组织在非公企业生产经营、转型升级中的战斗堡垒作用和党员的先锋模范作用。另外，在实际工作中，还需要注重实现党组织活动与各种群团活动有机结合，营造积极向上的党建氛围。

三　德胜街道开展非公党建工作面临的困难

（一）担忧"信息泄露"，党员信息统计难度加大

在非公党建工作推进进程中，党员个体层面存在对"信息泄露"的担忧，加大了党员信息统计的难度。个别党员担心个人信息外露，拒绝填写党员登记表，拒绝亮出党员身份，导致工作过程中，党员信息统计不全，党组织覆盖出现遗漏。在大数据时代，个人信息泄露事件时有发生，广大市民对个人的信息、数据等越来越谨慎，这可以理解。但是，街道工委应加强宣传，让党员群众认识到推进非公领域党的建设不仅需要政府的力量还需要诸多党员的积极配合，登记党员信息是为了更好地开展党组织活动，为党员群体提供交流、学习、进步的大家庭。

（二）担忧影响工作，非公党建推进进程缓慢

在企业层面，个别企业管理者欠缺政治大局意识，没有摆正党组织与非公企业单位的关系。部分企业管理者认为，其党员员工参与党建工作，影响员工工作进度，从而拒绝提供公司内党员名单或成立党支部，即便勉强接纳了党组织，也消极对待。这种态度拖慢了非公党建的进程。

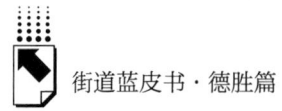

党组织与非公企业的关系是相互促进的，而不是某一方拖累另一方。党员职工在企业中的模范带头作用有利于企业的经营发展，党组织营造的政治正确、积极温暖的大环境有利于企业文化的形成和企业形象的塑造。同时，要加强对非公企业的服务，让非公企业感受到党组织的关怀，切实提高获得感。

（三）企业、党员流动性强，管理难度大

经济的快速发展，市场的日新月异，使得企业和企业员工呈现流动性增强的趋势。流动性增强给管理增加了难度，主要体现在企业的流动性未能及时得到反映，使得调查队提交的信息不准确，甚至包含许多已搬离德胜多年的企业信息；党员职工的流动性相比企业的流动性更加明显，出于市场的开放、利益的驱动、职业规划的改变等原因，职工跳槽现象显著，党的组织关系转接和党员职工数量的变动更新问题随之而来。这给调查人员的统计增加了难度，使得调查人员提供的企业信息不准确，职工总数、党员数与实际不符。

企业和党员职工的流动性大，加之相关统计工作未及时跟进，直接造成了非公企业和党员信息统计表中新旧信息混杂，有效信息和无效信息难以分辨，给党建信息的管理工作增加了难度。

四　对进一步加强德胜街道非公党建的思考

（一）坚持思想建党，做好宣传贯彻工作

在新时代，我们面临着新形势与新任务，加强理论学习，以理论指导基层工作是极其重要的。这是因为思想建党是解决好党员、干部世界观、人生观、价值观这个"总开关"的根本方法，是处理现实问题的主要依据。应进一步认识学习的重要性，把学习习近平新时代中国特色社会主义思想作为当前和今后一个时期的首要政治任务。同时，也要充分

认识在非公企业开展党建工作，与在事业单位、国企单位开展党建工作的不同之处，根据非公企业的环境、非公党员的特点注重和改善学习方法，避免学习走马观花，不深入、不系统。在非公企业和社会组织党组织中充分调动各种宣传资源，创新方式方法，组织开展多角度、全方位、立体化、多频次的深度学习宣传活动。

（二）加强宣传，重点解决两个"担忧"，进一步扩大组织覆盖面

要回应和解决党员所担忧的信息泄露问题、企业管理层担忧工作效率问题。实际上，上述问题都是沟通不当造成的。一是回应信息泄露的担忧，街道工委可以向广大党员群众介绍党员信息的采集方式、录入方式、存储方式以及所用的软件等，消除党员对信息泄露的过度担忧。二是回应企业管理层对党建影响工作的担忧，对于保持消极态度的企业管理层，可以先设置工会、团支部等，以群团工作带动党建工作。同时，要以优秀党支部为"领头羊"，带头加强组织建设，夯实队伍基础，明确职责定位，助推企业发展。从而使更多企业管理者了解和认可党组织在企业中的积极作用。三是做好正面宣传，加强对党建活动的宣传报道，特别是将党组织"做了什么""能做什么"表达清楚，在企业和社会组织较为集中的区域广泛开展宣传活动，如举办微展览、摆设展板、张贴海报等，创造有利于开展党建工作的良好氛围，继续在具备条件的楼宇、企业、社会组织建立支部。

（三）充分利用大数据技术，做好党员管理

一是进一步通过网上党校、网络会议室、公众号等方式开展党员管理和教育工作。在非公企业开展党建活动难的主要客观原因是：党员分散，时间不统一、不充裕等。利用微信等新媒体手段，将各项制度以适合年轻化的非公企业和社会组织党员群体的方式展现出来，网上网下相结合，确保"三会一课"等各项制度落到实处，使支部管理规范化、便捷化。

二是完善党员信息库建设。严格落实上级有关要求，继续核查党员身份信息，摸清流动党员底数，理顺党员组织关系，健全完善党员档案，在符合

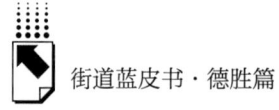

要求的企业或社会组织成立相应的党支部。总之，在以制度建设为抓手，夯实管理基础的同时，更要注重"互联网＋"的驱动作用，提升管理效能，优化管理系统。

三是整合资源、完善党员志愿服务系统 APP。在实际工作中，需要不断整合网络资源，将网上党校、网络会议室等内容与党员志愿服务系统 APP 相结合，逐步形成一套全新、全方位的党建综合服务系统。

（四）坚持问题导向，深入调查党员、非公企业、社会组织的需求

为了更好地开展非公党建工作，深入了解非公企业和社会组织党员群体的需求，进行相关的调查研究十分必要。"没有调查，就没有发言权"，德胜街道与相关社会组织合作，通过包括问卷法和访谈法在内的多种研究方法，对非公党员群体的需求进行调查。并根据调查结果，从更新党建工作理念、完善制度建设、增强创新活力和服务非公企业、社会组织党建等方面，做出适当的调整，推动党建工作良性发展，在党员群体和非公企业与社会组织中谋求最大效果。

（五）进一步强化德胜党建促进中心等党建阵地的利用，提升党建水平

统筹考虑德胜地区非公党建活动阵地的使用，包括地区商务楼宇工作站，为党员提供活动场地。在对活动场地位置、场地面积、参与人数、主要功能等深入研究与分析后，从整体进行规划，对于过小或过大的阵地进行适当合并、置换等，使党建阵地布局更加合理，符合集约发展的理念；同时，参照"六有"标准，逐步完善阵地建设。另外，要做好聚力德胜党建促进中心托管服务相关工作，让中心释放出更大的能量。

非公有制经济是国民经济中最活跃的因素，加强党对非公企业领域的领导权和话语权，决定着非公有制经济的健康发展方向。德胜街道作为西城园区企业的主要聚集地，必须高举党建大旗，坚持以人为本、服务大局，营造良好发展氛围、创造和谐社会环境，引领非公企业科学发展。

B.9
关于德胜街道福丽特街区
自治管理模式的调研报告

摘　要：　德胜街道在地理位置上处于西城区北部，属于首都功能核心
区，是首都文明的示范窗口。福丽特街区是德胜街道治理的
重点和难点地区，在治理"大城市病"问题中具有很强的代
表性。德胜街道把福丽特街区作为试点地区，实施街区自治
管理模式，创新社会治理，努力提升街区环境品质，建设
"美丽德胜"。本文以德胜街道福丽特街区自治管理模式为调
研内容，了解其实践背景，总结其实践内容和创新要点，剖
析其运行中存在的问题，并提出改进意见。探索符合该地区
特点的自治管理模式，以期为解决复杂的城市治理难题提供
有益参考和经验借鉴，为创新社会治理模式提供重要的实践
案例。

关键词：　德胜街道　城市治理　基层自治　商业街自治管理模式

一　德胜街道福丽特街区探索自治管理模式的背景

在北京市提出建设"国际一流的和谐宜居之都"的背景下，西城区作
为首都功能核心区承担着更加艰巨的任务和更加重大的责任，要努力建设国
际一流的和谐宜居之都的首善之区。这需要辖区内各个街道共同努力，围绕
疏解非首都功能的总体要求，不断提升地区治理效能，改善地区环境品质。
德胜街道以福丽特商业街的治理为试点，成立了自治管理委员会，探索街区

自治管理模式，在提升街区治理能力和创新基层治理模式方面进行积极实践。德胜街道福丽特商业街区的自治管理实践，把典型地区和重难点地区的治理作为突破口，为城市治理提供了新鲜案例，具有重要的学习和借鉴价值。

（一）德胜街道福丽特街区的基本情况

德胜街道选择福丽特街区作为试点范围，探索街区自治管理模式具有现实的基础背景。德胜街道福丽特街区以福丽特商业街为主干线，包括街道主干线及周边的企事业单位和社区。福丽特商业街是北京市著名的商业街，街道呈南北走向，北端连接北三环中路，向南延伸到黄寺大街，街道长度达550米，宽度为10米，是一条大型的综合性商业街，亚洲规模最大的邮币卡市场就坐落在此，此外，还有家具、古玩、茶叶、花卉和观赏鱼等多样性市场。从德胜街道福丽特街区的基本情况来看，该街区涵盖的社区范围交叉、利益主体多元、涉及的房屋产权复杂，是各类"大城市病"的典型代表区域，也是德胜街道治理的重点和难点区域。

（二）德胜街道福丽特街区治理中面临的问题和挑战

1. 街区多元主体并存，治理问题多、难度大

福丽特街区的覆盖范围包括商业街以及围绕商业街的周边地区，街区虽然在地理分布上以西侧的北广社区和东侧的阳光丽景社区为主，但商业街的南北贯通使得整个街区融为一体，这给街区带来繁华的同时也带来了一系列管理难题。福丽特街区治理涉及多类主体，如企业、学校、小区、商户、物业、居民等，在治理过程中不同利益主体的诉求又存在很大的差异，街区治理的范围覆盖到多个不同的社区，涉及的治理主题和内容多元而广泛。按照原有的街区治理模式，福丽特商业街存在着治理政策不连贯不统一，管理范围和内容交叉，治理对象配合度低，治理成效不显著等问题。要从根本上改善福丽特街区的治理环境，必须打破原有的街区管理模式，凝聚街区治理合力。

2. 街区大型交易市场聚集，交通和环境问题突出

福丽特街区历来是德胜街道管理的难点区域，其商业街特性给地区治理带来了更多的复杂性和挑战性。该街区以福丽特邮卡币市场为中心，还聚集了花鸟鱼虫类、家具收藏品类、茶产品类市场，这些多样性市场吸引了大量的过往商客，同时也带动了相关服务业如餐饮和购物的发展，多种市场和业态的聚集，大规模人流和车辆的聚集，造成了街区整体外观形象不佳，内部环境脏乱差。同时，高密度的市场和人流量，给地区的交通通行能力带来了巨大的压力，区域内乱停车现象普遍，加之周边的育翔小学和民族团结幼儿园的存在，尤其是在早晚上下班和上下学的高峰期，交通拥堵状况频发。针对街区比较突出的交通和环境问题，德胜街道加强源头治理，对地区存在的几类市场进行综合整治，通过提升街区的外在景观品质，规范和统一街区的道路标识系统，提高街区的绿化率等来统筹推进街区治理工作。

3. 依附商业街的低端业态多，产业结构优化调整任务重

福丽特街区内存在的几类大型市场，在一定程度上方便和丰富了居民的生活，对经济繁荣有一定的推动作用，但同时为各类低端业态的滋长提供了机遇和空间。街区内依托商业街市场存活的各类低端商业分布较多，这些小规模的低端商业依附于商业街并服务于商业街，利用商业街的市场和资源优势生存和发展起来，这些低端商业在街区内分布散乱无序，在经营素质和服务质量方面参差不齐，在经营内容方面还存在同质化的问题，容易产生恶性竞争和非诚信经营的负面现象，不利于当地市场的健康有序发展，给地区产业结构的调整和优化带来巨大压力和挑战。因此，改善街区环境，整治街区秩序，围绕福丽特商业街开展低端业态的整治工作，要从宏观布局上和微观治理上同时发力，街区治理必须把握原则与方式。

二　德胜街道福丽特街区自治管理模式的实践与创新

德胜街道按照首都疏解整治促提升的任务要求，在街区环境整治工作方面积极作为，结合福丽特街区的特点，主动在地区搭建自治平台，聚合多元

治理主体，加强资源整合，通过共享方案解决街区重点和难点问题，构建基层自治网络，实现各部门、各主体之间的协调联动，有效地改善了街区环境，提升了街区发展品质。

（一）德胜街道福丽特街区自治管理模式运作的基本要素

德胜街道通过创新社会治理模式，带动和提升地区环境品质，一个重要的创新要点，就是抓住自治运行的基本要素，构成自治管理模式的有机整体，有效地发挥社会治理的功能。首先是成立自治机构，2016 年 9 月，德胜街道成立了福丽特街区自治管理委员会，新成立的自管会接受街道指导并在街道备案，通过建设自管会这一平台，推动形成地区自治管理格局，探索城市治理新模式；其次是凝聚自治主体，依托自管会，街道将驻区企业（北广电子集团和北京福丽特集团）、学校（育翔小学和民族团结幼儿园）、商户、物业（阳光丽景物业和北京盛世物业）、居委会、居民等多元主体吸纳进地区自治建设工作中来，通过民主协商，了解他们的利益需求，让他们建言献策，以利益共同体的形式凝聚自治合力；再次是建立自治制度，自管会由成员自愿组成，实行代表选举制和协商民主制，自管会会长、执行会长、委员等由代表选举产生（北广电子集团有限责任公司总经理担任会长和北京福丽特科贸发展有限公司总经理担任执行会长），制定了《福丽特街自治管理委员会自管章程》和《福丽特街自治管理委员会自律公约》，并在自管会成立大会上由代表对自管章程和自律公约进行表决通过，明确了自治、自管、自律三项原则；最后是明确自治内容，自治内容包括秩序维护（交通疏解、引导停车、安全保障等）、市场整顿（市场疏解、业态调整、产业升级等）、环境治理（卫生治理、垃圾处理、门前三包等）、维护市容市貌（道路绿化、景观美化等）。

（二）德胜街道福丽特街区自治管理模式的实践与创新

1. 搭建多元参与治理平台，推动形成地区共建共治共享格局

德胜街道在福丽特街区成立自管会，自管会由来自地区范围内的企事业

单位、商户和居民构成，并通过制定自管章程和公约，引导和规范自治主体按照自治、自管、自律的原则，参与管理工作，履行管理义务，提升参与地区治理的自主性和自觉性，有效弥补原有的街区管理单位的局限性，如商业街联合会及西单管委会只管理企业商户等。以自管会为平台，积极鼓励和引导地区多种相关利益主体参与到地区管理工作中，通过组建自管会巡查队伍，加强地区的社会治安，提高地区安保能力，督促街区内商户履行门前三包责任，通过与驻区企事业单位合作，联合开展环境治理工作，共同致力于维护良好的市容市貌，推动形成共建共治共享的地区管理格局。

2. 采取自愿共享的方式，破解地区治理的重点和难点问题

交通问题和环境问题是福丽特街区治理的重点和难点领域，也是治理成效提升最缓慢的领域。德胜街道在福丽特街区探索自治管理模式，以上述两个重难点问题为突破口，加快带动地区环境治理工作上水平。街区自管会一经成立，就把整治交通秩序放在首位，针对地区停车难和乱停车问题，制定了《福丽特自治管理示范街交通设计方案》，规定在商业街的道路两侧禁止停放一切机动车辆，所有车辆必须进停车场停放，并通过安装隔离栏和建设绿化带将道路分隔为人行道、非机动车道和机动车道，这又造成了地区停车场资源的紧张。为解决停车问题，自管会采取自愿共享的方案，充分借助街区内两大企业的现有资源，如将北广集团拆除和腾迁出来的空地建设地面停车场（可提供车位 750 个）和福丽特集团"平改立"的停车场（可提供车位 243 个），此外，还在已经拆除的老邮币卡市场旧址上建设新的大型停车场（可提供车位 700 个左右）和利用邮币卡市场的立体停车楼（可提供车位 300 个左右），这些车位将以低于周边停车场的价格向街区居民开放。街区以资源共建共享的方式，有效地解决了地区停车问题，增强了地区交通通行能力，实现了禁停基础上的环境优化。

3. 以龙头企业和主要市场的升级改造为主线，全面提升地区环境品质

德胜街道福丽特街区自治管理委员会是由街区的几大龙头企业与地区居民协商成立的基层自治组织，地区龙头企业在自管会实施运作过程中发挥着带头作用，自管会的会长和执行会长等重要职务也都由北广电子集团和福丽

特集团的领导人兼任。在街区自治管理工作中，地区龙头企业发挥带头作用，带动地区主要市场的升级改造，为全面提升地区发展环境和品质贡献力量。以北广集团为例，集团按照首都建设新要求，结合企业自身特点，主动开展功能疏解工作和产业结构调整工作，共拆除建筑面积 30800 平方米的低端业态市场，清理家具建材商户 100 余家、花鸟鱼虫商户 25 家，将邮币卡市场北迁进大楼，并对邮币卡市场和收藏品市场进行主动升级，搭建网络营销平台，有效改善了商业街的环境秩序，为促进和带动整个地区产业升级提供了有力支持。

4. 落实街巷长制度，开展联合执法，提升街区管理效能

在福利特街区自治管理模式下，自管会的管理权力和权威是由当地企业、单位和社区的代表赋予的，从严格的法律程序和制度角度出发，缺乏强制性的约束力。为从根本上改善街区环境，提升街区治理能力，德胜街道建立了街巷长制度，协助街道和社区开展联合执法行动，进一步织密织牢基层自治网络，提升街区管理效能。德胜街道任命街巷长和理事长，并赋予其合法的管理权力，街巷长由街道处级领导和科级以上干部担任，搭配一名街巷秘书长，下设街巷理事会，街巷长通过理事会组织本街道相关单位、部门会议，并执行办事处相关治理工作决定，定期进行街（巷）常态化巡查，督促落实"门前三包"责任制，教育、劝导街巷人员爱护环境，制止、举报违法等行为。街巷长制度的确立和落实，不仅赋予了自治管理工作人员合法的管理权力，而且树立了自管会在地区自治管理工作中的权威。街道还为福丽特街区自治管理工作提供相应的执法保障，积极主动开展联合执法行动，如在区委、区政府、区环境办、区市政市容委等部门的大力支持下，联合地区城管、工商、交通、卫生等部门对地区的违法停车、无照游商、店外经营等行为开展严格的整治活动。

三 德胜街道福丽特街区自治管理实践中存在的问题

德胜街道福丽特街区自治管理模式是探索基层社会治理的创新实践，是

街道在充分考察和把握福丽特街区实际情况的基础上做出的实践选择。自管会自2016年9月成立以来,在交通、环境、业态治理等方面积极作为,取得了显著的成效,但作为带有地区特点的街区治理新模式,还存在着一些不完善和不成熟的地方。因此,本次调研从自治管理的权力和主体、福丽特街区自身的特点出发,对福丽特街区自治管理模式运行过程中存在的问题进行分析和总结,为更好地推进基层治理提供思路。

(一)自治管理模式下,管理的权威性和约束力不足

德胜街道福丽特街区的自治管理模式,带有商业街独有的自治特性,是一种由辖区企业居民共同协商自治的管理模式。街道成立的自管会是由企业和居民自愿发起和选举出来的社会组织,充分代表了地区各个利益主体的利益诉求,有力地促进和密切了各主体之间的联系,增强了地区凝聚力。另外,自管会是企业和居民自愿组织起来的自治管理组织,在管理上缺乏强制性的法律效力和约束力,基层自治效力微弱。虽然自管会在接受街道的指导、成立之初就制定了《福丽特街自治管理委员会自律公约》,但该公约只明确规定了全体成员应该遵守的义务,并没有制定具体的责任履行办法和监督惩罚机制,即自管会的权威性和工作执行效果受到组织成员的自治意识、自治素质和组织的认可度等因素的影响。因此,依托自管会开展街区自治管理,需要不断增强自管会的领导组织能力,树立自管会的权威,提升组织成员和管理对象对其信任度和认可度。

(二)多元主体间存在利益和需求差异,自治难以发挥合力

德胜街道福丽特街区历来是街道治理的难点地区,市场的聚集效应也带来资源和人口的聚集,增加地区治理的难度。福丽特街区内存在多种不同的管理对象,如企业、学校、商户、物业和居民,此外,由市场带来的大量流动人口在地区内的停留也带来了公共资源紧缺、社会纠纷增多和卫生环境差等问题。这些多元利益主体在利益诉求上存在着很大的差异性,在自治管理实践中难以形成有效的治理合力。作为群众自治性质的社会组织,自管会吸

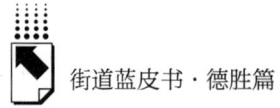

纳了地区不同利益主体代表参与，代表着地区最广泛的共同利益，同时，作为非营利性质的社会组织，自管会日常运行和开展工作需要得到街道、企业和居民的支持及赞助，而自管会成员之间存在的利益需求差异，决定了各个成员主体对自管会工作的支持度，多元主体的利益诉求在地区形成分散的利益格局不利于发挥街区治理合力，不利于构建和谐有序的街区环境。

（三）商业街区的分布特点和业态特征，增加了自治管理工作的复杂性

传统的商业街区自管模式是成立商业联合会或管委会，其管理内容和管理对象单一，缺乏对街区管理的整体设计和规划。而在福丽特商业街区成立自治管理委员会，实施多元主体自治，可以有效地改善传统治理方式存在的问题，实现资源的整合和共享。而且，福丽特街区自治管理的范围、对象和内容广泛而多元，商业街区的分布特点和业态特征，都增强了街区开展自治管理工作的艰巨性和复杂性，对街道基层自治管理的工作能力提出了更高的要求。

四 进一步做好德胜街道福丽特街区自治管理工作的思考

德胜街道通过打造福丽特街区自治管理模式这一地区治理亮点和创新工程，着力探索出一个可借鉴、可推广、可复制的街区管理模式，在全街道进行示范和推广。为进一步做好德胜街道福丽特街区自治管理实践工作，努力实现德胜地区共建共治共享的社会治理目标，就需要对存在的问题提出有针对性的解决方案。以下将从属地管理职权、机制建设、工作网络、智能化发展等方面提出一些思考性建议。

（一）加强街道属地管理职权，统筹推进基层自治管理工作

福利特街区开展自治管理创新实践一年多以来取得了一些成绩，但由于实践时间比较短，还存在诸多不成熟和不完善的地方，需要街道发挥好统筹

领导作用，给予基层自治组织更多的指导，保障其工作和发展方向。基层自治组织往往在基层管理权力和责任方面缺乏统一的规范，权力上的局限性导致自治组织在具体管理实践中缺乏权威和效力，因此，要进一步简政放权，按照权责统一的原则，合理向基层下放权力。在城市基层治理工作中，主要是加强街道的属地管理职能，如德胜街道为保障自管会工作人员的管理实权，提高地区治理效果，在街道普遍设立街巷长制度，赋予基层自治管理机构更多的管理实效，从而规避现有基层自治管理工作中存在的权责不匹配问题。

（二）建立健全监督机制，加快落实基层自治管理责任

基层群众自治是实现人民民主最有效最广泛的途径，基层自治组织由人民群众自愿组织形成，其领导和组织架构由人民群众自我选举产生，由人民群众自我管理、自我约束和自我监督，合理有效的监督制度是基层自治组织健康有序运行的重要保障。德胜街道福丽特街区自治管理委员会在成立之初就制定了自治公约，但自治公约的强制约束力和权威效用要靠成员的监督来实现。因此，建立健全监督机制，严格责任落实，是提高基层自治管理水平的重要制度保障。街区自管会作为非营利性的社会组织，其组织运行需要的资金和资源主要来自街道和企业居民的支持和赞助，对其工作进行监督，是保障人民群众的自治权益，实现人民群众对自己负责的重要举措，通过建立健全自治公约、条例、章程等规范性文件，为群众开展监督工作提供基本遵循。基层人大要在监督工作上给予更多的指导，培养人民群众的监督意识和监督责任，不断完善自治组织内部成员的民主协商机制，畅通各方之间的信息沟通渠道。通过监督不断提高自治组织的领导权威性，增强自治管理的效能，逐渐营造出自我管理、自我负责、自我监管的自治环境，增强地区居民的民主意识和参与地区自治管理工作的责任心。

（三）发挥党组织的引领作用，建设建强基层自治网络

德胜街道福丽特街区自管会的成员主要是来自地区企事业单位和社区的

精英和优秀分子，其中党员是自治组织的骨干力量，党员代表要带头发挥先锋模范作用，做好基层自治管理工作和宣传工作，密切与人民群众的联系，提高人民群众在自治管理工作中的参与度和配合度。发挥区域化党建在资源整合方面的优势作用，不断扩大基层自治管理工作在基层的覆盖面和影响力，针对德胜街道福丽特街区的商业街特性，要深入挖掘和发挥社区、楼宇、驻区企业党组织的作用，建设坚强的基层自治网络，逐渐构建以基层党组织为中心，其他基层组织相互渗透、相互促进的基层组织网络体系，逐步形成基层组织多向受益、共同提高的组织新格局，提升基层自治管理和服务能力；基层党组织要结合基层特点，不断改进工作方式，创新工作模式，为基层自治工作的持久开展注入活力。比如德胜街道将每年5月12日定为党员统一行动日，地区党员主动践行"红墙意识"，鼓励和带动地区群众广泛参与街区环境整治工作，街道还将组建自管会巡查队伍和志愿者队伍，共同参与地区的综治维稳工作，倡导和监督地区商户主动做好"门前三包"工作，为提升街区环境品质和维护自治自管成果做出了重大贡献。

（四）注重智能化发展，促进自治管理工作与居民需求有效对接

在信息技术迅速发展，手机等智能终端和新媒体技术应用广泛普及的时代背景下，在基层自治管理工作中注重智能化的发展和应用，借助先进的信息技术手段能够及时、有效地接收、反馈基层群众的需求和意见，促进基层自治管理工作与居民需求的有效对接。德胜街道福丽特街区自治管理涉及的区域和内容都比较广泛，积极引入和利用现代科技智能手段可以有效地提升自治管理效率，街区自治管理工作可以借助街道在社区治理工作中已经搭建起来的全响应社会服务管理体系，实现对街区内的人、地、事、物、组织等的全面实时感知和监控，为决策管理提供准确的信息和方向。比如德胜街道在社区治理中，依靠科技手段创建的"3+6+N"模式（见图1）和德胜街道智能化民生服务与城市管理系统，通过数据中心、三维大厅、街道OA、社区平台、安全生产、社保等系统，组合了民情日志、事件报告、指挥监控、事件处理等模块，将社区情况、辖区资源、民生服务和城市管理有效整

合为一个实时的、联动的、精细化的全响应网络，在基层形成了政府全面整合、中枢及时协调、社区上报反馈、居民自治管理的"多主体全响应链"。在福丽特街区自治管理实践中应进一步注重和提升科技应用水平，深入对接和满足地区居民的有效需求，努力打造一个多功能、舒适的购物、文化休闲街区。

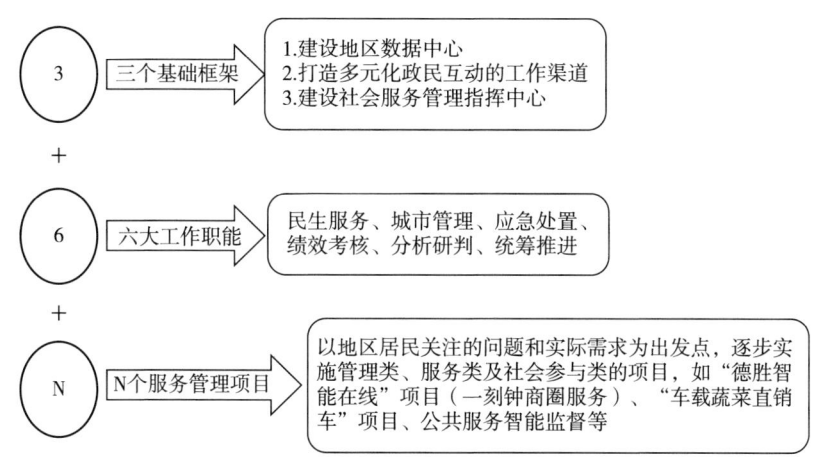

图 1　德胜街道以科技为支撑的社区治理新模式——"3 + 6 + N"模式

参考文献

民政部：《城市居民委员会组织法》，2007。

韩晓倩：《基层群众自治中的党组织作用探析——以山西省阳泉市城区新华东街社区为例》，《人民论坛》2013 年第 29 期。

陈煜婷：《基层社会治理的难点及破解思路》，《党政论坛》2017 年第 6 期。

赵秀玲：《"微自治"与中国基层民主治理》，《政治学研究》2014 年第 5 期。

杜吹剑：《如何重建城市社区自治》，《南方周末》2014 年 7 月 3 日。

《创新居民自治改造新模式　汇集基层社会治理正能量——金牛区发挥群众主体作用破解旧城改造难题的探索与实践》，人民网，http：//leaders. people. com. cn/n/2013/0909/c356819 - 22859526. html。

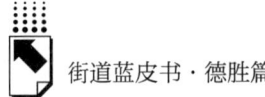

《探索社区居民可参与的基层自治模式——龙华办事处实施基层公共治理"新政"》，《深圳晶报》2016 年 12 月 20 日。

卫学莉：《基层群众性自治组织职能定位与优化》，《人民论坛》2015 年 10 月 27 日。

中共上海市松江区委党校课题组：《党建引领基层自治共治的理论与实践》，《上海党史与党建》2017 年第 4 期。

洪爱敏：《创新基层管理体制　强化社区自治功能》，《安徽民进》2012 年第 2 期。

李萍、罗菊芳：《推进我国基层自治问题探析》，《探求》2009 年第 4 期。

B.10

德外大街东社区推动"一委两居一站一枢纽型社会组织"体制改革的调研报告

摘　要：　城市社区作为城市治理的基础单元，汇聚了多元的社会主体，承接了越来越多的政府职能，在城市的日常管理和服务中发挥的作用越来越突出。为使社区能够更好地适应现代化城市发展要求，更好地服务居民，需要深入推动社区体制改革，进一步强化城市社区基础功能。在北京市努力建设国际一流和谐宜居之都和西城区大力推进城市治理转型的背景下，德胜街道积极作为、开拓创新，以德外大街东社区为试点，以社区"两委"换届为契机，积极探索符合地区发展特点的社区体制新模式。

关键词：　德胜街道　社区体制改革　一委多居　多居一站　枢纽型社会组织

一　德外大街东社区体制改革试点的背景

城市基层社区体制直接关系着城市社区的治理能力和水平，推动社区体制改革是深化城市管理体制改革，加强基层政权建设的重要内容。德胜街道从首都发展大局出发，立足首都功能核心区定位，为提高地区治理能力，全面提升发展品质，选取辖区内的德外大街东社区作为社区体制改革的试点，

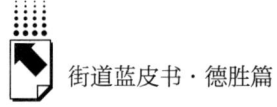
探索"一委两居一站一枢纽型社会组织"模式。改革试点具有其特定的背景，德外大街东社区既有推行社区体制改革的紧迫性，又具备进行社区体制改革的相应环境和条件。

（一）德外大街东社区概况

1. 德外大街东社区情况介绍

德外大街东社区位于德胜门外大街的东侧，管辖范围西起德外大街，东至弘慈巷街，北临后荷包胡同和塔院胡同 4 号院一线，南接教场口号街，社区常住人口在 5000 人左右，德外大街东社区是一个多民族社区，除汉族以外还包括回族（约占人口总数的 13%）、满族等 8 个少数民族，社区总占地面积 0.13 平方公里，主要包括 2 个居民生活小区、1 个办公写字楼区（德胜凯旋大厦）和 3 个楼房区，共有楼房 15 栋。驻区主要单位有德胜街道办事处、德胜社区卫生服务站、中国建筑设计集团、中国林业产权交易所、北京金属工艺品厂、北京银行、北京工商银行、中国移动等，社区生活十分便利。从社区院落的自然分布格局来看，可以将社区划分为两个面积较大的自然院落，即教场口 9 号院和塔院胡同 12 号院，其中教场口 9 号院占地面积约 0.09 平方公里，居住区为较新的就地回迁小区，有 1548 户 4304 人，少数民族较集中；塔院胡同 12 号院占地面积约 0.04 平方公里，居民区为 20 世纪 80 年代左右的老旧小区，有 404 户 1061 人，居民多为各单位退休职工。从德外大街东社区的基本情况来分析，小区内居民区建成年代不同，居民构成不同，管理方式不同，形成了社区自身的特色。

2. 德外大街东社区的特色及问题

德外大街东社区具有鲜明的特色。一是传统历史文化与现代都市文化交融共存。一方面老旧小区内仍然保存着浓郁的老北京文化生活气息；另一方面社区位于中关村科技园西城园内，聚集了一批新型产业和高学历高科技人才，形成了现代都市文化。二是社区内的两大自然院落界线清晰，社区内熟人社区特征明显，区内两大自然院落分别是回迁小区和老旧小区，居民以原住居民为主，居民之间的相互熟悉程度较高。三是多民族和睦共居的特征。

四是社会结构复杂，既有收入较低的退休老职工和老德外居民贫困户，又有高薪白领和科技人才，社会主体多元且贫富差距较大。

在社区特色的背后对应地也存在一系列问题。首先，社区拆迁改造中的历史遗留问题，如回迁小区存在设计不合理、配套设施不健全、物业管理不完善和产权未落实等问题，老旧小区则存在基础设施落后、管理松散、卫生环境差等问题，造成居民不满情绪严重；其次，两大自然院落之间的差异较大，不同主体的利益诉求不同，在许多问题上难以达成一致意见，加之没有搭建有效的协商平台，原来的社区党委居委会作用发挥有限；再次，社区主体参与社区活动的积极性和主动性不大，驻区单位参与建设力度不足，资源整合效果不理想；最后，社区老龄化问题突出，小区老年人口占半数以上，以退休老职工为主。此外，在当地民族团结小学改为实验二小后，到社区上学买房的人增多，一般是老人带孩子，社区住户中一老一小隔代情况较多。

（二）德外大街东社区探索社区体制改革新模式的重要性

1. 是深化城市基层治理体系改革，提升城市综合治理能力的重要课题

随着我国城市发展进程的持续推进，城市社区作为城市管理的基础单元承载了越来越多的政府管理和服务职能，探索基层社区体制改革，提升社区服务和管理水平，增强社区自治能力，已经成为新时期我国城市发展的必要课题。2016 年，北京市委、市政府发布了《关于深化街道、社区管理体制改革的意见》，为首都各级基层政府进一步深化城市管理体制改革，推动街道、社区管理体制改革指明了方向。德胜街道作为首都功能核心区的组成部分，是展示首都风貌的重要窗口，在推动基层社区体制改革实践中积极走在前列，街道以社区"两委"换届为契机，将德外大街东社区作为试点，探索符合德胜街道特色的社区体制改革模式，为首都和其他大城市的基层治理体制改革提供新鲜案例。

2. 是加强基层政权建设，巩固基层民主自治的重要实践

对城市基层社区体制进行改革和完善，有利于实现社区治理现代化，更好地巩固基层政权建设，提升基层自治能力和水平。通过改革对社区治理体

系进行完善，一方面可以进一步促进简政放权，推动城市管理重心下移和基层管理职能下沉，加快形成基层服务型政府，增强政府公共服务供应与居民需求之间对接的有效性，提高民众对政府的信任度，加强了基层政权的稳定性；另一方面通过社区体制改革，调整和优化原来不适应现代城市社区发展需求的各项机制和体系，理顺街道党委、居委会和服务站之间的权责关系，给居委会提供更多的施展空间，使基层自治活力得到进一步释放。德外大街东社区管理部门结合社区实际情况，充分认识到对社区进行体制改革的重要性和紧迫性，从党委、居委会和服务站三套基层管理和服务体系着手，探索适合自身社区发展需求的社区体制新模式，推动基层社区管理体制创新，从而增强社区治理能力，提高社区为民服务水平，进一步夯实城市管理的基层基础。

3. 是推动基层党建工作创新，构建服务型党组织的重要举措

基层党组织是党在社会基层组织中的战斗堡垒，是基层工作的领导核心。开展基层社区工作，推进基层社区体制改革，必须加强社区党组织的统筹引领作用，保障社区体制改革和各项工作开展的正确方向。通过对原有社区体制进行调整和优化，为开展基层自治工作提供更宽松的环境和更多机会，从而有利于推动社区党建工作创新，不断提升党在基层的影响力和凝聚力。社区体制改革将带动社区各个管理机构之间权责关系的理顺，社区管理机构之间的分工更加精细化，有利于充分发挥党在基层的资源整合能力和服务群众的能力，有利于党员干部更好地发挥先锋模范作用，帮助群众解决矛盾和纠纷，加强党与群众之间的血肉联系。德外大街东社区在街道的领导和指导下在社区体制改革领域积极实践，意在通过创新社区管理体制模式来加强党在社区的统筹领导能力，引领社区形成更加科学有序的运行机制和治理体系。

二 德外大街东社区推动"一委两居一站一枢纽型社会组织"社区体制改革的做法与成效

德外大街东社区，立足社区实际情况和特点，以"一委两居一站一枢

纽型社会组织"为新模式,开展社区体制改革试点工作。在社区多元主体治理格局背景下,对社区组织体系、运行模式和机制进行重组和优化,围绕与社区党委、居委会、服务站和社会组织相关的结构体系,推进相应的改革措施,取得了一些成功经验和积极成效。

(一)优化重组社区治理框架,科学细分社区治理层次

1. 构建"一委两居一站一枢纽型社会组织"的主体框架

为使社区体制改革工作能够系统、协调、有序地推进,德外大街东社区首先明确了社区体制改革的主体框架,为开展改革的各项具体工作提供了思路和方案。德外大街东社区实施社区体制改革的主体框架可以简要概括为"一委两居一站一枢纽型社会组织"模式(见图1),该模式试点工作是涉及基层党建、社区自治、社区服务、社会组织参与等多个方面的综合试点工作,对社区原有的组织架构和运行机制进行优化重组,使社区各个治理主体的关系更加协调和稳定,各项运行机制更加科学和流畅,是实现街道各部门围绕社区问题开展工作的重要实践。

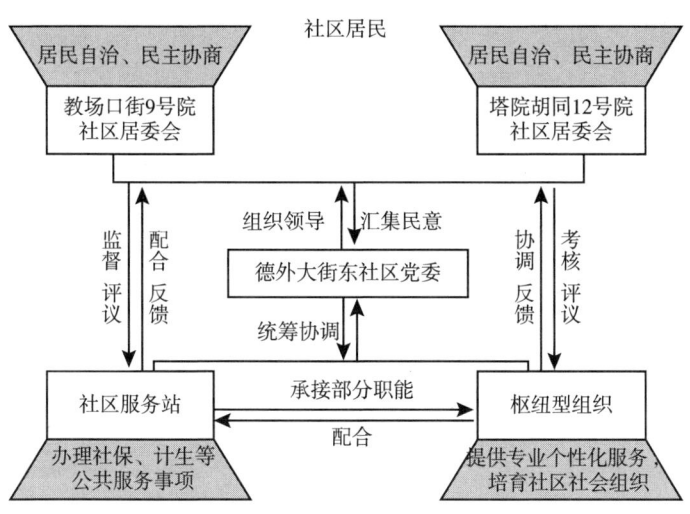

图1 德外大街东社区"一委两居一站一枢纽型社会组织"模式

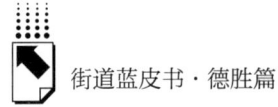

2. 牢固树立党委领导核心，发挥党在社区体制改革中的统筹引领作用

社区党委是社区各项工作的领导核心，在社区管理中发挥着政治引领、科学统筹和资源整合的关键作用。德外大街东社区抓住"两委"换届的契机，对社区党组织进行优化重组，强化社区党组织的领导力。一方面，通过换届选举配齐配强社区党委班子，社区党委书记从公务员正科级干部中选举产生，并按照党员分类管理的要求，根据党员数量和地域相邻的原则对下设党支部重新调整和设置；另一方面，社区党委通过每月定期召开党委会，听取居委会委员反映的居民需求，采纳工作服务站提出的相关建议，最终形成对社区各项重大事务的决策权。在社区运行中，由社区党委领导居委会、服务站和社会组织开展工作，以保障社区各个管理机构之间的协调联动，确保社区管理各个参与主体之间的思想统一。

3. 成立社区第二居委会，建立健全社区居委会组织体系

德外大街东社区为更好地提升社区管理能力和服务效率，对原有的社区自治单元进行了重新划分，使社区自治体系更加科学化和精细化。社区从区内存在的两大自然院落的实际出发，在原有居委会的基础上成立了第二居委会（见表1）。两个居委会以社区内两大自然院落为治理单位，进行分别管理。两个居委会的设置进一步细化和完善了社区自治体系，能够更好地协助居民开展协商自治，使居委会工作更加具有针对性，提供的服务更加符合社区居民实际需求。

表1　德外大街东社区两个居委会的基本情况（2015年）

居委会	第一居委会	第二居委会
管辖范围	教场口9号院	塔院胡同12号院
管辖面积	0.09平方公里	0.04平方公里
人口状况	1548户4304人	404户1061人
居民构成	少数民族较集中	多为各单位退休职工
居民区类型	2000年拆迁后的就地回迁小区	20世纪80年代前形成的老旧小区
区内主要建筑数量	7座21层塔楼	5座砖混结构板楼 1座商住两用大厦

居委会	第一居委会	第二居委会
社区居委会 成员构成情况	委员 10 名 主任 1 名 副主任 2 名 社工 4 名	委员 8 名 主任 1 名 副主任 1 名 社工 4 名

4.加强社区服务站建设，协助做好社区各项服务工作

社区服务站是政府在基层设立的办事平台，代表政府提供公共服务，是政府公共职能在基层的延伸。社区服务站的功能是承接上级部门派遣下来的具体任务，在社区党委的领导和街道办事处各科室的业务指导下协助社区居委会做好各项社区服务工作，主要包括社区劳动就业、社会保障、社会救助、社区教育、计划生育、治安维稳、流动人口管理、法律援助等项目，服务站运转所需的相应经费由街道提供保障。德外大街东社区通过社区体制改革使社区机构的职责和功能进一步分工细化，重新梳理和界定了社区工作服务站的工作内容和职责，根据工作来源、性质及办理方式等，明确了社区层面直接为居民办理的 140 多项基本公共服务项目为服务站职责，从而为居委会集中开展居民自治工作提供更多空间。为切实实现社区减负增效，德外大街东社区将服务站工作人员划归为两类：一类负责综合受理服务业务和接待；另一类是外勤工作，主要负责外出参加会议、入户调查等工作，并对两类岗位实施定期调换制度。

5.培育和建设枢纽型社会组织，有效提升社区为民服务能力

社会组织是民间自治组织，其活动主题大多是社区居民日常关注和需要的内容，居民的参与度较高，社会组织的性质使其可以更好地承担政府与社区居民之间沟通的桥梁作用。随着现代社区的发展，社区居民需求日益多元化和个性化，原来单纯依靠政府单一主体提供服务的方式已经难以满足居民发展需要，而通过政府培育社会组织或政府购买社会组织服务的方式，可以大幅度降低政府管理成本，提升社区服务能力和专业化水平。德外大街东社

区通过政府购买方式，引入和培育一个社区枢纽型社会组织，即意心社会工作事务所，配合和协助社区开展为民服务工作，为居民提供多样化、专业性的服务，与居委会和服务站工作形成有效互补。该社会组织在社区党委的领导下，在推动新型熟人社区建设、开展基层民主协商、培育社区社会组织及社区领头人、加强社工队伍建设及协助策划重大公益类和文体类活动等方面发挥积极作用，如通过与该社会组织联合成立社区问题诊断室，让社区退休老书记、"全国劳动模范"等优秀分子在社区继续发光发热，就取得了很好的效果。

（二）建立和完善各项运行机制，提高社区治理能力

1.民主协商机制

通过社区体制改革使基层各机构的职责更加明确，关系更加顺畅，进一步加强居委会的自治功能，社区居委会要不断完善民主协商机制，充分发挥"社区协商议事厅"的作用，建立健全居民议事制度和规则，组织社区居民定期召开居民会议，收集居民反映强烈的重点难点问题，听取居民意见和建议，能在社区内及时解决的要当场给予居民回馈，不能在社区解决的要及时在社区党委会议上反馈给上级。德外大街东社区根据实际对社区民主协商机制进行了调整和优化，提出了"4个准确+1个对接"工作法，即准确诉求、准确原因、准确涉及单位、准确历史沿革，准确地对接不同责任主体，推动问题解决，针对居民反映强烈的如电梯、消防、社区活动用房、停车、绿化、环境卫生、垃圾分类、物业管理等与居民日常生活紧密相关的问题，根据议题类型、紧要程度、涉及部门，通过社区议事厅、民族议事协商委员会、党员大会、居民代表会议等多种协商方式解决。高效、顺畅的民主协商机制大大提升了社区解决问题的效率，带动社区人居环境的改善，从而促进居民更加积极和更加自觉地参与社区治理活动。

2.协调对接机制

社区体制改革成效关键在于各项责任的有效对接和落实，做实社区为民服务的各项功能，除了要明确社区所承接的具体职能和项目清单外，更重要

的环节是打通各项工作流程，建立起与其服务功能相对应的协调对接机制，实现各部门的协调联动和责任对接，真正将社区工作落到实处。德外大街东社区在党委的核心领导下，更好地协调街道各科室和各站所的职能，充分调动社区有效的服务资源。为满足社区居民多元化的生活需求，社区还在每个月设立"执法力量网格工作日"，通过开展常态化的综合执法行动切实为居民解决问题。在社区不断优化和强化自身服务功能的同时，党委和政府各部门积极推进相关的机制改革，以给予社区改革更多的指导和支持。街道更多地依据社区居委会反馈的问题和意见，并将其作为工作的重要立足点和出发点，在具体工作中进一步给社区居委会减负增效，对社区居委会更多地提目标、给资源、给支持，把开展工作的主动权更多地交给居委会。

3. 考核评议机制

社区体制改革要打破社区组织模式和运行机制过于行政化的倾向，要保障改革取得实质性的成效和成果离不开严格有力的监督考评机制。德外大街东社区根据"一委两居一站一枢纽型社会组织"的社区体制改革新模式，构建起一套层层监管和相对完善的考核评议机制，其中社区党委的考核评议由街道组织党员负责进行，社区居委会则由社区党委每年组织社区居民和驻区单位代表进行考核评议，社区工作服务站需要接受街道、居委会和社区居民的考评和监督，枢纽型社会组织的监督考评方包括社区党委、居委会、服务站以及其服务对象。此外，德外大街东社区还积极推动新型熟人社区建设，利用公共道德、居民公约和自律精神形成有效的内部监督，提升居民自我管理、自我约束、自我监督的自治意识和能力。

（三）以重点民生问题为突破口，推动社区体制改革出实效

1. 与社区惠民工程相结合，增强社区居民的获得感

社区体制改革的最终目的和落脚点是能够更好地服务居民，德外大街东社区在探索社区体制改革新模式的实践中，以提高社区为民服务能力为着力点，将改革与民生相结合，推出了一系列惠及社区居民的民生工程，在很大程度上提高了社区居民的幸福感和获得感。在教场口9号院小区，社区党委

在了解到社区存在消防设施老化、电梯年久失修等安全隐患问题后，积极向街道反映情况并得到政府提供的 1000 余万元资金支持，将社区全部消防设施的更换列入 2016 年计划之中。在塔院 12 号院小区，由于产权归德胜房管所所有，没有物业公司进行专门管理，小区环境秩序较差，社区党委针对老旧小区存在的一系列与居民切身利益紧密相关的民生问题采取了积极的措施，通过与房管所反复沟通，最终由房管所提供资金支持启动了自行车棚改造、楼道粉刷、防盗门安装、楼梯扶手改造、半地下遮阳棚更新等工程，使小区居民的生活环境得到大幅度提升。

2. 梳理社区重难点问题，建立问题解决长效机制

德外大街东社区在对社区居民关注的重点和难点问题进行梳理的基础上，努力建成解决问题的长效机制。一是依托全响应社会治理体系，通过社区上报问题形成系统的解决和反馈机制，而对于涉及主体多元的复杂问题和需要上级给予指导的问题，则进一步搭建"难点问题上报处置平台"；二是在社区推行"4 个准确 +1 个对接"工作法，按照问题的性质和类别，有针对性地对接街道各科室和各职能部门；三是在社区开展常态化的联合执法行动，通过制定《执法力量网格工作日制度》，对各个职能站所的力量进行整合，将为民服务的职责落到实处；四是进一步落实好机关干部下网格机制，通过向基层社区派遣领导干部，指导和帮助社区更好地解决问题；五是采用多种形式调动和组织社区群众力量，为居民群众参与社区治理工作提供渠道和平台，推动社区各项治理工作持续有效开展，如在社区环境卫生整治工作中，专门成立了 300 多人的环境整治志愿者队伍，积极组建楼门小组，发挥党员和居民代表的模范带头作用，构建起社区环境卫生长效机制。

3. 深入推广"德邻计划"，为社区体制改革营造良好的精神文化氛围

社区体制改革工作的最终落脚点是更好地引导和满足人民群众的利益需求，就是要改革当前社区体制机制中不适应人民群众生产生活需求的部分，使社区能够更好地服务居民。改革工作的推进和成果的巩固离不开基层人民群众的支持和理解，需要通过多种方式深入基层群众进行宣传和教育，为社区体制改革提供良好的基层文化氛围。德胜街道为深入推进街区治理发展转

型，提升街区整体发展品质，大力推广"德邻计划"，塑造"德邻文化"，以此来凝聚德胜人的共同家园意识。德外大街东社区在街道致力于打造"德邻计划"的背景下，结合社区居民实际需求，推出了一系列社区民生项目，开展了许多文化活动，促进了新型熟人社区的形成，增强了社区居民的家园认同感和归属感，有利于获得居民群众对改革工作的支持和配合。比如在社区党委的领导下，社区新组建了多支文化团队，这些文化团队涉及的主体广泛，包括书法绘画协会、摄影 DV 组、夕阳茶座、养犬协会、科普协会、爱心编织组、党员帮扶队、戏剧社等，是对德胜街道提倡的"德不孤，必有邻"的德邻文化的生动诠释，为推动社区体制改革工作提供了积极良好的精神文化氛围。

三 德外大街东社区体制改革试点工作中存在的问题

德外大街东社区为强化社区基础功能，根据社区具体情况和特点开展基层社区体制改革的试点工作，创新性地推出了"一委两居一站一枢纽型社会组织"模式。随着新的社区体制模式的应用，社区管理能力和服务水平得到了很大程度的提升，社区居民的幸福感和获得感得到增强。但作为德胜街道基层社区体制改革的试点，德外大街东社区仍然处在不断探索创新的发展阶段，在推进改革的具体工作进程中也存在一些典型的问题，对这些问题进行分析和总结，可以进一步优化改革工作流程，巩固改革成果，弥补改革短板，有利于社区体制改革工作的完善和落实。

1. 政府职权下放与社区承接能力之间还存在一定差距

随着我国城市化进程的深入发展，城市基层社区的需求得到更大程度的释放，对推动我国政府转型发展和社区体制改革提出了更高的要求。政府要加快构建服务型政府，通过简政放权给予基层政权更大的管理权限，释放基层社区自治活力，但同时也要注意到从政府分离出来的部分职能下放到基层，主要由居委会、服务站、社会组织来承担，这些基层管理和服务主体在自身能力建设与对接政府公共服务职能方面还存在一定的差距，相应的工作和责任对接机制仍需要进一步完善。

2. 保障社区体制改革持续有效推进的监督机制有待完善

社区体制改革是对原有的体制机制进行调整和优化，使基层工作更多地向服务性工作倾斜，使领导干部更多地下沉到基层，为群众排忧解难，在改革过程中会触动原有的利益结构和组织结构，要保障改革带来实际成效，改革成果惠及社区居民，就必须建立完善的改革监督机制。当前社区体制改革工作还没有建立起完善的监督机制，相应的内部监督机制和外部监督平台有待进一步加强建设，改革必须站在人民群众的立场上，接受人民群众的监督，一方面要进一步严格上下级之间的层层监督机制，对街道办、党委、居委会、服务站的履职能力和服务效力进行有效的监督考评；另一方面还要积极搭建群众参与监督管理的多元化平台和渠道，建立一套科学化和标准化的评价指标体系，为社区居民、驻区单位对社区改革工作进行满意度评价提供依据。

3. 基层社区体制改革的宣传推广工作有待深化

我国社区体制改革一般是在政府主导下开展的，但这并不等于说社区改革工作完全是由政府单边推进的，它需要得到基层群众的支持和配合，只有把自上而下与自下而上结合起来，实现政府与居民之间的互需互动，才能使社区体制改革取得实际效果。由于社区体制改革的专业性和体制性较强，将改革措施和成果转化为宣传内容的工作容易浮于表面、不够深入，改革的宣传推广工作不到位，就有可能带来人民群众的不理解和不配合，进而影响改革具体措施的落实和改革的整体效果。因此，在社区体制改革工作中要全力配合做好宣传推广工作，要加大宣传的力度和覆盖面，不仅要丰富宣传的内容，而且要创新宣传的手段，要以群众容易理解的方式对社区体制改革进行诠释，从根本上调动群众的积极参与热情。

4. 支撑社区体制改革的专业社区人才相对短缺

在传统的单位制逐渐瓦解后，城市居民的个性化需求得到更多的释放，现代城市社区承载的相应功能也日益多元化，通过社区体制改革构建城市新型社区，加强城市社区的管理和服务能力势在必行。但基层社区体制改革涉及的内容广泛、牵涉的利益主体多元，对从事社区体制改革和参与社区建设及管理的人才队伍也提出了更高的要求。随着社区体制改革工作的持续深入推进，社区组织体制更加完善，社区管理服务更加精细化，社区居民的服务需求变得更加专业化和个性化，但与之相匹配的人才队伍的培养和建设工作却相对滞后，支撑社区体制改革的专业社区工作人才相对短缺，需要进一步建立和完善服务于社区体制改革工作的人才队伍培养机制与培训机制，组建一支学习型和服务型的社区工作团队。

四 关于德外大街东社区体制改革试点工作的思考与建议

德外大街东社区以"一委两居一站一枢纽型社会组织"为新模式，开展社区体制改革试点工作，是探索大城市基层社区体制改革的重要尝试。德外大街东社区在组织设置上进行大胆创新，在试点工作中取得了积极的成效，使社区品质得到整体提升。因此，对该试点工作进行分析和总结，有针对性地提出几点思考和建议，有利于更好地完善试点工作并进行科学推广。

（一）加强顶层设计，增强社区体制改革的科学性和系统性

基层社区体制改革是一项长期性的系统工程，虽然改革的最终落脚点是在基层社区，但改革的提出、设计、规划、实施、监督、反馈等各项环节的顺利部署和落实都需要上下级各个部门和站所之间相互配合、共同发力。基层社区体制改革涉及的主体多元，利益关系复杂，内容广泛，加之不同地区的基层实际情况不尽相同，在实践探索中并没有先例可循，要确保改革工作的顺利推进和整体效果，各级党委要充分发挥好领导核心的作用，按照统筹兼顾、稳步推进的原则，把握好改革的主攻方向和重点领域。基层政府要指导好各项改革措施的落实，注重改革各项措施的整体性和系统性，明确各级部门之间的条块关系，实现协调联动。总之，必须重视和加强对社区体制改革工作的顶层设计，从一开始就对改革的整体工程具有系统的认识和科学的

规划，保证社区体制改革的正确方向，确定改革的主体框架，才能保障基层社会的稳定和人民群众的根本利益。

（二）社区体制改革要正确处理好政府、市场、社会三者之间的关系

随着城市社区的发展壮大，社区主体也变得更加多元化，社区承载的功能也越来越丰富。原来由政府大包大揽的社区管理模式，使社区工作的行政化倾向严重，为民服务功能较弱。面对当前城市社区居民日益多样化的需求，政府单一主体提供管理和服务的模式已经不再适应，而社会组织和居民自治组织的蓬勃发展，为解决政府资源不足、服务单一、管理僵化等问题提供了可行路径。在市场化经济条件下，政府通过购买或合作等多种方式创新社区管理模式，可以有效地降低政府管理成本，提升基层社区的民主自治水平。政府要发挥指导作用，通过进一步梳理权责清单，做好资源统筹和整合工作，尊重多元主体参与地位，为社会力量参与社区治理提供机制和平台，真正实现社区减负增效。在市场化条件下，政府要发挥市场的资源配置和公平竞争机制的作用，积极引入社会组织的力量，通过公平竞标购买社会组织的服务，有效地缓解政府供应与居民需求之间的矛盾。比如德外大街东社区引入玖久缘养老服务中心、国学堂、易家修等社会组织到社区开展服务。由此可以看出，政府、市场与社会三者之间的关系是相互补充、协调一致的，在社区体制改革中要正确处理好这三者之间的关系，最大限度地发挥它们的优势与合力。

（三）健全各项保障机制，确保社区体制改革措施的有效落实

社区体制改革要取得成效关键是基层的工作落实，改革的具体落实离不开配套的保障措施。为确保改革的具体目标和任务顺利完成，就要不断完善与改革相关的各项保障机制。一方面，要建立健全资金、人才和队伍方面的保障机制，这是改革得以顺利推进的基本物资和人力保障，要确保改革所需资金及时到位，加强基层社区人才培养机制建设，配齐配强社区干部队伍，

在基层社区实现财力与事权相匹配、人力与责任相适应；另一方面，要建立健全支撑改革运行的决策和监督机制，这是支持改革工作的软资源力量，主要包括民主协商制度和监督考评制度。建立和完善一整套与社区体制改革相配套的保障机制，为改革在基层奠定制度基础，确保社区改革取得实效。

（四）重视信息化手段的应用，推动社区治理能力的现代化

现代城市社区的信息化发展迅速，城市社区的网络覆盖率普遍提高，信息化基础设施已经成为城市基础设施的重要组成部分。重视和加强信息化手段在社区体制改革中的应用，尤其是随着大数据和物联网技术的应用和推广，社区工作的效率可以大大提高，起到事半功倍的效果。随着宽带网络和智能手机终端在城市社区的高度普及，基层民众的社区参与方式也越来越丰富，通过搭建社区公共服务基础信息平台，结合全响应社会管理服务系统，可以形成一套基层社区问题的发现、反馈和解决的快速反应机制，提高基层决策的科学性。借助信息网络的传播优势，可以促进宣传手段和活动方式的创新，从而扩大改革的影响力和覆盖面。加快推动信息化手段在基层社区工作中的应用，有利于促进网格化与信息化的融合发展，实现基层网格资源的联通与共享，推动社区服务品质的不断提升。

参考文献

潘小娟：《中国基层社会重构——社区治理研究》，中国法制出版社，2004。

北京市委、市政府办公厅：《关于深化街道、社区管理体制改革的意见》，中华人民共和国民政部官方网站，http：//sw. mca. gov. cn/article/yw/jczqhsqjs/xzjs/sjts/201603/20160300881038. shtml，2016 年 3 月。

窦泽秀、刘小利、蒋延灿等：《街道体制改革与城市社区治理模式变迁研究》，民政部基层政权和社区建设司主办的全国和谐社区建设理论研讨会暨首届城区论坛中标课题，2008。

汪波、苗月霞、梁莹：《城市社区管理体制创新研究——行政、统筹、自治之三元复合体制》，民政部基层政权和社区建设司主办的全国和谐社区建设理论研讨会暨首届

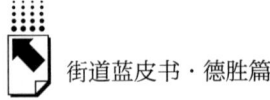

城区论坛中标课题，2008。

陈伟东、江立华、李雪萍等：《加快社区公共服务体系建设实现政府公共服务覆盖到社区的有效措施》，民政部基层政权和社区建设司主办的全国和谐社区建设理论研讨会暨首届城区论坛中标课题，2008。

谢育新、刘梅、赵汝周：《深化城市街道综合治理体制改革新探索——基于成都市成华区的调研报告》，人民网，http：//theory. people. com. cn/n/2014/0624/c40531 - 25191108. htm，2014 年 6 月 24 日。

张会霞：《城市社区政府与社区组织之间的新型互动关系》，《中国集体经济》2007 年第 2 期。

冯晓英、魏书华：《大城市社区建设管理体制比较与借鉴》，《北京社会科学》1998 年第 3 期。

何海兵：《中国的城市"街道"管理体制改革与社区发展》，《当代中国研究》2006 年第 1 期。

《内蒙古鄂尔多斯东胜区：深化街道社区体制机制改革加强基层服务型党组织建设》，人民网，http：//dangjian. people. com. cn/n1/2017/0301/c406978 - 29115813. html，2017 年 3 月 1 日。

夏建中：《城市社区基层社会管理组织的变革及其主要原因——建造新的城市社会管理和控制的模式》，《江苏社会科学》2002 年第 2 期。

B.11
德胜街道推进业主委员会
建设发展调研报告

摘　要：　随着我国城市居民住房的市场化发展，原有的城市住宅管理
结构和模式已经发生了重大变化。物业公司和业主等新型利
益主体重塑了城市住宅区的管理结构和模式。业主委员会作
为新型城市社区的自治组织，在代表和维护业主权益、推进
社区治理方面发挥着非常重要的作用。德胜街道作为北京老
城区的一部分，街区内既有老旧小区和回迁小区，也有中高
档商品住宅小区，推动地区业主委员会的建设和发展既符合
德胜街道复杂的住宅结构和环境，也符合地区居民的服务管
理需求。业主委员会的建立和有效运行，可以充分调动和发
挥地区居民参与社区建设和治理工作的能动性，有利于提高
社区民主自治水平，实现居民的自我管理、自我服务和自我
监督。本次调研报告详细阐述了当前德胜街道业主委员会建
设和发展的现状，就其中存在的问题进行了分析，为进一步
优化和完善其建设发展，最终形成社区居委会、物业公司、
居民关系的良性循环提出了参考性建议。

关键词：　德胜街道　业主委员会　社区治理　居民自治

　　德胜街道业主委员会的建设和发展具有其特殊的背景和条件，业主委员
会作为一个居民自治组织，也有其产生和发展的时代和社会背景，在对德胜
街道业主委员会的建设和发展情况进行梳理总结时，有必要对业主委员会的

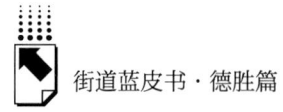

自身性质、产生和发展背景、法律定位等基础要素进行回顾，以更好地了解和把握德胜街道业主委员会建设和发展的情况和特点。

一　德胜街道推进业主委员会建设发展的背景

随着城市社区的建设和发展，业主委员会已经成为维护业主权益、协调社区矛盾、实现社区公共利益的重要主体。德胜街道在探索和推进地区业主委员会建设工作方面，既深入了解和考察了业主委员会的相关背景情况，也充分结合了地区居民住宅小区的实际情况进行分析。

（一）业主委员会产生和发展的社会背景

业主委员会是市场经济和现代城市发展的产物，是适应时代发展的需求的产物，明确其基本概念和性质，了解其产生和发展根源与背景有利于我们更好地推进业主委员会的建设和发展，使其更好地服务于现代城市发展需求。

1. 业主委员会的基本概念及其性质界定

业主委员会是城市发展的必然产物，是城市居民自治的一种新的表现形式。业主委员会是由所在住宅小区的业主或业主大会会议选举产生的，委员会成员作为小区业主整体利益的代表协调和监督小区物业管理公司管理小区物业工作，向物业公司和地区各相关部门反映业主的利益和需求。因此，从组织和运作上来看，业主委员会是一个居民自治组织，充分体现了当前我国城市居民的自我管理、自我服务意识的觉醒。业主委员会是在房产物业的所有权基础上形成的，是我国城镇住房体制改革和住房市场化发展的产物，以产权所有权为基础形成的业主委员会就是业主自身利益的代表，其具有维护自身利益的主动动机与意愿。从业主委员会的基本概念和性质可以总结出该组织具备的一些基本属性。第一，自治性，这主要体现在财产自治、选举自治、组织与管理自治、教育自治、服务自治等方面，该组织强调成员之间、组织之间通过平等、信任、协商的运行机制来维持和形成一个开放性系统。

第二，公益性，该组织代表的是一种公共利益或公众利益。业主委员会是由业主或业主大会选举产生，其成立的初衷是为全体业主服务，是要维护小区内全体业主的共同利益，具有广泛的公平性和代表性。第三，业主委员会具有区别于政府组织和企业组织的其他特性，如民间性、志愿性等，这些特性也反映了其具有不同于行政组织和企业组织的运行管理机制，决定了其必须通过自身的运作机制满足现代城市居民的多元化利益需要。

2. 业主委员会产生的根源及背景

业主委员会在西方发达国家的城市和社区已经发展得相对成熟和完善，西方发达和繁荣的市场经济推动了城镇住房的市场化，为业主委员会的建立和发展提供了土壤和环境。20世纪90年代，随着我国改革开放和社会主义市场经济的不断发展，国家逐步改变了单位福利住房体制，开始推行住宅商品化的政策，住宅的市场化和商业化导致了住宅区管理权向私人让渡，业主个人利益和需求得到释放，业主委员会正是在这样的背景下产生的，是业主行使管理权和维护自身权益的集中表现。我国最早的业主委员会诞生于南方对外开放的前沿阵地，随着改革开放政策的推行和市场经济的发展，我国内陆地区第一个业主委员会成立于1991年9月，诞生于深圳特区的万科天景花园住宅小区，以此为标志，业主委员会制度逐步在我国得到认可和推广。在我国住房市场化早期发展起来的业主委员会在组建和运行方面都不够成熟，强调管理重于服务，最初成立的业委会被称为物业管理委员会或业主管理委员会，由此可以看出，我国住房体制市场化改革和房屋产权制度的变革是业委会产生的根本原因。

（二）业主委员会产生和发展的法律依据

在当前住房产权多元化、产权私有化为主的背景下，物业公司和业主委员会都是管理住宅小区的有效主体，根据相关法律规定，要明确其职责定位和规范其行为活动，促进其健康有序发展，切实保障居民自治权益，有效维护居民合法利益。业主委员会是直接依据特别法组建的群众性的自治组织，主要以法律上受保护的物业财产团体自治权为依据而成立的，业委会承担的任务兼具公益性和经济性，其组建和运行需要业主自筹资金，但其管理和服务工作是公益性的。我国《物权法》明确规定各个地方政府及其相关部门应该对成立业主大会和选举产生业主委员会给予指导和帮助，我国十分重视业主委员会的建设和发展，通过颁布《物业管理条例》以规范性法律文件的形式为业主委员会的发展提供法律依据，并从立法层面上确立了业主委员会制度。北京市为推动业主委员会建设对其筹备组建、操作运行等工作环节都进行了详细的规定，出台了一系列相关的政策和规范，如《北京市物业管理办法》和《北京市住宅区业主大会和业主委员会指导规则》，其中该指导规则明确规定了成立业主委员会的小区所在地的街道办事处应当严格按照相关法律规章制度，在依法行政、合理行政、程序正当、高效便民、权责统一、政务公开原则的指导下，对新成立的业主大会和业主委员会提供指导和帮助，并对其成立过程和决策运行进行监督，对业主委员会做出的一些违反法律法规的决策及行为要责令其限期整改或及时撤销其决定，保障小区业主的合法权益不受侵害。

（三）德胜街道推进业主委员会建设工作的必要性和可行性

德胜街道从街区实情出发积极推进地区业主委员会发展，通过深入推进基层民主自治，不断提高城市社区的服务管理水平，提升居民生活品质。德胜街道不仅有推进业主委员会发展的必要性和需求，也具备相应可行的契机和条件。

1. 德胜街道现有的居民小区结构复杂，具有推进业主委员会发展的必然需求

德胜街道位于西城区东北部，是西城区面积比较大的街道之一，下辖23个社区，不同社区的居民住宅区情况也不尽相同，街区居民住宅小区结构的复杂性和利益的多元性，给小区治理带来了许多困难和问题。目前，德胜街道辖区既有机关家属院等老旧小区，也有高档商品住宅小区，此外还有大量回迁小区，由于先天的规划不足或后期物业管理欠缺，出现部分小区脱管、失管等一系列问题，损害了社区居民的切身利益。根据小区类别主要可

以总结为以下几大问题。一是产权主体缺失的老旧小区，历史原因造成产权模糊，导致此类社区缺乏有效的管理，涉及居民日常生活的各类问题，如停车管理、环境卫生、房屋维修等处于无人管理、无人负责的状态。二是回迁小区，这些小区具有人口密度大、公共空间狭小、困难群体多的特点，主要问题是居民和物业公司矛盾突出，形成了居民因对物业公司不满意而不缴纳物业费，物业公司因收不到物业费而履职不到位的恶性循环，存在消防设施老化、电梯年久失修等安全隐患。三是新型小区，具有居民文化素质较高、物业管理规范等特点。主要问题集中在地区居民在儿童活动场地、社区便民服务等方面的需求没有得到很好的满足。四是高楼密集小区板块，这些高楼建于20世纪90年代初，具有数量多、密度大、公共空间严重不足的特点，主要存在停车难、买菜难等问题。这些住宅区域的结构特点和具体问题，引发了建立和发展业主委员会的实际需求。

2. 德胜街道具备推进德胜地区业主委员会发展的可行条件

德胜街道具备有利于业主委员会建设和发展的可行条件。首先，德胜街道位于西城区东北部，处于首都功能核心区，下辖23个社区，管辖范围较广，街区内小区分布众多，且类型多样化，包括纯商品房小区、公私并存的混合小区和一些仍然存在的"单位福利住房小区"，这种极富有代表性的混合存在的局面和复杂结构情况，为业主委员会管理社区提供了广阔的实践和发展空间。其次，德胜街道现已成立业主委员会的小区也极具代表性，可以在地区推广和学习它们在建立和运作业主委员会方面的成功经验和方法，汲取教训，收到事半功倍的效果。最后，德胜街道倡导和培育的"德邻文化"为业主委员会的成立和发展营造了积极良好的氛围。业主委员会作为非营利性居民自治组织，是居民自我维权、自我管理和自我服务意识的重要体现，业主委员会的成立和运行需要居民志愿主动地奉献自己的时间、精力和智慧，为小区业主的整体利益提供物业管理等公共产品，这就需要业主委员会成员不仅具有相应的工作能力和高尚的道德品质，而且还要具有独立自主的主人翁意识和家园共同体意识。

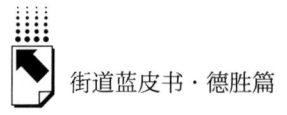

二 德胜街道推进地区业主委员会建设发展的现状分析

德胜街道的业主委员会建设和发展现状可以分为两个部分进行分析，一部分是对已经建立业主委员会的小区的发展情况进行分析；另一部分是对有建设需求但存在一定困难的小区的发展情况进行分析，从而使相关部门对德胜地区的业主委员会推进工作有一个全面而清晰的把握。

（一）德胜街道已成立业主委员会小区的现状分析

德胜地区各业主委员会从筹备到成立再到运行的各项工作都是在街道办事处下设的社会建设办公室的指导和监督下进行的。当前，在德胜街道辖区内的23个社区居委会中，有5个已经成立了业主委员会，分别是阳光丽景业主委员会、新海苑业主委员会、104号院业主委员会、德胜佳苑业主委员会、什坊街2号院业主委员会。这5个小区的硬件建设比较完善，小区内业主的参与积极性也较高，其中，阳光丽景业主委员会运营效果较好，公共收益结余达到100余万元，已完成首次换届工作；104号院业主委员会现主要负责对物业公司的管理监督，运行相对平稳；什坊街2号院业主委员会成立时间较短，业主素质普遍较高，对参与业委会工作的积极性和责任心都很强；新海苑小区相对特殊，产权单位是中央国家机关住宅建设服务中心，物业由产权单位派驻，产权房屋800余套，目前拥有自主产权的业主共300余户，该业主委员会于2017年底进行换届选举；德胜佳苑小区业主委员会成立较早，2011年底成立，现已更换三届业主委员会委员，是所有小区发展最为迅速但也最为波折的一个。然而，正是在经历波折，汲取经验和教训后，该小区业主的自我维权意识和参与小区事务的热情普遍提高了，进而加快推进了小区业主委员会的健康发展。此外，地区内已经具有成立业主委员会明确意向的9个小区有什坊街6号院、教场口2号院、教场口9号院、新康核辐射所家属院、农业局家属院、马甸吉第嘉园、裕中西里小区、新明胡同石化和煤炭家属院。

（二）德胜街道未成立业主委员会的小区现状分析

鉴于德胜街道住宅小区结构的复杂情况，虽然该地区存在建立和发展业主委员会的迫切需求，但是目前该地区内未成立业主委员会的小区数量远远大于已经成立业主委员会的小区数量。因此，对德胜地区未建立业主委员会的小区情况进行分析，了解其面临的困难及原因，有利于加快推进业主委员会的建设和发展工作。首先，德胜地区老旧小区的数量远远多于商品房小区，且多为央产房、市属单位房或部队房，随着城市化的发展，有些老旧小区的产权单位也变得模糊和复杂，甚至出现同一小区内有多个产权单位的现象，如石油社区、煤炭社区、水电社区、新风中直社区等。产权不明晰也意味着业主不明确，导致缺乏成立业主委员会的必要条件。其次，德胜地区的学区房众多，学区房的资源和市场优势使得房屋转手率很高，这种情况就导致一部分业主单纯为了上学购房而不在此居住，而较高的房屋转手率，也导致业主不固定，这些情况都不利于成立业主委员会。典型的小区是什坊街6号院，没有明确的业主，物业公司不敢签合同，小区环境管理问题长期得不到有效解决。再次，部分小区老龄化趋势严重，居民大多为离退休人员，加之年轻人员大多受上班时间限制对业委会工作参与积极性不高，而业主委员会工作不仅需要时间和精力，而且需要更多的脑力和体力，这种老年人有时间而没精力、年轻人有精力而没时间的情况是成立和开展业委会工作面临的主要困境，如教场口2号院。最后，目前大多数产权单位、物业公司和居委会对业主委员会还比较陌生，一方面，对成立和运行业主委员会的相关法律和政策知之甚少；另一方面，缺乏专业的指导和监督，不清楚成立业主委员会的各项具体程序、手续以及成立后的运行流程。

三　德胜街道推进业主委员会建设发展面临的问题

德胜街道住宅小区的复杂结构和治理现状为业主委员会提供了建设发展的契机和空间，但在具体推进过程中仍然面临一些亟待解决的问题和挑战。

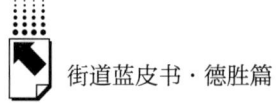

（一）业主普遍缺乏正确的维权意识和责任意识

德胜街道在推进业主委员会建设中首先面临的问题就是业主群体对其合法权利和必要责任意识的缺乏，而业主大会和业主委员会的筹备和组建工作都离不开业主的普遍支持和配合，业主正确的维权意识和责任意识的淡薄，给业主委员会的建设和发展带来了一定的困难，存在业主大会难以召集或中途失败的风险，导致业主委员会很难按照法定程序进行组建。我国民众习惯于传统的自上而下的政府管理模式，对参加业主大会和业主委员会不感兴趣，缺乏一定的自我维权意识，一些业主虽然有强烈的维权意识，却没有邻里互助的责任意识，在保护自身权益的同时却不考虑其他业主的权益。已经成立业委会的住宅小区在进一步发展中也面临相同的问题，业主委员会作为居民自治组织，其构成人员大多是小区热心居民而非专业职业人员，成员的素质参差不齐，不同参与者的真实意图难以判断，在工作中可能存在为了一己之私损害业主整体利益的不规范行为。因此，业主委员会的执行工作能在多大程度上代表业主整体的利益取决于业主委员会成员的个人素质和能力。总体来说，德胜地区业主普遍缺乏正确的维权意识和责任意识，对地区业委会的建设和发展工作缺少关注，参与度较低。

（二）业主委员会建设和发展面临的法律困境

随着城市化的发展和现代小区物业管理制度的发展，业主委员会制度已经成为物业管理的重要制度之一，以1991年深圳市成立的全国第一家业委会为起点，业主委员会制度在我国经历了20多年的发展，虽然相关立法工作受到一定的重视，但在进一步发展中仍然面临着一些亟待解决的法律问题。一是由于业主委员会的法律地位和性质的规定相对模糊，法院及相关部门对于业主委员会的认识不到位，一旦遇到法律问题业主委员会则无法为广大业主争取利益，而业主委员会失职导致业主利益受损时也不能及时准确地追究其法律责任；二是业主委员会的相关法律法规多为行政性程序规定，缺乏具体操作运行的法规指导，如我国《物业管理条例》从立法层面正式确立了业主委员会制度，虽然明确了其为业主大会的执行机构所具备的相关职责,但是这些条款却缺乏可操作性。此外,从选举程序和权力来源上看,业主委员会虽然是业主大会的执行机关,但在立法方面却缺乏明确的界定,如其应该具备什么样的资质和条件,当业主委员会在具体实践中的行为越过了业主大会赋予的权力范围时,应该承担何种法律责任等问题存在模糊性。由此可以看出,业主委员会虽然是依法成立的,却没有明确独立的法人资格,也不能对其行为承担最终的法律责任。

(三)业主委员会缺乏完善的监督管理机制

业主委员会缺乏完善的监督管理机制,民主协商和少数服从多数的原则得不到有效落实,直接侵害了业主利益。目前,我国《物权法》《物业管理条例》《业主大会规程》没有就业委会监督工作做出明确规定,缺乏一套完善的、切实可行的监督机制对业主委员会的相关决策行为和业务工作进行有效的约束和监督。一个住宅小区的业主委员会是由本住宅区内业主自我组织、自我管理和自我服务的自治组织,在委员选拔上没有严格的标准,选举产生业委会的人员缺乏统一标准,使得委员会的广泛代表性受到质疑,如容易出现个别业委会成员过于追求个人利益,而忽视集体利益,在一些具体事务上损害了其他业主利益或业主共同权益,造成住宅小区内物业公司与业委会、业主之间的重重矛盾。此外,业委会自治组织的性质也决定了其建立和运行过程中的物质和资金都是由业主自己提供、使用和管理的,而当前关于业主委员会的活动经费、工作人员津贴、酬金等相关规定缺乏明确的法律规定,业主委员会资金的使用和监管不到位,容易导致一些业主委员会在没有经过全体业主协商同意的情况下使用公共资金或滥用公共资金为自己谋私利,直接损害了业主群体的利益,这方面的典型案例有德胜地区的佳苑小区在选举第二届业主委员会时,由于选举缺乏法律规范,选举产生的业主委员会权力过大,出现某些素质较差的业主委员会成员以权谋私的现象,最终该届业委会被罢免。

(四)业主委员会与街道、社区居委会、物业公司的关系有待进一步改善和提升

业主委员会的建设和发展离不开所在地的基层政府、社区居委会、物业

公司的协调与配合，然而在实践中，街道办事处、社区居委会、物业公司对业主委员会工作的支持和配合力度不足，对业主委员会在小区建设发展中的功能和定位认知不明确，四者之间没有形成良好的协调协作关系，这是导致业委会发展滞后的重要原因之一。长期以来我国民众习惯于自上而下的政府管理模式，在自我组织、自我管理、自我服务方面的意识、能力和素质还不成熟，在运行初期仍然需要基层政府提供大力支持和配合，但目前在业主委员会组建和运行中，街道和居委会对业主大会和业委会活动重视程度不够，具体的培训、指导和监督不到位，导致业主委员会难以正常建设和有效运行。由于德胜地区小区结构和情况比较复杂，业主与物业公司的关系也普遍不够和谐，有些是因为小区的物业公司没有依法经营，服务方式落后，收费不规范，直接侵犯了业主权益，有些是因为部分业主一有问题就归咎于物业公司或不缴纳物业服务费用，导致物业公司降低服务质量或终止服务，这些问题亟须由业主委员会出面解决，而业主委员会往往对自身权利和义务把握不到位，没有能够协调平衡好业主与物业公司在小区物业管理事务中的关系。业主委员会管理中相关行为主体的关系如图 1 所示。

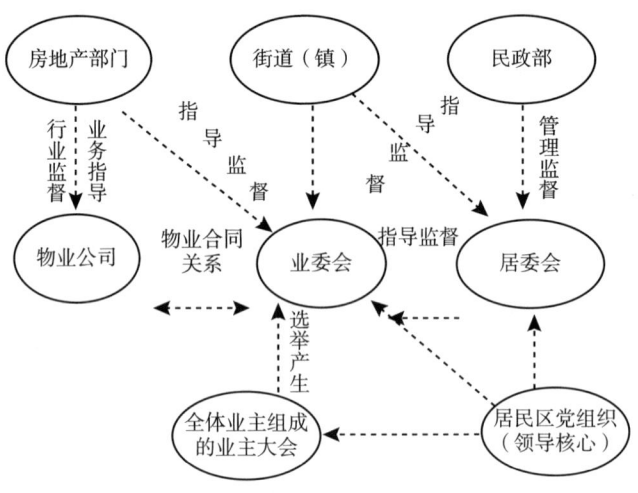

图 1　业主委员会管理中相关行为主体的关系

四 德胜街道推进业主委员会建设发展的相关建议

德胜地区在推进业主委员会建设和发展的实践过程中面临一些问题和挑战，一方面是由于业主委员会制度在我国发展还不够成熟和完善；另一方面是由于德胜地区存在特殊的街区情况，如何克服这些困难，因地制宜地推进地区业主委员会的建设发展，使其在服务地区居民和提升居民生活品质方面更好地发挥作用是德胜街道今后努力的方向。

（一）大力培养地区居民的社区自治理念，提高居民参与业主委员会工作的积极性

业主委员会作为一种民间自治组织，其组建和运行需要发动居民群众参与，归根结底需要地区居民具有强烈的自治理念，需要社区管理部门不断激发和调动居民群众的自主维权意识和社区责任意识。首先，要深入社区进行宣传教育和思想引导，让地区居民逐渐接受和认可社区自治理念，让居民认识到业主委员会的建设发展是维护自身利益的重要手段，为组建和运行业主委员会奠定牢固的群众基础；其次，加强培养社区居民的家园共同体意识，逐步塑造地区居民对共有家园的集体归属感和认同感，形成家园共建、共治、共享的和谐局面；最后，大力倡导"德邻文化"，积极推进新型熟人社区建设，通过多种形式和手段增进邻里关系，居民之间的熟识则有利于避免业主委员会成员选举的盲目性和随意性，保障业主委员会的广泛代表性。

（二）重视提升地区业主的法律素养，保障业主委员会依法依规建设和运行

业主委员会是由业主召集成立的业主大会选举产生的，因此，业主群体的法律素质也影响着业主大会选举的合法性和业主委员会成员依法办事的能力。业主委员会在工作上涉及多方利益，需要业主主体具备相当的法律知识

和素养，以保障业主委员会依法依规成立和运行，切实维护广大业主权益，维护小区和谐稳定的生活环境。首先，针对地区业主，街道可与相关物业机构的主管部门合作，联合组织开展相关法律法规的宣传和培训活动，为地区业主答疑解难，使广大业主正确认识自身的权利和义务；其次，针对业主委员会成员尤其是其主要负责人，街道相关部门可以组织定期的物业管理法律法规培训，提高其学法、懂法、守法、用法意识，让业主委员会工作人员知道自己的权力来源，在工作和决策中自觉维护广大业主利益，做到对业主负责，受业主监督，更好地履行自身职责。

（三）街道办事处和居委会要加强对业主委员会的监督和指导，促进业主委员会的规范化发展

街道和居委会要对地区业主委员会工作给予更多的关注和支持，要加强对其建设和发展的监督指导工作，不断推进其进入规范化和程序化的发展轨道。一是街道要认识到成立业主委员会对推进地区治理的重要性，重视和支持地区业主委员会的建设工作，尤其是对首次成立业主委员会的住宅小区给予适当的指导和帮助，街道办事处和居民委员会可以进小区开展流程宣传和解读活动，根据开展工作小区的产权情况，灵活协商解决活动经费问题。二是街道办事处要对首次业主大会选举工作和业主委员会成立工作给予专业的政策法律指导，如针对选票、议事规则、管理规约、业主委员会章程等进行宣传引导。三是街道办事处和居委会要加强对业主委员会工作的监督，业主委员会作为业主自治组织，其内在运行和决策由该组织自行独立实施，保持其自治性，但在宏观上要接受街道和居委会的监督，做到依法依规行使职权。四是街道和居委会要对成立和运行面临一定困难的业主委员会给予适当的帮助和支持，如街道可以采取补贴等方式为比较困难的老旧小区提供一定的物质和资金支持，在没有业主参选业主委员会委员的情况下，街道要鼓励居民委员会协助筹备组动员业主参选，在业主委员会集体不履职的情况下，由居民委员会组织业主召开临时业主大会，产生新的业主委员会。

（四）深入推进社区事务协商机制建设，确保业主委员会决策的广泛代表性

业主委员会是基层民主自治的一种体现，德胜街道要深入推进社区事务协商机制建设，推动民主协商制度和少数服从多数原则在业主委员会组建和决策中的应用、贯彻和落实，大力发扬基层民主精神，提高地区群众的民主自治能力。社区事务协商机制的建设，一方面有利于培养居民群众的民主协商意识，提升居民群众的自治能力，从而提高地区群众对成立和运行业主委员会工作的认可和支持度，居民群众可以通过参与社区事务协商逐渐深化对民主选举、民主决策和少数服从多数的原则的理解和应用，有利于更好地建设和运行好业主委员会制度，确保业主委员会组织对地区业主的广泛代表性；另一方面，能够促进业主委员会与地区居委会、产权单位、物业公司等相关方之间有效地协调问题和矛盾，从而使业主的合法权益得到最大限度的保障。同时，随着业主委员会在城市基层社区治理中发挥着越来越重要的作用，不断深入推进社区事务协商机制建设，也可以为业主委员会参与社区治理提供更加有效的平台。

参考文献

燕农：《业主大会的"深圳模式"值得借鉴》，《四川日报》2017 年 11 月 28 日。

张弛：《上海市业主委员会参与住宅小区治理的困境及对策研究——基于元治理理论视角》，上海师范大学硕士学位论文，2017。

倪念红：《业主委员会法律性质探析》，《理论观察》2017 年第 12 期。

范俊玉、杨柳：《城市社区治理中业主委员会激励机制探析》，《聊城大学学报》（社会科学版）2018 年第 1 期。

李国庆：《加拿大与美国业主委员会制度分析》，《和谐社区通讯》2013 年第 5 期。

北京市住房城乡建设委、市民政局、市社会办：《北京市住宅区业主大会和业主委员会指导规则》，首都之窗，2010 年 12 月 13 日。

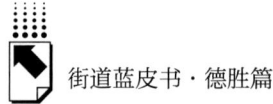

北京市人民政府：《北京市物业管理办法》，首都之窗，2010年4月20日。

李景国、牛凤瑞：《中国房地产发展报告 No. 5》，社会科学文献出版社，2008。

麻晓芳、王承翼、毕俊：《论业主委员会建设中存在的问题及对策》，《经济师》2006年第6期。

案 例 报 告

Case Reports

B.12
引入社会组织参与社会治理的德胜实践

摘　要：　党的十八届三中全会明确提出：创新社会治理体制，改进社
　　　　　会治理方式。党的十九大报告进一步提出：建立共建共治共
　　　　　享的社会治理格局和提高社会治理社会化、法治化、智能化
　　　　　和专业化水平。这些要求与社会组织参与社会治理密不可分。
　　　　　党和政府十分关注社会组织参与社会领域工作、参与社会治
　　　　　理的问题，2013年国务院下发《关于政府向社会力量购买服
　　　　　务的指导意见》，2016年民政部发布《关于通过政府购买服
　　　　　务支持社会组织培育发展的指导意见》，社会组织参与社会治
　　　　　理已经成为社会领域工作的重点。在这一背景下，德胜街道
　　　　　作为首都核心功能区，在结合区域特点基础上，就社会组织
　　　　　参与社会治理方式、政府与民办非企业的关系展开系统研究
　　　　　和探索。本文梳理了西城区引入社会组织参与社会治理的模
　　　　　式，总结了德胜地区社会组织参与社会治理的具体实践并提
　　　　　出了相关思考。

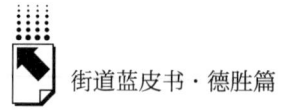

关键词： 德胜街道　社会化　社会治理　社会组织　合作关系

一　国内外社会组织参与社会治理的基本模式

纵观国内外政府与社会的互动，对德胜街道推动社会治理社会化模式的选择将带来极大的启发。

（一）政府推动模式

政府推动模式的主要特征是政府在社会组织发展中发挥重要推动作用，当前我国社会治理主要是采用这一模式。在西城区典型的表现就是各街道成立的公共服务协会或者民间组织服务中心。公共服务协会或者民间组织服务中心这类社会组织的运行主要依靠政府资源，这一模式在成立初期能够得到很好的发展，可以迅速发展一批社会组织。但是随着社会发展，这一模式的弱点也逐渐暴露，如独立性较差、发展成另一个政府部门等，可能失去社会组织本应该具有的特点与优势。

（二）社会组织自治模式

自治模式是指政府较少干预社会组织发展，给予社会组织成长空间、突出社会组织自主运行特征的模式。这一模式的主要优势是可以激发社会组织发展活力，其存在的问题是当发展到一定程度时，这些社会组织会变得"尾大不掉"。因为政府对其控制相对较弱，出现问题或是当其对社会发展造成阻碍时，政府难以及时纠正。而且，这些自治型组织有时会把握不好时代发展的"脉搏"、不能及时响应政府的号召。从西城区发展案例来看，这些自治型组织的生存时间一般短于其他类型的社会组织。但自治类组织在国外如德国发展得很好，这与当地的社会氛围是分不开的。这从一定意义上可看出，社会组织发展一定要符合地区及时代特点。

（三）政府与社会组织合作模式

政府与社会组织合作模式有两种，一种是直接合作，双方就服务内容、服务方式和服务经费等达成一致，政府让渡一部分事项和经费，社会组织提供专业服务。这种模式的缺点是双方的对接具有偶然性，只有恰好碰对了才能实现高效合作；另一种模式是找到一个能够专门为政府推荐各类社会组织的中间力量，也就是引进社会组织的中介，经中介也就是枢纽型社会组织举荐之后，政府再与具体的社会组织承接方进行有的放矢的对接和协商，双方满意后签约。这一模式实际在20世纪70年代的美国已经出现，美国政府为了促进社会组织发展，专门成立了服务社会组织的机构。但也应该看到，国外的社会组织在快速发展之时，也出现了商业化倾向，使得社会组织自身的独立性受到极大的挑战，对其长远发展不利。

（四）对已有经验的总结

参与社会治理的社会组织应该符合区域发展实际，符合时代发展的需求。国外社会组织发展相对比较成熟，在参与和推进社会治理方面的经验也更加丰富，其中德国采用的是自治性模式，强调社会组织的主动性和功能性，这符合德国社会发育状况，而我国社会组织的发展晚于西方国家，政府在社会治理中长期发挥主导作用，因此，构建政府推动型社会组织发展模式符合我国社会实际情况。

当前，政府应积极与社会各个主体进行合作，着力改变"大政府，小社会"的形态。社会组织作为社会领域中的一股重要力量，在社会治理的过程中应发挥出更大力量，而这就需要各级政府把握好方向、做好资金保障。

当然，发展社会组织不能依靠行政命令一蹴而就，应给予其一定发展空间和时间。现实情况是政府需要与社会组织加强合作，但又精力有限，不能与社会组织一一对接。这就需要一个桥梁，也就是枢纽型社会组织。枢纽型社会组织可以深入了解政府的需求，同时其本身的社会组织特性，又让它掌

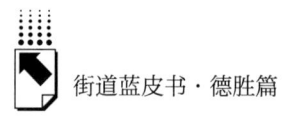

握了大量社会组织的情况、信息，可以将政府的需求和社会组织的职能进行很好的对接。因此，找到各级政府所需要的枢纽型社会组织，再通过枢纽型社会组织带动起更多的社会组织，这是确保政府和社会组织良好互动关系的关键。

二 德胜街道社会组织参与社会治理的实践

按照关于社会治理社会化模式的梳理，结合德胜街道自身特征，从三个方面对其实践总结，有利于理论的补充与实践的改进。

（一）剥离事项，建立合作制度，引进枢纽型社会组织

早在 2014 年，德胜街道就已经有 11 个科室从政府购买社会力量服务清单中剥离出 17 项服务，在西城区公益展洽会上居各街道首位，其中所开展的项目涉及民政、计生、残联等多个方面。

德胜街道在对政府职能进一步梳理的基础上，对政府原有的公共服务职能进行分类，将可以通过购买的社会公共服务适度剥离，并积极引进专业社会组织的力量开展合作。为了更好地发挥社会组织的服务功能，转变完善政府职能，街道专门制定和实施了《德胜街道关于购买社会力量的实施办法》（以下简称《办法》），明确了街道各部门各科室向社会力量购买服务的流程和规范。《办法》确定了两个原则，为政府购买社会服务提供遵循：一是所购买服务确实是街道政府的职责；二是所购买的服务是政府凭借单方面力量做不好或者专业性要求比较高的工作，需要借助或引进社会服务力量。与此相配套，德胜街道还相应地出台了社会组织承接政府职能的相关制度，完善了社会组织的遴选、评估、项目管理、资金支付、激励约束及退出等竞争机制，形成了一套相对稳定的社会组织动态管理体系。

在上述工作的基础上，德胜街道加大与枢纽型社会组织的合作力度，充分发挥枢纽型社会组织的资源整合功能和创新孵化功能。从 2014 年 5 月开始，德胜街道引进了北京市公益文化传播中心，使其在本地区发挥枢纽型社

会组织的资源整合功能，成为推动政府服务社会化的"龙头"力量，不仅有效地弥补了政府公共服务存在的不足，也通过创新工作方法和服务模式，为地区居民提供更加丰富的服务资源，满足居民更加多元的服务需求。该组织采用项目化管理手段，积极在区域化党建、社区安全、养老助残、困难帮扶、社区环境等方面开展服务，还通过培育和孵化新的社会组织，为地区提供更多的专业化服务力量，搭建多元化参与平台，为驻区企事业单位、社会组织、社区居民等多方力量参与社会治理提供机会和渠道，形成多元互动的社会治理新格局。在一定程度上，发挥枢纽型社会组织的作用成为德胜街道实现社会多元治理的重要基础。

（二）明确五大试点领域

1.国际安全社区建设领域

德胜街道通过引进专业社会组织，服务于地区国际安全社区建设，通过与专业的社会组织力量合作共同建立了一个高效的、可持续发展的新机构，即安全社区建设德胜项目部，并以该项目部为工作枢纽，负责引进社会组织参与社会治理，并与各个业务科室和职能站所进行工作对接，特别是在查找问题、设计项目、评价监督等方面给予专业的科学指导。与此同时，该项目部也为不同地区之间的国际安全社区建设提供了交流与互动平台，为宣传和培育地区安全文化和安全意识创造了积极良好的氛围。

2.区域化党建领域

城市化发展带来了社会结构的深刻变化，多元社会主体力量的产生和发展对基层党的建设提出了更多的要求和挑战，需要打破传统的单位制党建模式，实施区域化党建模式。德胜街道通过推进区域化党建工作，以党建统领地区建设，广泛整合地区社会组织资源，逐步实现社会服务和治理的全覆盖。为充分发挥党对社会组织建设和发展的引领和统筹功能，街道坚持以街道党工委为核心，引导和促进多元社会力量参与社会治理，充分发挥基层党组织密切联系群众的优势，有效对接基层群众服务需求，依托基层党建阵地的资源优势，为地区各类社会组织提供参与地区服务管理的平台和渠道，如

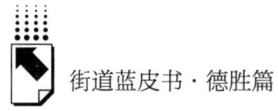

街道依托党建促进中心开展多种服务项目，重点针对地区党建工作比较薄弱的领域，尤其是非公党建领域中的楼宇党建工作，采取项目合作、政府购买或公益促进等模式积极发挥社会组织服务城市发展的功能。

3. 为老服务领域

老龄化问题已经成为我国大城市发展中面临的普遍性问题，但当前我国为老服务不管在数量还是质量方面都不足以满足老年人口的发展需求。德胜地区作为首都发展核心区的重要组成部分，十分关注地区老龄化问题，高度重视地区养老工作。当前，老年人口占该地区总人口的比例约为22%，老年人口群体数量的持续增长，带动地区居民对为老服务的需求扩大，德胜街道在对地区老年人口基本情况进行充分调研、考察和分析的基础上，对地区为老服务供给不平衡和不充分问题有了深刻的认识和理解，在"人员组织化，活动常态化，服务专业化"原则的指导下，积极鼓励、支持和引导地区专业社会组织的力量参与地区为老服务工作，推动地区实现家庭养老、社区养老和社会养老的融合发展。在组织落实上，社会组织要在地区社会办、统筹办和社区服务中心等基层职能部门的指导下，协助地区做好为老服务工作；在参与形式上，社会组织可以通过服务合作和服务承接的方式参与地区为老服务，如街道充分发挥双拥养老中心的平台作用，引进社会组织负责中心的运行管理，聚合更多的社会服务资源，充分发挥中心的辐射和带动作用，同时借助社会组织的技术优势和专业优势促进地区为老服务工作方式的创新。

4. 个案服务领域

德胜街道为进一步服务好地区居民，提高地区民生服务水平，满足地区不同类型群众的不同服务需求，大力鼓励和引进各类专业的社工机构，有针对性地开展个案服务项目，为地区群众提供更加个性化、多样化和高品质的服务项目，以更好地实现地区民生服务的全覆盖。德胜街道推出的个案服务项目主要针对的是地区的弱势群体，如残疾人、失独家庭、高龄空巢老人、问题青少年等，围绕这些群体的现实需求引进和培养一批扎根社区、服务社区的优质社会服务组织，发挥这些服务机构和组织的专业优势，开展各类社会服务项目，打造了一批具有德胜特色的社会服务品牌项目。在引进过程中德胜街道按照市场中优胜劣汰的原则，对社会组织及其服务项目进行审评、考核和监督，保障服务质量和效果。

5. 综治服务等其他领域

德胜街道立足地区发展实际，重视发挥地区社会组织在支持和服务地区综合治理等服务管理工作方面的积极作用，积极探索社会组织参与地区社会综合治理的有效路径。目前，街道已经在地区社会治理、环境治理、秩序维护、群众信访、禁毒工作等其他综合治理领域与相关社会组织进行了有益的合作尝试，如在垃圾分类工作中引入专业社会机构，提高了地区垃圾分类工作的效率，有效地改善了地区环境。针对积水潭地铁站周边自行车乱停乱放严重影响交通秩序的现象，街道也通过引进专业社会组织，尤其负责安排专业队伍进行管理，扭转了以往街道管理成效不明显，管一阵好一阵，稍一放松就"死灰复燃"的局面，有效地维护了积水潭地铁站周边的交通秩序。德胜街道在引进社会组织参与社会管理服务工作中已经取得了积极成效，这表明针对一些长期困扰基层政府而且依靠政府单方面力量又难以解决的问题，引入社会组织力量是一种有效可行的解决方案。下一阶段，德胜街道将进一步研究和探索多元社会力量参与社会治理的方式和路径。

（三）加大宣传力度，搭建监督平台

1. 加强双向宣传和推介

做好社区、街道的宣传推介工作的目的是让社会组织了解社区和街道，让好的服务能够在社区、街道落地。做好社会组织宣传推介的目的则是充分展现社会组织的职能和优势，让政府可以更好地了解社会组织，从而有计划、有步骤地转移职能。德胜街道召开的社会治理推进大会也是社会建设工作的宣传推介平台，各类组织可以通过这一平台，相互认识。同时，也通过这种平台展示的方式，引导社会组织自我觉醒和发展，找到内在动力。

2. 搭建有效的对接和监督平台

为更好地推进社会组织发展，引导社会组织参与地区社会治理和服务管理工作，提高社会组织功能建设发展与地区群众需求之间的关联度和匹配度，确保社会组织提供服务的规范性，德胜街道搭建了德胜公益创投平台和德胜会客厅等多种形式的对接和监督平台。一方面街道通过有效的平台建设，为实现服务提供者即社会组织与服务需求方之间的供需对接提供开放透明的平台，保证社会组织参与过程的公开、公正与公平；另一方面为更好地推进社会组织规范发展，街道还引进和培育了专业的第三方评估组织，由其对政府与社会组织之间的合作和项目开展工作进行综合评估和考察，并提供专业的咨询服务和项目支持，最终实现政府公共服务购买方、项目承接方和第三方评估组织三者之间的良性运作。

3.构建数字化体系助力社会组织发展

德胜街道的信息化基础设施发展相对完善，地区社会管理服务工作的信息化和数字化是德胜街道的突出特色。德胜街道在全响应指挥平台的基础上，开通社会组织服务管理平台，建立了社会组织参与公共服务的数字化途径，为社会治理社会化提供了技术支持。

三 关于德胜社会组织参与社会治理实践的思考

（一）街道在社会组织参与社会治理中发挥重要作用

当前，政府正向"小政府，大社会"管理模式过渡，德胜街道的实践也证明了这一趋势。在新时期，街道需要立足实际、找准定位，向有利于社会治理工作、政府自身工作和社会组织健康发展的方向继续迈进。

1.政府是社会组织发展的推动者

政府应成为社会组织发展的推动者。从德胜街道与社会组织的合作经历看，推动社会组织发展的关键是：划拨专门的资金指定用以购买社会组织的服务，提供社会组织办公场所，为社会组织开展增能培训，为社会组织参与地区各项调研提供便利，等等，这些都为社会组织发展创造了有利的条件。社会治理需要多元主体的广泛参与，基层政府应对社会组织加以引导。

2. 政府是社会组织运行的平等合作者

从德胜街道的实践来看，让更多的社会组织参与社会治理的关键，就是政府要当好一个平等的合作者。政府相较社会组织而言，在财力、人力、物力等方面都具有很大优势，政府所拥有的资源和主导地位是社会组织无法比拟的。正是因为这种差距，才更需要政府表现出对社会组织的认同和尊重，使社会组织感受到政府的诚意，打消顾虑，积极合作。包括政府与社会组织在内的各类社会主体，建立起平等合作的关系是社会治理发展的内在要求。政府与社会组织间的创新性合作模式将是未来的发展趋势。当然，当前很多地方政府与社会组织的合作主要还是在政府主导下的有限合作。但是未来，政府与社会组织都应根据时代的要求进行调整，政府将主要承担发布任务、主动对接、提供保障等工作，有效促进双方的合作关系进一步向深层次发展。

3. 政府是社会治理环境氛围的营造者

政府是社会治理良好环境的主要营造者。尤其是在"简政放权"和"小政府，大社会"的发展要求下，需要推动公共领域事务管理转型，从过去以政府为唯一管理主体的模式向多元治理主体模式转变。政府还应该为社会组织发展建立良好的法治环境。另外，政府还可以协助社会组织扩大影响力，夯实群众基础。例如，德胜街道的社会治理大会对表现良好的社会组织和其负责人进行表彰，并将社会组织纳入街道购买项目的首选名单；对一些优秀项目会考虑延长购买周期；等等。这些做法让更多社会组织意识到德胜街道是社会组织发展的一片沃土，在该地区发展有平台、有保障、有空间。这种安全感会让社会组织扎根街道之后，能够更加专心地从事服务工作。

（二）社会组织在社会治理中找到作为空间

1. 社会组织是专业服务的提供者

以德胜街道购买社会组织的为老服务为例，在之前的调研访谈中，公众及政府并不信任和认可大而全的社会组织，但会相信专业性较强的社会组织。尤其是人们生活水平的提高和对公共服务的多样化需求，进一步促进了社会分工的精细化发展，为各类专业性的社会组织的蓬勃发展创造了机遇和空间。德胜街道认识到社会组织尤其是枢纽型社会组织在参与社会治理中的重要作用，为充分发挥各类社会组织的专业化优势，实现其服务功能与地区社会民众需求的有效对接，德胜街道不仅需要进一步了解所要购买服务的社会组织的运行特点和专长，而且需要进一步打通其参与政府公共服务的各种渠道，而枢纽型社会组织是联合性的社会组织，具有对某一类别、性质或领域的社会组织的业务主管职能，可以为街道各个部门与社会组织开展合作提供重要的参考依据。

2. 社会组织是政府公共服务的补充者

在我国，政府历来是社会公共服务的主要提供者，虽然当前社会组织快速发展，其提供的服务在一定程度上填补了政府在部分公共服务领域的空白和缺口，但政府仍然在服务供应方面居于主导地位，社会组织必须根据政府现有的服务功能开展服务项目，在政府的指导下参与社会治理。因此，社会组织首先要明确自身作为政府公共服务有效补充者的准确定位，逐步承接政府所剥离出的服务和管理事项，提升自身的专业服务能力，提高自身的业务管理水平。从功能上分析，社会组织发挥功能的机遇和空间就是在政府服务不到位或者缺乏专业知识的领域，社会组织必须在政府的指导下结合群众实际需求开展服务。从组织和服务性质上讲，社会组织一般保持着非营利性质，参与的一般是公益性的服务项目，所以其开展服务项目的资金来源主要依靠政府资金投入，资金也只能用来组织和开展政府职能转移、管理与服务事项。实际上政府与社会组织之间互补性关系也表明其具有目标的一致性，都是为提高公共服务的质量和效率。

3. 社会组织发挥着加强群众与政府沟通的桥梁作用

随着改革开放和市场经济的深入发展，社会结构呈现多元化发展的趋势，在此背景下，传统的政府大包大揽的管理服务模式已经明显滞后，不能满足当前多元社会主体的利益需求。社会组织的出现为协调和解决这一矛盾提供了条件。我国社会组织的发展具有其独特性，与西方社会组织的自我发育模式不同，我国社会组织是自上而下和自下而上相结合的发展模式，是在政府的支持和指导下由群众自发组织起来的，具有非营利性质和公益服务性质，我国社会组织的产生和发展模式也赋予了其畅通群众与政府沟通的桥梁功能。一方面，社会组织的发展壮大得到政府的大力支持和引导，能够及时地将政府的最新政策传达给基层群众；另一方面，社会组织又发源于群众，贴近群众和了解群众心声，能够把群众的利益诉求有效地反馈给政府，这种上传下达的沟通桥梁作用，有效地减少政府与群众之间的沟通障碍，降低了交易成本，提高地区公共产品和服务供给的效率和水平，如德胜街道通过与地区枢纽型社会组织——公益文化传播中心建立合作伙伴关系，借助该社会组织的专业和功能优势，定期获得地区民生建设方面的群众基本信息，为街道进一步提高和改善地区公共服务提供了重要的参考依据。

参考文献

德胜街道社会建设促进中心主任李晓磊：《街道和民非类社会组织参与社会治理的合作模式建设》，2015 年 11 月。

刘彦伟：《关于"四沿"化工安全的战略性思考与探索》，《中国安全科学学报》2008 年第 8 期。

庞志明：《浅议企业文化建设与安全生产的关系》，《新长征》（党建版）2012 年第 5 期。

B.13
以安全生产网格化分级管理
模式治理"七小"业态

摘　要：　"安全第一、预防为主、综合治理"，是党的安全生产工作的
　　　　　基本方针。随着城市发展和科技发展的步伐不断加快，人民
　　　　　生活水平和城市生产能力得到不断提高，安全事故给城市和
　　　　　居民造成的损失也越来越大，因此，提升城市安全生产的治
　　　　　理能力显得尤为重要。西城区德胜街道围绕首都建设国际一
　　　　　流和谐宜居之都的目标，结合首都"疏解整治促提升"工
　　　　　作，以治理"七小"业态为切入点探索首都城市安全生产治
　　　　　理新模式，通过建立和运行安全生产网格化分级管理模式，
　　　　　有效地提高了地区安全工作效率，大幅提升了地区安全生产
　　　　　水平。德胜街道自2012年以来被评为国际安全社区，在安全
　　　　　生产方面持续发力，在安全社区建设方面争做一流，努力为
　　　　　居民营造稳定的安全生产和生活环境，其以安全生产网格化
　　　　　分级管理模式治理"七小"业态的实践具有重要的现实借鉴
　　　　　意义。

关键词：　德胜街道　安全生产　安全社区　PDCA循环模式　安全生
　　　　　产网格化分级管理模式

　　西城区作为首都核心区的重要组成部分，肩负着重大的城市生产、生活
安全运行职责。尤其是在首都发展转型和品质提升的关键时期，西城区各街
道更要做到以人为本，守土有责。德胜街道围绕辖区内安全生产隐患问题比

较突出的"七小"业态进行治理，逐步探索和建立起一套完整的"七小"场所安全促进模式和管理机制，努力推进平安德胜和平安西城建设，为首都安全发展做出了积极贡献。

一 德胜街道以安全生产网格化分级管理模式治理"七小"业态的实践背景研究

德胜街道按照区域功能定位与政府职责，不断提高认识，强化责任，始终把人民群众的生命财产安全放在第一位。结合辖区安全生产工作实际情况，德胜街道探索和创建了治理"七小"业态的安全生产网格化分级管理模式，进一步夯实了安全管理基础，深入落实安全生产责任制，为疏解首都非核心功能工作提供安全保障。

（一）德胜街道"七小"业态治理与安全生产问题

"七小"业态的存在和分布特点使得"七小"场所往往是地区重大安全隐患和安全事故的频发地，"七小"业态治理工作与安全生产工作紧密关联，不可分割。

1. 德胜街道"七小"业态存在的类型和特点

德胜街道，"七小"场所主要是指餐饮、零售百货、药店、美容美发、五金建材、快递及部分低端业态等占地面积小于 500 平方米的经营场所。截止到 2016 年，德胜街道共有"七小"企业 1011 家，分布于 23 个社区，且"七小"业态类型复杂多样，其中数量最多的是餐饮和零售百货。"七小"业态虽然能够为居民提供便利服务，但其经营面积小、经营项目繁杂、经营设施简陋、环境卫生较差、消防安全设施不完备、经营者缺乏安全生产责任意识、经营缺乏规范性、无证无照经营等特点，也使其往往成为地区安全生产的重要隐患。

2. 德胜街道"七小"场所存在的安全生产隐患

德胜街道的"七小"业态面临的安全隐患问题有：一是经营场所阁楼

内住人；二是装修多使用可燃材料；三是店内设厨房且无砖墙分隔；四是无直通室外的安全出口；五是电源未安装漏电保护开关；六是电源线路无套管保护；七是电线乱接乱拉或使用大功率电器；八是灭火器未按要求配备或未定期年检；九是未按要求配备应急照明灯、干粉灭火器等消防设施。而防范、减少和消除这些安全生产隐患的难点则主要体现在辖区"七小"场所总体数量大、隐患类型多，且以背街小巷分布比较集中，治理工作难以全面深入；同一经营场所业主更换频繁，安全生产措施落实缺乏连续性；安全生产监管的覆盖面、频率不足，尤其是安全监管专业技能不足，以致安全监管没有起到应有的作用。

（二）德胜街道以安全生产网格化分级管理模式治理"七小"业态具备良好基础

德胜街道在安全生产领域的丰富经验和"全响应社会服务管理指挥体系"的运作框架，为加强和完善"七小"业态安全治理工作打下了良好的基础。

1. 德胜街道安全社区建设经验为"七小"业态治理工作提供了新理念

德胜街道在安全社区建设工作实践上积累了丰富而宝贵的经验，获得"全国安全社区"和"国际安全社区"的荣誉称号，辖区安全生产水平和安全管理能力不断提升，街区整体安全生产环境明显改善。在此基础上，街道充分发挥安全社区优势搭建交流学习平台，学习和借鉴其他地区成功的安全生产治理经验，结合街道当前"七小"业态治理工作实际情况，创建了安全生产网格化分级管理模式。该模式充分借鉴和汲取了国际安全社区建设的方法和理念，按照安全社区 PDCA 循环模式，即诊断问题、发现问题、提出干预措施、解决问题、评估效果，形成了一套科学、系统、完整的安全治理模式和管理机制，这为开展"七小"业态治理提供了很好的借鉴。

2. 德胜街道全响应网格化社会服务管理体系助力"七小"业态治理工作

德胜街道充分发挥全响应网格化社会服务管理体系的优势，提高"七小"业态治理工作的能力和效率。街道 23 个社区共划分为 238 个网格化责任区，网格化工作体系的搭建，有利于强化安全生产责任的落实。建立德胜数据中心和社会服务管理平台，为安全生产提供实时、动态和智能化检测和预警。网格化工作体系的搭建和现代化信息数据平台的应用，有利于地区资源的高效整合，促进了多元参与，有效地推动了治理工作的精细化和精准化发展，不断推动地区安全生产治理工作的全覆盖。

德胜街道在安全社区建设工作和全响应网格化社会服务管理创新工作的基础上，开始创建和推行安全生产网格化分级管理模式，在加强和改善"七小"业态安全生产治理工作领域取得了显著成效。

二　德胜街道以安全生产网格化分级管理模式 治理"七小"业态的实践与成果

德胜街道通过建立和实施安全生产网格化分级管理模式，加强了对地区"七小"业态安全生产工作的监督和管理，加快了疏解和整治地区"七小"业态的步伐，进一步提升了街区的安全生产环境。

（一）德胜街道以安全生产网格化分级管理模式治理"七小"业态的实践

针对地区"七小"业态在安全生产方面存在的普遍问题，德胜街道积极探索有效的治理创新模式，建立和实施了安全生产网格化分级管理模式。

1. 依托街道233个网格制定辖区"七小"场所评定标准

德胜街道在模式建立前期做了大量的实践调研，对辖区内存在的"七小"场所进行了全面摸底，为后续工作的开展奠定了重要基础。街道依托已有的网格工作体系开展分级治理。一方面，通过对五个安全生产检查大队和各片区所在的居委会进行有效配置，实现人、事、网格的紧密对接，保障安全生产责任落实；另一方面，安全生产检查大队按照安全生产环境标准对各自管理范围内的"七小"场所进行等级评定，划分为 A、B、C、D 四个等级，并将对应的等级标牌贴在经营场所显著位置。其中，A 级"七小"

场所指证照齐全，未住人，无厨房，经营单位的安全教育培训到位，不存在任何安全生产隐患，且其生产经营管理完全符合安全生产治理标准的经营场所；B 级指证照齐全，虽有值班留守人员，但有独立的值班区域，用砖墙与经营区分隔到顶，安装防火门，安全生产教育培训到位，无其他安全生产隐患的经营场所；C 级指证照齐全，有安全生产教育培训记录，存在安全生产隐患，未使用砖墙与经营区分隔到顶，未安装防火门，电线乱接乱拉、裸露、老化，消防设施配备不全；D 级指经营场所证照不全，完全不符合"七小"场所安全标准，人员安全生产教育培训不到位，存在严重的安全生产隐患，需进行关门停业整顿。

2. 根据安全社区 PDCA 循环模式建立持续性的动态循环干预机制

安全社区 PDCA 循环模式的核心环节就是提出干预措施，德胜街道通过建立动态循环干预机制，对"七小"业态的安全生产情况进行持续性的诊断、干预、评估，不断消除、降低和控制"七小"场所的安全生产隐患和事故。在具体执行流程中，辖区安全生产检查大队根据等级划分对"七小"场所进行常态化分级巡查监管，检查频率和力度则根据经营场所的安全生产等级来规定，规定 A 级场所每季度巡查检查不少于一次，B 级场所每两个月巡查检查不少于一次，C 级场所每半个月巡查检查不少于一次，D 级场所每个星期巡查检查不少于一次，并制定工作台账，做到"一场所，一档案"，为后续复查工作提供依据。在巡检工作中发现问题的"七小"场所进行安全提示，填写《限期整改》通知书，根据其后续整改效果重新评定其安全标准等级，对于不认真不配合整治工作的"七小"场所进行批评教育，严重的要责令其停业整顿。德胜街道通过建立持续性的动态循环干预机制，实现对"七小"业态的动态监管，增强治理的针对性，保证治理效果，防止反弹。

3. "全响应"体系为治理工作提供精细化和智能化的防控手段

德胜街道从 2010 年起，历时 2 年，投资 700 余万元，开发了"全响应社会服务管理指挥体系"，该体系为街道"七小"场所安全生产网格化分级管理项目的实施提供了精细化和智能化的防控手段。全响应体系在治理工作中主要体现在提供诊断数据支撑、整合资源与事件处置、安全在线监测与预警等方面，网格化责任区的划分，有利于形成分级分类管理和标准化的工作流程；德胜数据中心整合了街区安全生产系统和数据台账，实现了数据共享；社会服务管理平台整合了服务管理资源，提供便利的在线服务；指挥中枢对数据进行统计、分析和研判，其研判报告为"七小"场所安全生产治理工作提供了重要依据。全响应体系的应用与"七小"业态安全生产治理工作相结合，使街道能够"全面感知、快速传达、积极响应"治理情况，实现科学统筹、智能监控和精细管理。

（二）德胜街道以安全生产网格化分级管理模式治理"七小"业态的主要成果

1."七小"场所安全水平不断提升，街区安全生产环境明显改善

随着安全生产网格化分级管理模式在"七小"业态治理中的应用，街道辖区内"七小"场所的整体安全状况不断改善，安全隐患和安全事故明显减少，街区整体安全环境明显改善。2015 年，A 级"七小场所"有 338 家、B 级 531 家、C 级 95 家、D 级 31 家；截至 2016 年 7 月底，A 级和 B 级分别上升为 342 家和 543 家，C 级和 D 级分别下降到 91 家和 26 家，由此可见，德胜街道"七小"场所安全等级结构不断优化提升，需要重点整治的场所范围和数量明显减少。

2."七小"业态治理效率不断提高，街区安全生产治理能力显著提升

安全生产网格化分级治理模式明确了责任对接，有效地整合了资源，分级管理后，安全生产队的工作量大大减轻了，优化配置了资源，大大提升了工作效率，解决了原来安全生产组人手少、责任重、压力大导致的治理工作滞后和效率低下的问题。对"七小"场所进行安全等级四档评定和建立工作台账，不仅有助于整体把握地区的安全生产基础状况，而且进一步突出了需要重点集中防范和治理的对象。项目借助全响应体系的优势功能，搭建起覆盖各个社区的监督管理网络，不仅高效地实现了地区的信息共享和资源整合，提高了信息和资源的利用率，而且打破了跨部门实现合作联动的障碍，

促进了工作上的统一调度，重视和加强了对辖区内各类"七小"经营场所安全隐患排查，强化了对辖区内各类"七小"经营场所安全生产工作的监督管理和预警防范能力，同时也进一步提高了对发生在"七小"经营场所的安全生产事件的应急处置能力。

3. "七小"业态安全生产治理机制不断健全，提升了治理的常态化和可持续性

德胜街道在治理"七小"业态中建立和实施安全生产网格化分级管理模式，逐步形成了长效化的治理机制，推动整治工作步入常态化和可持续发展的轨道。从摸索建立到全面实施，从街道到社区逐步将这项工作纳入常态化工作当中，项目的实施也取得了长期效果。网格化分级巡查监管制度，有效弥补了治理运动风的不足，由街道专职安全员检查队和各网格所在居委会工作人员组成小组对辖区"七小"场所开展定期检查，实时了解"七小"场所的整改情况，有利于实现动态化的等级管理。此外，跨部门的工作机制、网格工作责任制和规范化的工作流程，尤其是现代化智能化的治理手段的应用，进一步强化了地区安全生产网络，使得"七小"场所的安全生产环境持续提升，街区整体业态持续优化，居民生产和生活品质不断提高。

三 关于德胜街道以安全生产网格化分级管理模式治理"七小"业态的思考

通过创新治理理念、治理机制、治理技术，德胜街道探索出适合地区"七小"业态特点的安全生产治理模式，提高了治理的有效性。下一阶段，街道要进一步按照国家安全生产领域改革的要求，不断促进治理创新，不断完善监督机制，不断推动治理的多元化和法治化。

（一）推进安全生产治理工作创新，丰富和拓展安全生产的实践路径

随着我国城市发展进入改革发展转型的关键时期，城市安全生产工作也

面临着许多新问题、新情况和新挑战，城市管理者必须主动适应时代发展新形势、新要求，进一步加强顶层设计，统筹推进安全生产领域改革发展，通过创新管理理念、管理体系、管理制度、管理方式、管理手段，推动综合治理。德胜街道在结合地区安全生产工作经验，并对地区"七小"业态安全生产状况进行深入调研和把握的前提下，积极创新工作思路和理念，建立和实施了安全生产网格化分级管理模式，依托网格化工作体系，加强了安全生产力量和资源的整合，不仅促使管理者实现了由事后查处的被动管理模式向事前预防的主动管理模式的转变，而且带动了地区群众与经营者安全生产责任意识的提高；全响应体系的应用则充分展现了现代科学技术的优势，不仅为德胜街道推动安全治理工作提供了新的管理手段，而且进一步促进了管理流程的优化，提高了街道治理能力和治理效率。德胜街道建立了专业的安全生产巡查监督队伍，形成了严格规范的安全生产评定标准和检查制度，完善的制度更好地保障了安全生产责任的落实。以创新破解安全生产难题，转变工作思路和工作方法，打破传统的安全生产治理路径，不断探索和拓展新的安全生产实践路径，从而使安全生产工作不断适应和满足新时代的发展需要，实现其与地区经济社会的协调发展。

（二）鼓励多元社会参与，优化整合街区安全生产管理资源

当前我国城市经济和人口规模不断扩大，城市对安全生产隐患和安全事故的敏感性和脆弱性都显著增强，安全生产治理工作已经超出单一企业和部门的责任范围，成为政府、社会和公民的共同责任。因此，有必要进一步加强安全生产管理力量和资源的优化整合，鼓励多元社会参与，搭建长期有效的社会参与机制和平台，不断推动安全生产治理工作的全覆盖。街道作为基层政府，首先要加强自身资源的优化整合，不仅要加快实现跨部门的联动与合作，加强安全生产领域的综合执法能力建设，而且要加快推动地区安全生产系统的整合，实现信息数据共享。街道要在地区深入开展各种形式的安全生产宣传教育工作，鼓励和引导驻区单位、企业、社会组织、志愿者团体和居民等社会多元力量参与。要始终坚持人民群众的主体地位，充分调动和挖

掘群众的积极性和主动性，通过建立合理的激励机制和参与平台鼓励群众监督和举报违反安全生产法律法规的经营行为。企业及其经营者是安全生产的第一责任人，要通过制定相应的引导性政策措施，提高企业的安全生产意识，使其主动加强安全生产环节和更新检查安全生产设备。针对安全生产隐患和事故高发的重点区域，如医院、学校、企业、幼儿园等，街道一方面要充分依托社区、地区志愿者和自治理事会等进行维护和监督；另一方面要支持发展和积极引入安全生产专业化行业组织，并研究制定政府购买安全生产服务的制度，通过借助第三方专业力量不断提高地区安全生产治理水平。

（三）进一步完善监督管理机制，保障安全生产治理工作有效落实

安全生产工作直接关系着人民群众的生命财产安全，必须给予高度重视，必须建立完善的安全生产监督管理机制，严格落实生产责任制，保障安全生产各项工作得到有效落实。第一，加强基层政府的组织领导功能，明确责任分工，科学地统筹推进安全生产治理工作，在具体责任落实中要坚持做到党政同责、一岗双责、齐抓共管、失职追责。第二，按照谁主管谁负责的原则，不断建立和完善相关职能部门的监管机制，如不断优化和完善安全生产监督管理部门的工作机制，进一步梳理工作流程，明确部门职责，厘清权责关系，尤其是要重视和加强该部门安全生产法规标准和政策规划的制定修订、执法监督、事故调查处理等方面的重要功能。第三，加强对各级安全生产委员会的组织领导，充分发挥其在防控和治理地区安全生产隐患上的统筹协调作用。第四，建立和完善安全生产隐患治理监督机制，制定科学合理的安全生产等级评定标准和巡查检查工作制度，如德胜街道对"七小"业态进行分级分类的安全管理模式，在安全等级评定工作中采取了"七小"单位自我评估和外部评估的双重评估方式，保证了评级工作的公平性和公正性，得到经营者的广泛认同和支持，为后期整改工作奠定了良好的民意基础。第五，重视大数据在安全生产监督管理工作中的应用，通过系统整合企业、社区、街道等不同层级的安全生产网络，形成一个统一的信息数据汇总和分析平台，实现线上线下联动配合的监管制度。

（四）提高安全生产法治化水平，推动地区安全生产环境持续优化

安全生产工作是一项长期、复杂的系统工程，必须长期抓、经常抓、严格抓，在我国大力弘扬社会主义法治精神的背景下，加强法治思维和法治方式在安全生产工作实践中的应用，保证安全生产各项政策措施和工作任务的有效落实，是适应当前我国安全生产新形势，深化安全生产监管执法体制改革的必然要求。要以国家安全生产法为主体，加快制定和完善各地区和各行业的安全生产法律法规，为政府部门、基层执法人员以及企业等主体提供可靠的法律遵循，以法律形式明确政府管理者、市场和社会的法定职责和关系，为维护地区安全生产的稳定环境和正常秩序提供重要支撑。一方面，要严格规范安全生产的经营行为，依法打击安全生产违法违规操作行为，根据情节不同分别给予警告、罚款、暂停营业、吊销营业执照等不同惩罚，严重造成安全生产事故的要严格按照法律规定给予刑事处罚；另一方面，要严格规范安全生产的执法行为，尤其是要不断加强基层安全生产执法机构和执法队伍的依法行政、依法监管意识和能力，不断强化基层安全生产执法力度，减少或消除安全生产治理工作中存在的执法不严、执法不公等问题。此外，要加强安全生产执法队伍建设，强化队伍行政执法能力，提高安全生产工作的法治化水平离不开一支专业强、素质高、业务精的安全生产执法队伍，通过制定科学完善的人员编制，设置科学合理的薪酬制度，确保执法工作人员的独立性。

（五）健全安全生产宣传教育体系，全面提升地区整体安全生产责任意识

安全生产工作要始终坚持以人为本的理念，安全生产工作的顺利开展和实施离不开广泛的人民群众基础，要进一步建立健全安全生产宣传教育体系，让广大人民群众了解和具备安全生产的知识和技能，提高其安全防范意识和素质，培养其社会责任感，形成基层社会维护和建设安全生产环境的内

在动力。进一步完善基层安全生产宣传教育工作体系，深入基层广泛开展内容和形式多样的安全生产宣传教育活动，不仅要加强安全生产技能知识，而且要强化安全生产法律知识的传播。在社区定期开展安全生产相关的知识培训和讲座，通过发放宣传资料、开展知识竞赛、举办文艺会演和公益活动等多种活动形式，提高地区群众对安全生产重要性的认识。深化对各类企事业单位的安全生产教育培训工作，逐步建立起系统规范的安全生产教育培训制度，把安全生产纳入职工技能培训的必要内容。同时，要把安全生产监督管理纳入各级党政领导干部培训内容；要重视和加强对社会弱势群体的安全生产宣传教育工作，要充分发挥志愿组织或专业机构的力量开展针对性的宣传教育活动。积极应用现代传播手段，如网站、微博、微信平台宣传普及安全生产知识，加大对安全生产违法违规事件的曝光度，让居民认识到安全生产工作的重要性，逐步形成安全共同体意识，更加配合和理解安全生产工作。安全生产宣传教育工作需要持之以恒，要根据不同的宣传教育对象制定相宜的宣传教育方式，不断形成多元化、多层次、立体化的安全生产宣传教育体系，带动和促进科学健全的安全生产文化体系的形成，全面提升地区整体安全生产责任意识，营造人人参与、人人有责、人人共享的安全生产和经营氛围。

参考文献

《中共中央　国务院关于推进安全生产领域改革发展的意见》，中央人民政府官网，2016 年 12 月 18 日。

《国务院办公厅关于加强安全生产监管执法的通知》，国务院安全生产委员会官网，2016 年 1 月 25 日。

《习近平对全国安全生产工作作出重要指示》，人民网，2016 年 10 月 31 日。

《北京市安全生产条例》，北京市安全生产监督管理总局官网，2011 年 9 月 1 日。

《西城区"七小"整治完成 93% 2016 年无证无照业态清零》，人民网，2016 年 1 月 12 日。

《深圳宝安 6 街道开启"马上就办"模式保安全生产》，人民网，2015 年 7 月 15 日。

王海龙：《安全生产法律关系主体研究》，天津工业大学博士学位论文，2017。

任国友：《地方安全生产监督管理体制：问题、原因及改进路径》，《中国安全生产科学技术》2013 年第 2 期。

陈钦安：《安全生产社会化服务机制的创新与思考》，《中国安全生产科学技术》2016 年第 S1 期。

张文杰：《论安全生产的法治化》，武汉大学博士学位论文，2013。

B.14
德胜街道创新新时期民族团结工作实践

摘　要： 民族工作是我国城市管理工作的重要组成部分。新形势下开
展好城市民族工作不仅能够积极促进我国各民族共同团结奋
斗，共同繁荣发展，而且是我国实现全面建成小康社会发展
目标的必然要求。德胜街道是北京市13个重点民族街道之
一，街道高度重视地区民族宗教工作，把民族工作放在地区
发展的全局中统筹规划。为深入贯彻落实中央民族工作会议
和全国城市民族工作会议精神，德胜街道在全市民族工作方
面积极走在前列，立足街区民族实际情况，始终坚持把民族
团结工作作为各民族的生命线，大力推进民族工作体制机制
创新，运用现代化科技手段把地区民族工作与社会管理创新
有机结合起来，坚持群众需求导向，使城市管理服务工作更
加精细化和智能化，极大地提升了地区少数民族群众的生活
品质，为当前做好城市民族工作提供了积极有益的实践参考。

关键词： 德胜街道　民族团结　"3＋6＋N"全响应社会服务管理工
作模式　民族文化　和谐稳定

德胜街道作为北京市开展民族工作重点街道之一，高度重视开展好地区
民族工作，街道通过不断探索和创新，在推动地区各族群众交往、交流和融
合发展，营造地区民族团结和谐友好局面方面积累了一些经验，取得了重要
成果，为城市民族散杂区做好民族工作进行了有益探讨。

一 德胜街道民族团结工作创新实践背景

对德胜街道民族工作的创新实践进行研究，有必要进一步梳理德胜街道民族工作开展的基础背景和政策背景，有利于我们更好地理解民族工作对德胜街道的重要性，更好地把握民族工作创新实践的内在规律和逻辑。

（一）德胜街道开展民族工作的基础背景

德胜街道是北京市 13 个民族工作重点街道之一，是首都多民族融合发展重要的展示窗口，辖区内居民包含汉族、回族、满族、蒙古族等 37 个民族，其中回族居主体地位。德胜街道在开展民族工作中面临着地区少数民族居民"散杂居"的问题，除回族居民居住相对集中外，其他少数民族的居住形式均具有分散性和杂居性特征，这种"你中有我，我中有你"的民族分布格局决定了德胜地区开展民族工作的复杂性和重要性。近年来，街道充分尊重和维护地区少数民族的发展利益和需求，推动地区民族工作与地区经济、政治、文化、社会和生态文明建设工作共同发展，致力于建设各民族相互嵌入式的社会结构和社区环境，为形成地区各族群众相互交往、邻里守望的友好关系奠定坚实的基础。

城市具有很强的包容性。随着我国经济的持续发展和城市化发展步伐的不断加快，多民族的散居化使城市民族成分和少数民族人口不断增加，做好城市民族工作，正确处理城市民族关系是维持城市繁荣稳定和推动城市长远发展的重要内容。德胜街道作为首都核心功能区的重要构成部分，其地区民族工作既具有开放性和包容性，也具有敏感性和特殊性。这主要体现在不同民族在语言文字、文化传承和风俗习惯等方面存在不同，而不同的民族文化也决定了不同的利益需求。因此，德胜街道在处理民族关系时要根据地区少数民族的特点，充分尊重少数民族的文化，积极统筹地区资源和创造条件满足少数民族群众在发展本民族特色经济、教育、文化等方面的需求，推动各民族融合发展。比如回族在德胜地区少数民族中占据主体地位，回族群众信仰伊斯兰教，而德胜地区内的法源清真寺是一座拥有数百年历史的伊斯兰寺院。因此，法源清真寺成为地区广大穆斯林的宗教活动场所，该寺院除覆盖德胜地区 3000 多名穆斯林之外，每年还接待来自马来西亚、沙特等国家 2 万余名教众。德胜街道始终从促进地区各民族团结和共同发展繁荣的大局出发，积极加强对法源清真寺及其他宗教活动场所的规范管理，并为开斋节、古尔邦节等重大宗教节日活动提供安全保障。

（二）德胜街道开展民族工作的政策背景

在我国，民族工作历来受到党和政府的高度重视，截至 2014 年我国共召开四次中央民族工作会议（见表 1），其中，第三次中央民族工作会议出台了"十二条"，标志着中国特色民族理论政策的体系化；2014 年召开了第四次中央民族工作会议，会上习近平总书记对我国民族工作当前面临的国内外形势进行了全面的分析，并对当前和今后一个时期我国民族工作的大政方针政策进行了深刻阐述。随着我国城市化进程的不断加快，城市尤其是大城市对少数民族群众的吸引力不断提高，城市少数民族成分和群众数量的增长，也使得城市民族关系和民族工作变得越来越敏感和重要。为做好新时期我国的城市民族工作，实现城市的长远发展和稳定发展，我国先后出台了一系列指导城市民族工作的相关政策意见和条例，如《城市民族工作条例》和《关于加强新形势下社区民族工作的意见》等。党的十八大以来，党和国家越来越认识到城市民族工作已经成为我国民族工作的重要组成部分，2016 年全国城市民族工作会议在北京召开，明确当前进一步做好城市民族工作事关民族工作和城市工作两个大局，事关党和国家事业发展全局。随着民族工作实践的不断发展，我国具有自身特色的民族政策、制度和理论也日益发展和完善，为新形势下做好城市民族工作提供政策和理论遵循。

表1　我国历次中央民族工作会议简介

年份	会议主题	主要任务	出台政策文件	重要意义
1992	加强各民族的大团结,为建设中国特色的社会主义携手前进	积极创造条件,加快发展少数民族和民族地区的经济文化等各项事业,促进各民族的共同繁荣		开创了以"中央民族工作会议"的方式,来确立改革开放各个阶段民族工作最重要的指导性原则与最重大的战略主张的先例
1999	贯彻西部大开发战略,加快民族地区发展,把我国民族团结进步事业全面推向新世纪	通过进行社会制度的变革,引导翻身解放的各民族人民走上社会主义道路;通过进行社会主义建设,加快各民族特别是少数民族和民族地区的经济社会发展,促进各民族的共同繁荣		吹响了加快少数民族和民族地区经济社会发展的号角,党中央、国务院决定把中央民族工作会议与全国民族团结进步表彰会结合起来
2005	以科学发展观统领民族工作,促进民族地区和谐发展	加快少数民族和民族地区经济社会发展,实现全面建设小康社会的宏伟目标	《关于进一步加强民族工作,加快少数民族和民族地区经济社会发展的决定》《实施〈中华人民共和国民族区域自治法〉的若干规定》《扶持人口较少民族发展规划》	
2014	增强文化认同、民族认同,反对分裂	准确把握新形势下民族问题、民族工作的特点和规律,统一思想认识,明确目标任务,坚定信心决心,提高做好民族工作的能力和水平		全面分析我国民族工作面临的国内外形势,深刻阐述当前和今后一个时期我国民族工作的大政方针

德胜街道始终认真贯彻落实中央民族工作会议和全国城市民族工作会议精神,遵循国家和北京市关于开展民族工作的政策要求,不断推动地区民族工作取得进步。在西城区委和区政府的领导下,在市、区相关部门的指导下,街道工委高度重视地区民族宗教工作,始终把民族工作放在地区发展的

全局中统筹规划。依据北京市颁布的《北京市少数民族权益保障条例》《北京市民委关于加强北京市社区民族工作的意见》《北京市民族团结进步创建活动管理办法》等相关政策意见的内容和要求，德胜街道立足地区实际，在坚持党委领导下，围绕"共同团结奋斗、共同繁荣发展"的主题，从干部任用、宗教信仰、节日风俗、文化教育、经济发展等多领域着手，持续探索创新地区民族工作，积极创新民族工作思路和方法，构建了独具德胜特色的民族团结工作模式，确保了地区少数民族的发展权益，满足其日益增长的对城市美好生活的需求。

二 德胜街道推进地区民族团结工作的创新实践

德胜街道民族团结工作开展多年以来取得了积极良好的成效，地区各民族团结和谐共处，而首都和城市发展的新需求和新目标、新任务，对城市民族工作提出了新要求。在此背景下，德胜街道立足街区实际，坚持党委领导，深入推进民族工作实践与创新，探索了具有德胜街道特色的民族团结工作模式。

（一）首创"3+6+N"全响应社会服务管理模式，形成了科学完善的民族工作新机制

随着现代城市信息化基础设施的建设和完善，运用智能科技手段和网络化工作体系服务城市建设和发展已经成为时代趋势。德胜街道主动把握时代发展潮流，以科技为支撑，依托"3+6+N"全响应社会服务管理平台，推动地区民族工作的发展与创新。

1. 借助"大数据"的优化整合功能，增强民族工作的高效性和系统性

德胜街道在北京市范围内首创了"3+6+N"全响应社会服务管理工作模式，该模式的有效运转主要依托数据中心、信息传输渠道和社会服务管理指挥中枢三个基础框架，形成与之配套的工作运行机制，进一步整合城市资源，优化城市功能，围绕民生服务、城市管理、应急处置、分析研判、绩效

考核、统筹推进六大职能建设，进一步响应地区群众日益个性化、多样化的服务需求，以这些群众需求为依据不断创新 N 个项目。该工作模式充分借助了"大数据"对信息的优化整合功能，通过数据中心整合了 80 多个市区街业务系统、316 个台账，梳理了 6000 多项数据项目和 3.6 亿条数据，为地区数据和信息的采集和发布工作提供了便捷。其中，民族宗教数据中心涵盖和整合了地区少数民族的人口数量、构成、分布及少数民族的餐饮、教育、宗教场所等基本信息，为民族工作的科学化、精细化、规范化开展提供了数据支撑。

2. 依托"网格化"工作体系，促进民族团结工作责任的有效落实

全响应社会服务管理工作模式的运行离不开"网格化"工作体系，通过构建智能的网格化基础框架，推动责任下沉，使社会管理和服务更加精细化和精准化。德胜街道将地区划分为 233 个网格，将民族团结工作纳入"网格化"工作体系中，通过智能化网络化管理手段把民族工作与社会管理创新有机结合起来，使地区民族工作更加符合各民族发展需求，不断朝着更加精细化和精准化的方向发展。街道依托"网格化"工作体系把相关负责人下沉到网格内参与民族工作，通过安排基层干部定期走访调研，进一步加强基层干部与少数民族群众的沟通和交流，使其近距离了解地区少数民族群众的生产生活状况和民生诉求，并通过民情日志记录走访调研中发现的问题及群众反映的问题，能够当时解决的问题当时解决，不能够及时解决的问题要建立问题台账。德胜街道坚持以群众需求为导向，依托"网格化"工作体系，有效地搭建起了地区民族工作的全响应链，"网格化"工作体系能够有效地解决德胜街道少数民族"散杂居"带来的管理问题。推进基层干部下网格的工作模式，一方面可以精准对接群众需求，使街道更好地了解地区少数民族的困难和需求；另一方面可以强化责任落实，真正为少数民族群众解决问题，帮助他们更好地融入城市社区生活，促进地区各民族和谐友好相处，从而营造德胜地区各民族融合发展的大格局。

3. 加强地区信息化基础设施建设，搭建智能便捷的互通互联全渠道

德胜街道"3 + 6 + N"全响应社会服务管理模式是一种智能化的社会服

务管理模式，其建立和运行离不开先进的信息化基础设施，更重要的是健全地区信息数据，为群众提供智能便捷生活服务。为更好地发挥全响应工作模式的优势，构建地区各族群众互联互通的全渠道，德胜街道投入 370 余万元进行相关的技术研发，不断推动 3G、GPS、WiFi 等信息化基础设施在地区的全覆盖，实现地区范围内的人、地、事、物、组织等信息的数据化和流程化。现代化的信息基础设施不仅可以为政府及相关部门工作人员采集数据和发布信息、及时了解地区少数民族群众的生活现状与需求提供可靠便捷的渠道，而且为居民反映问题和表达利益诉求提供了有效渠道。比如德胜街道在推进拆迁改造工作的过程中，涉及不少穆斯林群众的利益，群众通过网络、民生热线等途径反映清真餐馆减少问题，为此街道统筹发挥社会力量协调开设了护国寺小吃、老回回清真便民店等，并将其纳入"德胜街道智能服务在线"系统，实现了辖区内清真餐饮服务商的网上查询、预订及评价。街道还依托指挥中枢和公共服务大厅，运用标准化流程快速办结各族居民的低保救助、保障房申请等 85 项事务，使科技成为推进地区民族工作的强大动力，大幅提高了行政服务效率。

（二）打造地区特色服务品牌，以优质服务营造民族团结和睦氛围

德胜街道在开展民族工作中坚持以需求为导向，努力打造地区特色的民族服务品牌，通过建立社区民族事务工作委员会，重点推进民族社区建设，通过多种方式整合地区服务资源，为地区少数民族提供优质的服务。

1. 建立"社区民族事务工作委员会"，创建以需求为导向的服务品牌项目

德胜街道建立了"社区民族事务工作委员会"，委员会的职责是协助社区开展基层民族工作，如协助少数民族办理红白事务，帮助少数民族处理和调解邻里矛盾，还支持和参与法源清真寺的建设工作，积极引导清真寺参与地区民族治理，积极推动地区民族事务的协同共治。德胜街道工委坚持"以人为本"，始终把为各民族群众提供贴心、优质、特色的公共服务作为一项重要工作来抓。一是率先建立"五必访、六代办"的工作制度。德胜

街道切实做到婚丧嫁娶必访、特困必访、老年人生日必访、大病必访、重大节日必访，代取退休金、代缴水电费、代订报纸杂志、代购买物品、代联系小时工、代挂号看病，强化了社区党委、居委会与少数民族群众的亲情联系。二是做好社区少数民族群众的"为老服务"工作。德胜街道现有490名空巢、低保、孤寡老人，其中不乏少数民族老人，为照顾和服务好这些老人，街道采取了志愿者、楼长、社工、站长"四对一帮扶"的工作形式，如辖区内的回族空巢老人麻大伯眼睛几乎失明，社区汉族党员皮志强每天带他下楼散步、帮他采买食物，从细节上给回族老人无微不至的关怀。三是实施党建创新项目，鼓励社区党组织开展"头脑风暴"，集思广益策划各类活动项目，通过提升基层党组织的凝聚力和战斗力，为地区公共服务和社会建设注入新生力量。

2. 重点加强地区民族社区建设，为各族群众创建和谐宜居的生活环境

社区建设是城市建设发展的缩影，社区管理服务状况一定程度上展现了城市服务管理能力和水平，做好城市民族工作关键是要重点加强地区民族社区建设，为居住在城市社区的各族群众创建和谐宜居的生活环境，形成社区不同民族在居住格局上互相嵌入、经济结构上互通有无、文化上交流交融以及心理层面上包容亲和的良好局面。德胜街道工委高度注重城市环境建设与美化，近三年投入近亿元用于环境整治、大街亮化、社区打造等工程，不断提升地区宜居度。其中，特别关注地区重点民族社区的民生建设工作，从细节入手，关切少数民族的日常生活服务需求，如为其所在社区增建晾衣架、休闲长椅等公共服务设施。为加强社区治安环境建设，街道安装和完善了监控设备和楼门门禁系统。在完善社区基础设施的同时，街道为多民族的大家庭创造优美的社区环境，打造了民族文化浮雕和民族文化墙等具有民族特色风格的景观，创建了具有多民族特色的社区环境，让生活在这里的各族群众享受着日趋完善的生活设施，体会着浓浓的民族团结和睦氛围。德胜街道深入领会并贯彻实施了习近平总书记在2014年中央第二次新疆工作座谈会上的讲话精神，努力打造一个各民族相互嵌入式的社会结构和社区环境，为加强地区各族群众之间的相互交流、促进地区各民族共同发展提供良好的实现

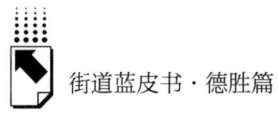

路径和基础平台，努力促进和形成各族群众和睦相处、和衷共济、和谐发展、共同繁荣的良好局面。

3. 深入推动地区资源整合和共享，构建多元参与的民族团结工作格局

为更好地服务地区民族事业的发展，德胜街道深入推动地区资源整合和共享，通过资源共享提高地区居民的生活品质。街道工委在统筹地区各类服务资源方面发挥着重要作用。一方面，街道通过搭建地区共建共享平台，鼓励和组织地区驻区单位与社会组织合作，共同参与地区民族团结工作建设，依托驻区单位的优质软硬件资源，定期组织开展民族联谊和座谈等活动，如积极鼓励双秀艺术团、蒲公英艺术团等民族文化团体走进科技园区企业、武警十一中队、民族团结学校等驻区单位开展文艺会演活动，为地区少数民族群众提供既丰富又有品质的文化娱乐生活。另一方面，街道利用现代科技进一步完善地区各类资源的优化整合，从而进一步满足地区不同民族群众的不同需求，为地区各族群众提供个性化、多元化、智能化和便捷化的生活服务。比如街道利用中科院 E 医箱服务项目，由家庭医生远程为社区空巢高龄老人做慢性病的诊治工作，目前德胜街道的 E 医箱服务项目已经逐步实现对地区 225 名各族空巢高龄老人的全覆盖。随着城市化进程的快速持续推进，城市多民族化发展趋势越来越显著，少数民族人口和流动人口在城市人口中所占的比重也持续攀升，城市已经成为做好我国民族工作的重要场域，由于不同民族具有不同的生活习惯和文化传统，其在城市中生存和发展的需求也有所差异。因此，新时期做好城市民族工作必须不断创新工作方式和方法，充分调动地区多元社会力量，只有构建多元参与的民族团结工作格局，才能赢得城市民族工作的未来。

（三）积极推进地区民族团结文化建设，丰富地区少数民族的文化生活

文化建设是社会发展的重要组成部分，也是维系社会和谐稳定的坚实力量。街道工委通过地区文化建设，特别是民族团结文化的建设，不断深化地区发展，增强居民的社区认同感。

1. 推动文化惠民工程建设，不断提升地区公共文化基础设施建设水平

民族团结文化建设在巩固和发展地区民族团结工作中发挥着不可替代的作用，有利于培养和形成地区各族群众和睦相处、共同繁荣发展的积极心理，而民族团结文化的宣传和建设离不开相对完善的文化基础设施。德胜街道为积极推进地区民族团结文化建设，不断推动地区公共文化基础设施建设，大力提升地区民族文化建设水平。街道积极加大对地区公共文化基础设施建设的投资力度，针对地区少数民族群体开展了一系列文化惠民工程，五年来街道共投入500余万元用于建设公共文化基础设施，进一步充实了地区文化站和文化室等活动场所，共建设图书馆、社区教育学校、社区服务中心等各类室内外文化活动资源8万余平方米，极大地提升了地区公共文化基础设施水平，为满足地区各族群众开展民族文化活动，丰富地区少数民族的精神文化生活奠定了坚实的物质基础。

2. 开展内容丰富、形式多样的文化活动，彰显地区民族团结的精神文化风貌

民族的多样性带来了文化的多样性，德胜街道的多民族发展现状决定了其在地区文化建设方面必须充分照顾和考虑本地区少数民族的文化需求，要不断丰富和完善地区文化体系，开展内容丰富和形式多样的民族文化活动。德胜街道工委充分结合地区民族特色和地区文化资源特色，开展了一系列不同主题和不同层次的民族团结文化创建活动，集中打造了一批具有地区特色的民族文化活动品牌，更好地彰显了地区民族团结的精神文化风貌。在民族团结文化建设方面，街道通过持续而广泛地开展民族主体宣传月活动，不断提高各族群众的团结合作意识，营造文明、和谐、团结、有序的社会文化氛围；在历史文化传承方面，依托德胜门箭楼的深厚历史文化底蕴，组建了德胜鼓艺术团，传承和弘扬各民族的优秀历史文化；在体育活动方面，街道每年举办的"民族团结运动会"是地区汉族群众和少数民族群众共同参与的运动盛会，其间会有各具民族特色的竞技项目；在文艺表演方面，街道着力促进并支持双秀和安北两支社区民族舞蹈队的建设和发展，取得了显著成效，两支舞蹈队在第二届和第三届北京市民族团结杯舞蹈大赛中相继获得了银奖和铜奖；在

精神文明建设方面，德胜街道的"德胜楷模"年度评选活动为地区各族普通群众提供了一个自我展示的平台和机会，让民众自己选出身边的楷模，充分弘扬了德胜各族群众睦邻友好、厚德博爱、爱岗敬业、主动奉献的良好精神风貌。德胜街道通过开展内容丰富和形式多样的文化活动，打造了一批地区特色民族品牌活动，进一步彰显了地区各民族群众团结友好的精神文化风貌。

3. 充分发挥"德邻文化"的引领作用，塑造地区各族群众的家园认同意识

德邻文化的深刻寓意，源自《论语》"德不孤，必有邻"，也取"德胜好邻居"之意。德胜街道通过深入挖掘地区传统文化资源，立足德胜特点，提炼地区文化理念，打造德胜街道标志性文化——"德邻文化"，引领和倡导在德胜地区工作和学习的各族群众树立德胜人的文化共识，"德邻文化"的深入推进有利于培养和塑造地区各族群众的共同家园意识，鼓励地区群众做有德有为的人，做和睦共处的好邻居，积极营造各族人民群众友好和谐相处、共同繁荣发展的良好氛围。德胜工委将"德邻文化"与地区社会治理有效结合起来，开展多种形式的家园共治项目，于 2015 年推出"德邻计划"让地区广大单位和各族群众找到参与新时期家园建设的合适方式。"德邻计划"围绕"五个德胜"的五个重点工作方向，推出了 45 个贯穿全年的社会治理项目，涉及多个领域，惠及所有德胜人。比如民生德胜建设领域的"笑脸约定"项目生动地体现了社区邻里互助的良好社会风尚，该项目的参与主体是地区志愿者团体，服务对象是社区的高龄、空巢老人，通过结对子等形式开展日常的入户巡视，及时了解老年人的生活状况和需求，为他们提供人性化和多样化的服务。

（四）多举措强化社会治安综合治理和平安建设，保障地区民族团结和谐稳定的社会环境

德胜街道工委始终将地区社会稳定视为生命线，通过多举措加强地区社会治安综合治理工作，持续推进地区平安建设，保障地区民族团结和谐稳定的社会环境，为地区长远发展提供坚实保障。

1. 持续推进"平安德胜"建设，持续提升地区各族群众的安全感

人民群众的获得感和幸福感是以基本的生存安全感为前提的，良好稳定的社会治安环境是人民生产生活有序进行的重要保障。德胜街道高度重视地区治安管理工作，尤其是抓紧对少数民族居住区域的社会治安综合治理工作，为保障地区民族团结和谐稳定的社会环境，不断提升地区各族群众的安全感，德胜街道通过采取多种措施强化地区社会治安综合治理工作，深入持续地推进"平安德胜"建设。一是投资数百万元资金，建立了"全响应"社会服务管理指挥中枢和德外派出所、德胜城管队两个监控分中心，大大改善了地区的社会治安状况和环境；二是鼓励和发展壮大地区社会治安志愿者服务队伍，通过聘用 54 名专职巡防队员、注册发展 4680 名社会治安工作志愿者，并建立起有效的工作机制，持续提升地区居民的生活安全感；三是不断加大对科技创安工作的投入力度，投资了 430 余万元用于地区居民楼宇对讲系统和视频监控系统等工程建设，其中包括对法源清真寺的视频监控体系的升级改造工程。德胜街道在平安建设工作领域取得的突出成绩，使其在 2012 年入选为"国际安全社区"成员。

2. 深入开展民族团结宣传教育工作，奠定稳定的群众心理基础

习近平总书记多次强调："做好民族工作，最关键的是要搞好民族团结，最管用的是争取人心"，"要深入开展民族团结进步宣传教育，精心做好民族工作"。德胜街道紧紧抓住民族团结宣传教育这一重要工作环节，使民族团结的观念深入人心，不断夯实地区各族群众友好和睦相处、共同繁荣发展的心理基础。一是充分利用新旧媒体。加快推进新旧媒体的融合发展，一方面，继续发挥《今日德胜》、街区宣传栏等传统媒介的传播和教育功能；另一方面，主动接纳和运用门户网站、微博、微信、民族团结博客等新媒体技术手段开展民族宣传教育工作，不断扩大工作的覆盖面，使"三个离不开"的观念深入人心。二是以创建促和谐。街道自 1991 年起便在全市率先开展民族团结楼门院创建活动，并积极争创国家、市级民族团结先进单位，于 2014 年获得全国民族团结进步创建活动示范单位称号，通过创建活动在全地区营造了"亲望亲好，邻望邻好"的良好氛围。三是以文化交流促进人心交流。

文化与宗教和民族工作紧密相关，德胜街道尊重和支持地区少数民族发展自己的文化，保障其宗教节日活动的正常开展，也定期邀请清真寺阿訇为地区干部群众讲解穆斯林风俗习惯，通过宣传教育和讲解，不仅可以增进各民族之间的相互了解，促进民族团结，而且还丰富了地区文化内涵。

3. 密切与地区少数民族的沟通与联系，构建各族群众齐抓共管的良好局面

民族工作涉及方方面面，做好民族工作需要各方协同参与、共同努力，尤其是需要少数民族中的精英和干部参与、群众参与，切实营造各族群众在中华民族大家庭中手足相亲、守望相助的和谐氛围。通过进一步加大党对民族工作的领导力度，密切与地区少数民族之间的联系，努力构建地区各族群众齐抓共管的良好局面。一是重视对少数民族干部的培养和任用，在班子配备上也始终保持有少数民族领导干部，在干部队伍建设上，注重招录和接收少数民族同志。目前街道230名机关干部中，有少数民族干部15名，工作机构上也设立了民族宗教科，配备专职干部2名，民族重点社区党委班子中都配备有1~2名少数民族工作人员。二是不断提高各职能部门之间的协调与合作能力，促进少数民族的经济发展，帮助他们积极融入地区的经济和社会发展，如通过工商、卫生、城管等职能部门的合作，在进一步引导和规范地区少数民族的生产经营活动的同时，尊重和保护少数民族群众的生产经营特色，让少数民族群众真正共享我国城市建设发展的重要成果。三是始终保持与地区少数民族群众之间的密切联系，深入了解他们的问题和需求，并帮助他们解决实际困难。进一步规范和稳定地区少数民族经商人员的商业行为，如部分穆斯林在区内流动性地经营切糕生意影响了地区正常有序的社会环境和营商环境，街道通过沟通协商的方式与他们共同发布了《规范经营倡议书》，该《倡议书》充分尊重和征求了少数民族经商人员的意见，以联合倡议的形式规范地区少数民族经商人员的生产经营行为，更好地实现和维护其合法权益。

三 德胜街道民族团结工作的创新实践带来的启示

德胜街道为更好地适应新形势下城市民族工作的特点，更好地满足当前

各民族群众的发展需求，始终坚持贯彻和落实我国民族政策的内容和要求，始终从地区实际出发，以群众需求为导向，不断推动地区民族工作创新和进步。

（一）以科技为支撑创新民族工作方法

德胜街道主动适应当前城市民族工作发展的需求和特点，积极引入现代科学技术手段不断创新民族工作方法，在全市范围内首创了"3 + 6 + N"全响应社会服务管理工作模式，并将民族工作融入地区全响应社会服务管理工作体系中，为扎实推进地区民族工作提供了新动力和新手段。德胜街道依托现有的"网格化"工作体系，运用大数据技术，实现了与地区民族工作相关的数据信息的高效整合，促进了信息的透明与共享，为政府及时准确把握地区少数民族生产生活现状与需求提供了便捷渠道。而且科学信息技术的应用，使得信息流通效率得到大幅度提升，进一步加快推动了地区资源的有效供给和优化配置。因此，从整体上看，以科技应用为支撑推动民族工作创新发展，有助于增强民族工作的高效性和系统性，进一步优化民族工作流程和机制，让生活、工作在德胜的各族群众感受到智能化社会管理模式带来的方便与快捷。

（二）以服务为核心突出民族工作实效

德胜街道在推动地区民族工作发展过程中始终坚持民生导向，深入了解地区各族群众需求，重视加强对地区民族社区的建设，通过建立"社区民族事务工作委员会"等多种举措不断提升地区少数民族的生活质量，打造地区特色的民族服务品牌，为地区少数民族提供贴心暖心的民生服务项目。德胜街道推出的"3 + 6 + N"全响应社会服务管理工作模式能够有效解决辖区内少数民族居民"散杂居"带来的服务管理困难，在此工作模式基础上，实现各类信息的互联互通，实现各类资源的有效配置，实现多方力量之间的协调、配合与联动，增强各族群众之间的信任与合作，从而建立起覆盖地区的"响应链"，打造地区充满活力、多元参与的社会服务

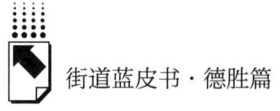

管理新格局，积极促进各族群众交往、交流和交融，进一步突出民族工作的实效。

（三）以文化为载体深化民族团结意识

文化在团结各族群众和凝聚地区发展力量方面发挥着不可替代的作用。德胜街道以文化为载体不断深化地区整体的民族团结意识，深入地区各族群众广泛开展民族团结宣传教育工作，提高群众对我国民族工作的认知度，让群众认识到民族团结工作对地区发展的重要性。在地区文化建设方面街道充分考虑少数民族的文化需求，不仅要加大在文化基础设施建设方面的投入，不断提升地区公共文化基础设施建设水平，更要充分尊重各民族的宗教信仰、风俗习惯、语言文字等，结合各族群众的现实需求，推出一些具有地区特色的文化惠民工程，开展一系列内容丰富和形式多样的文化活动，彰显地区民族团结的精神文化风貌；深入倡导"德邻文化"，充分发挥"德邻文化"中睦邻友好文化理念的凝心聚力作用，以文化建设推动地区各族群众形成家园认同意识。德胜街道通过文化创建和交流，不断深化地区各族群众之间的相互理解，让多元民族文化发挥维护民族团结的纽带作用。

（四）以稳定为根基保障地区长远发展

德胜街道在开展地区民族团结工作中始终以稳定为根基，采取多种举措不断强化社会治安综合治理工作，持续推进地区平安建设，为实现地区各族群众共同发展提供稳定的社会环境，从而保障地区实现长远发展。一方面，通过多种宣传方式，深入基层开展思想教育工作，不断提升地区群众对民族工作重要性的认识，夯实民族团结工作的群众心理基础，提高地区群众的民族团结意识；另一方面，在地区干部配备和使用上始终维持相应比例的少数民族干部，并与地区少数民族群众保持密切的沟通与联系，形成地区各民族群众齐抓共管的良好局面，共同为维护地区的发展与稳定做出贡献。

参考文献

《全国城市民族工作会议在京召开》，《人民日报》2016 年 1 月 7 日，第 1 版。

王希恩：《中国特色民族理论政策十年发展观》，《中南民族大学学报》（人文社会科学版）2015 年第 3 期。

乌小花、郝囡：《中国特色马克思主义民族理论的新发展——习近平民族工作思想解读》，《民族研究》2017 年第 4 期。

杨昌儒、李盛龙：《新常态下民族工作的根本任务：国家统一和民族团结进步——习近平民族工作思想研究系列论文之十》，《黑龙江民族丛刊》2016 年第 6 期。

王新红：《十八大以来中国特色社会主义民族理论与政策的丰富和发展》，《中南民族大学学报》（人文社会科学版）2017 年第 1 期。

杨玉梅：《构建北京市和谐民族关系之探讨》，中央民族大学硕士学位论文，2015。

谭玉、林青觉：《民族团结进步创建的内涵、特点与模式》，《中国民族报》2011 年 2 月 25 日。

林钧昌：《城市化进程中的城市民族问题研究》，中央民族大学博士学位论文，2005。

包玉梅：《创建民族团结进步模范社区　打牢城市民族工作基础》，《中国民族报》2010 年 12 月 17 日。

赵民、林钧昌、尹新瑞：《试析城市民族团结和谐社区的构建——以北京市为例》，《西部学刊》2014 年第 6 期。

《北京市民委领导到北京市西城区德胜街道调研民族工作》，中华人民共和国民族事务委员会官网，http://www.seac.gov.cn/art/2013/3/14/art_36_178977.html，2018 年 4 月 11 日。

B.15

以街区设计规划引领城市品质提升

摘　要：　城市规划是指导城市建设与发展的重要依据，城市规划的科
学性、系统性、规范性、前瞻性等特点，使其在优化城市空
间布局和提升城市功能与品质方面发挥着重要的引领作用。
街区作为城市人居和治理的基本单元承载着越来越重要的职
责，科学合理的街区设计规划有利于城市的功能发挥和居民
的生活宜居，在引领城市品质提升方面发挥着积极作用。德
胜街道深入贯彻落实首都关于城市建设规划管理的要求，牢
牢把握西城区作为首都功能核心区的定位，立足街区发展实
际，积极开展以街区设计规划引领城市品质提升的重要实践。
通过进一步优化街区在城市空间、功能、环境、风貌、交通
等方面的设计规划，进一步提升街区的生活宜居品质，大力
推动美丽德胜建设，为首都等特大城市核心区品质的提升提
供了可参考的经验。

关键词：　德胜街道　街区设计规划　街区整理　城市品质　风貌环境

德胜街道以街区设计规划引领城市品质提升的实践既有鲜明的时代背
景，也有深厚的历史基础。在大力疏解非首都功能、推动实施发展转型和管
理转型、全面提升城市发展品质的时代背景下，德胜街道紧紧围绕首都建设
国际一流和谐宜居之都的奋斗目标，积极探索适合自身特点的街区设计规
划，大力提升城市发展品质。

一 德胜街道以街区设计规划引领城市 品质提升的实践背景研究

德胜街道以街区设计规划引领城市品质提升的实践，是以现有的北京市城市建设规划的相关文件为指导，在充分考察和尊重街道发展的历史沿革和基础架构基础上推进的。

（一）以首都城市建设规划管理文件指导街区设计规划

德胜街道地处首都功能核心区——西城区，街道以街区设计规划引领城市品质提升的实践则主要以《北京城市总体规划（2016年–2035年）》和2006年《北京中心城控制性详细规划》中关于核心功能区和街区规划管理要求为根本遵循。

1.《北京城市总体规划（2016年–2035年）》关于首都功能核心区的规划管理要求

首都功能核心区作为首都"四个中心"功能的核心承载区，是历史文化名城保护的重点地区，是展示首都形象的重要窗口地区。该《规划》明确了首都功能核心区的任务目标，即通过有序疏解非首都功能，围绕优良的政务环境、深厚的文化底蕴和一流的人居环境三大功能，建设首都功能核心区，实现首都城市功能重组。围绕这些任务目标，西城区要加快疏解腾退工作，做好空间格局的优化重组，特别是要保留古城建筑、文化和风貌，传承历史文脉；加强环境整治工作，提高城市管理的精细化水平，进一步补充和完善城市基础公共服务设施，不断改善城市服务品质和人居环境，努力创建国际一流的和谐宜居之都的首善之区。

根据该《规划》中首都功能核心区的范围界定，西城区德胜街道位于中轴线左侧北部地区，街区内有法源清真寺、德胜门箭楼和中关村科技园等代表性建筑和重点单位。按照《规划》要求，德胜街道需要进一步强化对二环路沿线区域和空间的管控，包括要严格控制周边建筑规模和高度等，以维持和保护老城区原有的基本空间形态，如德内大街改造后，进一步凸显了德胜门的地标性；要引导二环路以外 8 个片区存量资源的优化利用，有序疏解非首都功能，创造整洁、文明、有序的工作生活环境，如德胜门外地区片区；要加强环境整治和景观提升，疏解大型市场，开展背街小巷治理、老旧小区治理和垃圾分类等项目，如德胜街道完成了天秀市场的疏解工作；要绿化和美化公共空间，重视对城市绿地系统修补和完善，大力推进地区城墙遗址公园环带的建设工作，打造出一个充分融合古都历史人文遗迹和首都现代化风貌的文化景观环线；要加强交通治理、停车设施完善，优化道路空间，打通断头路，提高交通管理的智能化应用，改善步行和非机动车出行环境，如德胜街道黄寺大街建立了智能停车系统；要更新和完善公共基础服务设施，改造老城地下管网系统，实现主次干道架空线全部入地；等等。

2. 2006年《北京中心城控制性详细规划》关于中心城区的规划管理要求

《北京中心城控制性详细规划》是为更好地落实既有的北京市城市总体规划的文件内容而特别编制的城市规划管理指导文件，体现了总体规划的框架、原则和要求，保证了中心城的总体规划原则和要求能够在片区、街区的具体贯彻和细化落实。最新版的控制性详细规划还在编制过程中，因此德胜街道在推进街区设计规划过程中，着重参考了 2006 年的《北京中心城控制性详细规划》。该《规划》将中心城区划分为 33 个片区，并明确了各片区的功能布局、人口规模、建筑规模。其中片区 01 为旧城区，旧城区为整体保护区，该区的功能优化一方面要做好人口疏解工作，另一方面要科学合理地确定旧城区的发展规模，严格控制新建区的发展规模和建筑物高度，以有效地保护旧城区开阔平缓的整体空间形态；规划中划定的 02 ~ 08 片区，范围界定是以旧城区为核心的中心地带，功能归属是调整优化区，即从人口和功能方面着手进行调整和优化，把控好该区范围内的建设强度，进一步优化人居环境；此外，规划以城市主次干道等为界线，对绿化隔离片区之外边缘片区又进行了细分。

西城区德胜街道位于 01 ~ 08 片区范围内，是控制中心城整体规模的关键地区，在进行街区设计规划管理实践中必须坚持整体与集约发展的原则，坚持旧城功能调整优化和古都风貌保护统筹相结合，坚持交通市政基础设施体系和绿化系统相协调。在这些原则的指导下进行重点内容的规划，规划主要是体现国家政治中心职能，为中央在京单位做好服务；控制中心城区总体规模，合理疏解人口和产业，实现旧城与新城的联动发展，提升城市发展活力；实现旧城整体建筑和风貌保护，传承城市文化脉络，彰显城市文化魅力；加强城市公共服务设施规划和道路及交通设施规划，进一步提高城市服务功能和运行效率；合理规划城市空间和建设用地，包括绿色空间、地下空间、安全空间，公共设施用地、居住用地、产业用地等，实现空间和土地的高效集约利用，保障城市公共利益，维护生态环境和城市安全；划定城市更新改造区，通过内部调整为新增城市公共设施、基础设施、绿地等提供必要的空间。

（二）德胜街道以街区设计规划引领城市品质提升的历史和现状基础

1. 德胜街道架构形成的历史基础

德胜街道始建于 1954 年，街道以地区代表性地标建筑德胜门箭楼命名，德胜门是京都内城九门之一，曾是古代明清两代军队出征所走的"军门"，属于古代军事防御建筑文物。街道位于北京西城区管辖范围的东北部，西起新街口外大街，东至旧鼓楼外大街，北至裕民路，南到德胜门东、西大街，中间有德胜门外大街贯穿而过，与海淀区、东城区、朝阳区均有交界，面积为 4.14 平方千米。德胜街道的街区架构与北京城市整体架构是一致的，北京市城市整体环境架构形成一方面深受北京市在 3000 年建城史和 800 多年建都史中所形成的城市建设格局的影响；另一方面是在中华人民共和国成立后，深受苏联城市规划体系的影响，按照改造北京老城区和建设工业大都市的建设思路，最终形成了"方形环路＋放射状"路网体系与街区格局，为北京市的现代城市格局奠定了初步基础。从街道架构来看，德胜街道也保持了旧城路网的棋盘式格局。

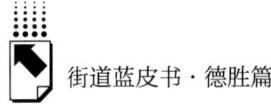

街道蓝皮书·德胜篇

2. 德胜街道架构的现状基础

进入 21 世纪以来，首都发展日新月异，德胜街道也在不断适应首都发展新形势对城市格局提出的新要求，对街区进行了优化调整和改造提升，街道通过大规模城市改造奠定了街区当前的基础环境架构。街道在 2000~2004 年进行了大规模的改造提升，以德外大街改造为例，改造后的街道成为一条宽 70 米、长 2100 多米的全封闭城市快速通道，这条新的现代化交通廊道的建成，不仅打破了二环与三环之间的交通瓶颈，加强了城市中心的通达能力，密切了中心城区与郊区的联系互动，而且优化了城市形态结构，带动了街道空间布局的重新调整，使街区面貌焕然一新。2006 年 9 月启动、历时一年的德内大街改造项目，是一个老城改造与道路改造同时进行的创新实践，为古城改造提出了新思路。德内大街道路被规划为城市次干线，作为地区南北交通的重要枢纽，将在原德胜桥东侧建新桥以分流交通压力，改建工程还充分保护了周边文物和古城风貌，保留了原德胜桥，修缮了 3 处文物古迹，保护了 8 棵古树，制作了 200 余块古牌匾，完成了 1760 米长道路两侧街区的明清风格建筑改造，开展电气杆线入地工作，改造后的德内地区形成了以德胜门箭楼为辐射中心，西海子、德胜桥为景观纽带的新格局。德胜街道在大规模改造中积累和形成的实践经验与方法模式，为进一步优化街区的规划发展奠定了重要基础。

二　德胜街道以街区设计规划引领城市品质提升的初步探索及成果

德胜街道从顶层设计、组织领导、民生需求、城市管理和历史文化保护与传承等方面着手，不断加强对街区的设计规划，进一步调整和优化街区空间结构布局，致力于提升城市发展品质。

（一）德胜街道以街区设计规划引领城市品质提升的探索

1. 高度重视顶层设计，加强街区整体的设计规划

随着首都疏解整治促提升工作逐步向纵深推进，不断重视和加强对城市

街区的整体设计规划已经成为全面提升首都城市发展品质的必然要求。德胜街道在加快疏解非首都功能，推动街区治理工作中，高度重视顶层设计，按照北京市城市总体规划和西城区街区整理规划方案的要求，制定了《德胜街道街区整理规划设计》和《德胜街道环境建设五年规划》，加强对街区整体治理和发展的设计规划。德胜街道在深入地区实地调研和全面诊断分析的基础上，制定和实施了指导街区综合治理、更新改造和长远发展的设计规划。当前，首都功能核心区在人口、产业和空间等方面已经进入饱和状态，未来城市可持续发展的空间主要是通过对城市科学系统的规划激发并释放存量的红利。德胜街道通过制定街区设计规划，对街区的人口、业态、环境等特征进行全面的把握，以此提高街区整理工作的系统性，促进街区功能的优化。

完整的街区设计规划体系为街区设计、为环境建设指明了方向，为开展背街小巷整治、"七小"业态治理、老旧小区治理、地下空间治理、平房院落改造、精品胡同建设等工作提供了具体指导，有利于促进街区环境品质的不断提升，有利于实现"美丽德胜"的建设目标。德胜街道通过制定系统科学的街区设计规划，一方面为建立和完善现有的街区管理体系提供了依据，使其不断适应街区发展需求，提高管理的前瞻性，强化后续建设与发展，实现不同发展阶段的有序衔接；另一方面保障了街区建设发展的可持续性和完整性，在街区整改之前对街区进行系统的设计规划，确保一张蓝图绘到底。上述规划囊括街区发展的方方面面，针对历史文化街区街面风格、配套市政基础设施、腾退空间、街道公共空间、街区绿化景观、交通道路系统、街道照明系统、街区标识导引系统等的规划设计进行详细的考量，既遵循现代城市发展的客观规律，又充分结合街区自身特色。德胜街道通过制定专项的街区设计规划，避免在首都疏解整治促提升工作中落入"运动式"治理的窠臼，真正提升城市治理的精细化和科学化水平。

2. 坚持党委领导和民需导向，保障街区设计规划的实施效果

德胜街道始终把坚持党的领导作为街区工作的统领和保障，把人民群众的需求作为街区工作的根本导向，提高对策的科学性和民主性，切实保障街区设计规划得到有效落实，街区整治效果符合人民群众的要求。街区设计规

划始终把群众利益和群众需求放在第一位，以街道党工委为核心，统筹和调动各部门资源和力量，加强街区设计规划的宣传动员工作，夯实街区设计规划工作的群众基础，加快街区设计规划的有效落实。以党建工作为引领，加强基层服务型党组织建设，充分发挥基层党组织的战斗堡垒作用和基层党员的模范带头作用，通过开展形式多样的党建活动，加强党与群众之间的联系和互动，深入基层了解单位、社区、居民的利益需求，积极征求群众意见，凝聚群众智慧，协调多方利益，提高人民群众对设计规划的参与度和认可度，共同推动街区发展和品质提升。

在具体工作中，德胜街道根据街区具体情况，积极创新工作思路，因地制宜地采取多元化的工作方法，通过合理的街区设计规划带动地区品质的提升。老旧小区的改造和治理工作涉及的问题广泛、利益主体多元，是街区品质提升的主要难点之一，德胜街道工委、办事处以马甸社区为突破口，探寻老旧小区多元化治理和基层服务型党组织建设的新途径，充分发挥党委带头作用，以社区服务型党组织为依托，深入推动社区党员、街巷长、楼门院长等走访入户工作，进一步了解群众需求，开展转型治理工作，取得了显著成效。马甸社区党委在新风北街改造工程和南村小院停车改造工程中，以社区为枢纽，充分联系和调动相关职能部门和辖区单位，充分尊重和采纳了居民的意见和要求，形成了"五议三公开两监督"民主议事制度。一方面，充分协调各方利益，共同促成问题解决；另一方面，充分维护和保障人民群众的监督权利，充分发挥人民群众在街区建设中的主体作用，根据群众需求制定和实施街区设计规划。

3. 设计规划与现代城市管理需求相结合，综合提升城市发展品质

城市功能的调整和优化对城市设计规划提出了更高的要求，在首都建设国际一流和谐宜居之都和大力提升城市发展品质的背景下，城市设计规划要充分结合现代城市发展管理需求，积极推动城市发展由粗放型向集约型转变，要不断满足多元主体的利益需求，不断创新管理手段，实现城市管理的精细化、精准化和智能化。城市设计规划要打破"一亩三分地"的传统理念，立足首都和区域发展大局，积极融入区域协同发展战略，提高城市规划

的前瞻性和科学性。随着首都发展规模和速度的不断扩大与提升，首都功能核心区和中心城区的资源空间已经饱和，未来提升首都城市发展品质，实现首都发展转型和科学治理，就必须进行内部调整和功能优化，通过细化的设计规划，更多地采取微循环和微整模式，从改善具体街区单元的环境品质和解决民生关键性问题入手，开展专项整治工作。街区作为城市设计规划落实的基础单元发挥着不可替代的作用，其实施效果也反映了城市整体设计规划的效果，街区设计规划要充分与街区管理和发展实际相结合，才能充分调动和整合地区资源，聚合多方力量共同致力于提升街区品质，确保建设成果。

德胜街道在制定和实施街区设计规划中充分考察和尊重了街区发展实际，从街区群众关心关注的民生问题和街区管理问题着手，帮助群众解决生活问题，同时带动街区环境的美化和优化。德胜街道在地理位置上与朝阳区、海淀区和东城区皆有交界，在街道设计规划和综合整治工作方面面临着诸多棘手问题，必须通过协调各方利益，推动共同治理。以背街小巷整治工作为例，背街小巷是影响群众生活和城市"颜值"的治理难点问题，人定湖北街巷子位于西城区德胜街道和东城区和平里街道的交界地带，由于各区设计规划不一样，涉及多方利益，历来是治理难题。对此，德胜街道从城市整体利益和群众根本利益出发，建立了"四区五街道边界共治"机制解决邻区交界地带的规划治理问题，相关街区先进行边界确权，在此基础上召开联席会议达成边界道路共治共管协议，建立相邻街道联合执法制度和边界纠纷应急处理机制，区域内交界道路的沿街建筑外立面、商业牌匾风格、绿化等景观一体化设计方案则按照"相互协商，共同规划"的原则，在充分征求相关街区商户和沿街居民的意见后才能通过。为进一步打造美丽德胜，街道重点解决居民反映强烈的环境问题，做好为民办实事工程。同时，街道还重视加强信息化基础设施的建设和应用，通过搭建网络化信息平台或借助现代化科技手段，如 PDA 设备，调动和发挥群众的参与和监督作用。

4. 深入倡导德邻文化，强化街区设计规划对历史文化的传承和保护

丰富的历史文化遗产资源是北京这座城市的"金名片"，习近平总书记两次考察北京都提出要保护好北京历史文化的要求，北京市总体规划也明确

指出首都作为全国文化中心的战略定位，要求实施中华优秀传统文化传承发展工程，更加精心地保护好北京历史文化遗产这张中华文明的金名片，致力于打造一套涵盖旧城区、中心城区、北京市和京津冀不同范围的历史文化名城保护体系。首都各个街区尤其是核心功能区和中心城区所覆盖的街区，往往是历史文化街区比较集中的地方，其设计规划要能够充分体现首都历史文化发展的整体价值，更好地彰显北京的首都风范、古都风韵和时代风貌，实现历史与现代的交织融合。一方面，街区设计规划不能割断历史脉络和文化传承，要创造性地将现代城市的设计规划理念与古都历史文化相结合，保存街区整体历史风貌，既为居民提供舒适宜居的现代化城市生活环境，又要留住城市的根与灵魂，为居民提供精神寄托；另一方面，要利用现代科学技术和绿色环保材料，保护和修缮好历史文化古迹，在保护的前提下进行开发利用，用现代方法让传统历史文化发挥时代价值，充分彰显街区的历史人文精神和城市创新活力。

德胜街道把文化建设水平作为衡量街区品质的重要指标与内容，街区设计规划紧紧围绕创建国际一流的和谐宜居之都的首善之区目标，紧密融合街区特色文化要素，打造充满活力、崇尚人文、和谐统一的街区风貌。德胜街道在地区深入倡导和培育德邻文化，大力开展社区营造计划，将文化塑造与街区设计融合在一起，打造了一系列地区精品文化工程，充分尊重和彰显地区深厚的历史文化底蕴，不断提升地区的居民精神文化素养与文明和谐程度。让德邻文化理念不仅成为一种邻里守望的家园认同意识，更成为一种凝心聚力共建家园的理念，通过德邻文化的深入人心，强化民众对街区历史文化的认同和保护意识。在这样的理念和意识的作用下，推动街区设计规划给予地区历史文化资源更多保护和传承，通过群策群力，推出一系列人人可参与、可互动的家园营造计划项目，让群众共同参与美丽德胜家园建设，从而不断提升人民群众的幸福感，全面提升地区发展品质。

（二）德胜街道以街区设计规划引领城市品质提升的成果

德胜街道通过制定和实施街区设计规划，为街道各项治理改造和建设更新工作提供了有效遵循，不仅优化街区环境，美化街区面貌，弘扬地区文化，而且还致力于形成一系列有效的治理机制，解决了一系列群众反映和关心的重点难点问题，有效地提高了地区民生水平，积极引领城市品质的提升。

1. 疏解拆违工作持续推进，街区风貌环境得到进一步美化

通过统一的街区规划设计，德胜街道的疏解拆违工作的开展更加有序，街区整体风貌环境得到进一步优化和美化。一是地区"七小"业态、地下空间、出租房屋整治工作效果良好，地区业态结构得到明显改善，街区安全环境水平不断提高。二是天秀市场撤市后，街道对其所在街区重新进行统一规划，大幅拓宽新风街和新风北街，畅通了地区交通，优化了街区环境。三是进一步加大了对违规建筑、经营摊位、指路牌和广告牌的拆除力度，并加大巡查力度，防止反弹，完成"开墙打洞"清零工作。四是针对疏解整治腾退出来的空间，街道根据街区环境要求和特点，在充分征求商户、居民意见后，对街区风格进行重新设计，或恢复街区原有居住区和道路格局，或结合地区民生需求对整治空间加以利用，如在新街口外大街甲 8 号建养老驿站和便民菜站，取得良好效果。

2. 开展了一系列专项民生整治工程，街区居民生活品质显著改善

德胜街道将街区设计规划与改善民生紧密结合，通过开展一系列专项民生整治工程，使街区面貌焕然一新，居民生活环境和质量显著改善。一是街道制定了三年棚改工作计划，老旧小区、平房院落改造工作持续推进，综合改造新外大街 28 号院等老旧小区 18 个，配合区重大办完成地区抗震加固工程、节能改造工程，积极推进裕中西里停车楼建设，有效地改善了居民的生活环境。二是进一步改善地区道路交通等市政基础设施，完成 345 路等公交场站迁移，有效缓解德胜门箭楼周边交通压力，努力解决德胜里西街、新明胡同断头路问题，实现周边道路的微循环。三是实现了德外大街精品化建设，打造了裕民中路精品街巷、新风街、新明胡同等精品街巷，提升了街区整体形象。四是加强街区景观设计和空间绿化，如通过在街区设计规划中融入文化元素、对街区范围内的弃管绿地进行改造等方式，不断提升街区环境

品质。五是继续推动垃圾分类试点和推广工作，不断增加垃圾分类小区数量，加大垃圾分类工作的投入和支持力度，进一步完善垃圾分类。

3. 探索出一系列有效的工作机制，形成了多元共建的良好局面

德胜街道在制定和实施街区设计规划的实践中探索出一系列有效的工作机制，在保障工作具体落实的同时，正确协调和处理好各方利益，在地区形成了多元共建的良好局面。街区设计规划涉及多方利益，与街区群众的生活工作紧密相连，设计规划方案和实施效果的群众认可度是衡量设计规划的首要标准，德胜街道从地区居民的实际需求出发，将设计规划与民生改善相结合，积极转变工作思路，创新工作方法，建立健全地区环境建设综合协调机制、配合联动机制、专项整治机制、舆论引导机制、定期例会制度、民主监督机制等，在设计规划的前期调研、方案制定和落实、后期监督和完善等环节都有民众的参与，充分凝聚和调动多元社会力量，形成了多元参与的工作机制。比如在"七小"业态治理、老旧小区改造工作上，街道建立了多个部门联合执法工作制度，加大了对重点地区重点领域的监管力度，形成了常态化的工作机制，创建了"四区五街道边界共治"机制，为协调各方利益搭建联席会议平台，破解了跨界地区的治理困境。德胜街道在实践中根据不同的问题领域和工作对象，不断建立健全相应的工作机制，提高工作效率和实施效果，在改善街区整体风貌和环境品质的同时有效协调好各方利益，得到人民群众对工作的支持和理解，形成家园共建的良好局面。

4. 历史文化得到更好的保护和传承，街区文化特色和精神活力得到充分彰显

历史文化资源是城市的宝贵财富，德胜街道作为北京旧城区的一部分，是展示首都风范、古都风韵、时代风貌的重要窗口。街区在设计规划中理清了历史文化与现代城市发展之间的关系，以保护和传承好地区历史文化资源为前提，在街区设计规划中充分吸收了地区文化元素，使首都的历史文化脉络得到更好的呈现，街区的文化特色和精神活力得到充分彰显。在街区设计规划中，德胜街道将历史文化与街区现代发展紧密融合，与居民生活紧密融合，有力地推动了城市品质的综合提升。"德胜门箭楼"，作为德胜街道的

地理文化标识，代表着街道的历史地位和功能，街道围绕"德胜门箭楼"景观标识，深入挖掘街区历史文化资源与价值，打造独具德胜特色的历史文化名片，如加强了对原有建筑遗址的修缮和保护，并对周边道路和环境进行整治，通过拓宽原有道路、完成345路等公交场站迁移，有效缓解德胜门箭楼周边交通压力，使德胜门箭楼作为地缘文化标识的地位得到凸显，保护了城市的天际线。此外，整治后街道对道路沿线的居住区和经营商铺进行重新布局和设计，进一步优化城市功能布局，在改造更新中有意识地将地区文化元素融入设计规划中，不断提升街区独特的文化吸引力和魅力。

三 关于德胜街道以街区设计规划引领城市品质提升的进一步思考

在城市总体规划的指导下制定具体街区的设计规划，是顺应现代城市建设和发展趋势的必然要求，也是提升城市发展品质、改善城市人居环境的必要内容。德胜街道以街区设计规划引领城市品质提升的实践已经取得了积极的成效，下一阶段街道要在巩固和提高方面做出更多的努力。

（一）明确街区自身定位，加强设计规划的系统性和科学性

德胜街道要深入贯彻和落实北京市总体规划的内容和要求，进一步明确街区自身定位，通过增强街区设计规划的系统性和科学性，不断优化街区功能配置，提升街区发展品质，在首都疏解整治促提升工作中积极走在前列，为国际一流和谐宜居之都建设贡献力量。德胜街道的街区设计规划要不断适应首都功能的调整和变化，发挥服务首都功能建设的作用，要充分发挥党建工作对地区建设和发展的统筹引领作用，确保街区设计规划与区域战略定位相匹配，实施过程得到了地区单位和群众的参与和监督，实施效果充分体现了人民群众的利益需求。德胜街道作为首都功能核心区的组成部分，其街区设计规划牢牢把握和服务于首都"四个中心"战略功能定位，而从区的层面看，德胜街道还在激发全区创新活力、促进地区高端发展、推动区域协调

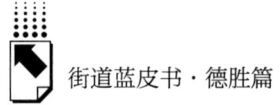

发展方面肩负重要的职责和使命，西城区"十二五"规划将德胜科技园列为着力打造的"一核一带多园区"的重要功能街区组成部分。因此，从首都和区域发展全局出发，进一步增强街区设计规划的系统性和科学性，符合街区的长远发展需求。

（二）设计规划要紧密对接民生需求，不断强化城市服务功能

随着城市经济发展水平不断提高和城市居民生活水平的不断提高，城市的服务功能需要不断完善以满足城市化发展带来的多样化需求，对城市街区进行科学合理的设计规划，是调整和优化城市功能、提升发展品质的重要举措。城市街区作为居民生活的基本单元，其设计规划直接关系着当地居民的切身利益，要深入推动设计规划与民生需求有效对接，不断提升街区的服务功能。在开展街区整改和治理工作中，设计规划要充分尊重群众的意见和要求，要重点推进居民群众最为关心的地区重点和难点问题的解决，要持续加强街区环境治理工作，如率先推动完成与群众利益密切相关的老旧小区改造、背街小巷治理、交通路网系统和公共基础设施的更新完善等工程项目，进一步增设停车场设施，扩大城市绿地和公园建设面积，切实改善民众生活质量，提高城市街区的宜居水平。

（三）设计规划要适应现代城市管理特点，不断提升城市治理水平

随着现代城市管理不断朝着精细化、精准化和智能化方向发展，城市街区的规划设计要能够适应现代城市管理需求和特点，以提升城市的现代化管理水平。当前，全响应网格化社会服务管理模式在街区已经得到充分应用，网格化工作体系在地区的全覆盖和信息数据平台的搭建，不断优化和细化了城市的管理单元，强化了基层管理责任，为街区设计规划的有效实施提供了重要支撑。街区设计规划与城市管理工作不可分割，科学合理的设计规划有利于城市乱象的治理，提升城市管理能力。德胜街道街区设计规划的进一步制定和实施，要紧密结合地区开展的"拆违、灭脏、治污、清障、治乱、缓堵、规范市场、治理'开墙打洞'"八大战役，要充分结合不同街

区的不同问题和特点，制定不同的设计规划方案和执行方案。此外，要重视和加强信息化基础设施的建设和应用，不断提高城市的工作效率和服务水平，当前德胜地区的"共享停车"APP运行模式取得了成功应用，充分体现了现代科学技术手段在完善城市服务功能和提升城市宜居品质方面的推动作用。

（四）设计规划要兼顾历史文化和现代审美，不断彰显街区独特魅力

街区设计规划要充分体现古都的历史文化风貌与现代城市发展成就的完美结合，更好地展现街区的独特魅力。德胜街道要通过进一步的街区设计规划，深入挖掘和梳理地区的历史文化资源，激活辖区历史文化的现代价值。历史文化资源是城市的金名片，在德胜街道的南端坐落着全国重点文物保护单位——德胜门箭楼，内设古钱币博物馆，法源清真寺更是德胜地区及周边穆斯林群众的重要宗教活动场所，是地区多元民族文化的集中体现。街道要积极贯彻和落实首都和西城区关于文物保护的政策和要求，进一步做好文物的统计工作和保护修缮工作，通过推动一些重大工程项目的实施，保存和延续地区的传统历史文化风貌，如德胜门对景和精品街巷的建设，要注重从细节上把握和体现街区的历史文化特色，包括对地面铺装、市政箱体、井盖、景观设施、胡同照明、公共服务设施、宣传栏、建筑色彩、材质选择、墙体立面、房屋门窗、广告牌匾、门楼门墩等设计要自觉融入代表地区特色的文化元素，不断优化街区的人文环境，提升街区的文化品质。

参考文献

《西城德胜街道30条街巷开墙打洞年内完成整治 300余违建今年全部拆完》，《法制晚报》2017年2月13日，第7版。

《德胜街道拆除屋顶广告牌》，首都之窗，2017年11月21日。

北京市规划和国土资源管理委员会西城分局、北京建筑大学建筑与城市规划学院：

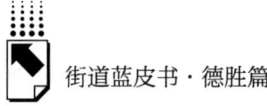

《北京西城街区整理城市设计导则》，中国建筑工业出版社，2018。

北京市规划和国土资源管理委员会：《北京城市总体规划（2016 年 – 2035 年）》，首都之窗，2017 年 9 月 29 日。

北京市规划和国土资源管理委员会：《北京中心城控制性详细规划》，《北京规划建设》2006 年第 5 期。

田申申：《街区整理助力城市复兴》，《北京观察》2017 年第 10 期。

Abstract

It is essential for the development of the capital to establish an effective megacity governance system. As the core functional zone of the capital, Xicheng District has taken the lead to do a good job with "four concepts" and persisted in the strategic vision of carrying forward scientific governance in depth and improving the development quality in all aspects. The district has continuously reinforced the function as "four centers", strived to improve the level of "four services", and made important breakthroughs in urban governance capacity and urban development quality. Sub-districts play an irreplaceable role as the pioneer and main force of microscopic governance. 15 sub-districts of Xicheng District have coordinated various resources of respective areas based on their own development situations. Their practices include exploring the ways to establish the regional mode for Party construction, strengthening lean urban management, improving public services, refining the integrated enforcement system, and exploring innovative practices for grassroots governance. They have continuously injected new connotations into grassroots governance and provided duplicable and easy-to-operate live experience for grassroots organizations, and their experience and practices are of great importance for Chinese metropolises to improve concepts and find new ways to strengthen grassroots governance.

Based on humanistic features and characteristics of Desheng Sub-district, *The Development of BeiJing's Sub-district Offices No. 2: Desheng Chapter* reviews the sub-district's work to innovate the social governance at the grassroots level by highlighting the "moral neighborhood" governance concept, and parses its work with a focus on five social development objectives, including "Desheng of Livelihood", "Desheng of Peace", "Desheng of Beauty", "Desheng of Culture" and "Desheng of Force". The report reviews the sub-district's typical practices, including the construction of acquaintance's community, self-governance management mode of Fulite Block, garbage classification, reform of mass organizations and Communist Youth League organizations, the Party building at non-public organizations, reform mode of Dewai Street East Community for the community governance mechanism, construction of the Owner Committee System, gridded hierarchical management mode for regulation of "seven petty" business formats, and social service administration mode featuring "3 +6 +N" full response for the promotion of the ethnic working innovation.

On this basis, this report proposes that Desheng Sub-district, as one of the thirteen major sub-districts for ethnic work and the functional block with historical and cultural connotations in the ancient capital, should improve its work with the development of a personalized governance culture and scientific block planning, continuously reinforce the awareness of the community governance by all local residents, and encourage and guide diversified social forces to play a role in social governance. Meanwhile, the report suggests that the sub-district spare no efforts to implement the "Moral Neighborhood Project" with actual effect, improve the intelligent and lean level of local social governance without cease, explore the urban administration pattern of "common construction, common management and common sharing", and finally improve the sub-district's performance in all aspects.

Contents

Ⅰ General Report

Abstract: After the Communist Party of China ("CPC" or "Party") proposed the objective to modernize the national governance system and governance capacity at the Third Plenary Session of the Eighteenth Central Committee of the CPC in 2013, the "governance" has attracted extensive attention throughout the society. The academic circle has explored governance in greater depth and the grassroots levels have also probed into governance in depth. In 2014, Desheng Sub-district of Xicheng District set out on the way to initiate social governance innovation in an all-round manner, and gradually refined the "Moral Neighborhood" concept and "Five Desheng" governance concepts step by step with great efforts. Based on theoretical research, the report will explore meta-governance, including appearance, formation and characteristic, investigate the overall environment faced by Desheng Sub-district in the new epoch, and review the sub-district's governance practices, so as to better help the sub-district innovate social governance and respond to possible risk of governance failure. Finally, the report will share some new ideas based on the meta-governance theory to help the sub-district further perfect the governance mode with the "Moral Neighborhood Project" as the core.

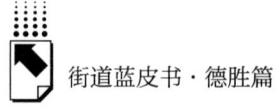
Keywords: Desheng Sub-district; Meta-governance Theory; Five Desheng; Moral Neighborhood Project; Governance Failure

II Data Reports

B. 2 Regional Public Service Questionnaire Survey Report for
　　　Desheng Sub-district on the Basis of Permanent Residents　 / 017

Abstract: With continuous development and advance of the cities, the living standard of urban residents has kept rising, and people's growing demand for a better life has become the fundamental task in face of urban administrators now. Closely associated with the daily life of residents, regional public services constitute an important foundation for the residents' life quality. Therefore, a survey on the residents' feeling of getting and satisfaction with regional public services is of great importance to upgrade and improve governance administration and service. By distributing questionnaires, the report surveys the permanent populations of 23 communities in terms of public service level and the residents'life quality to investigate the sub-district's offering of public services and assess the residents' satisfaction. Finally, the report will analyze the findings and provide rational opinions to solve the existing problems.

Keywords: Desheng Sub-district; The Community Residents; Public Service; Life Quality

B. 3 Regional Public Service Questionnaire Survey Report for
　　　Desheng Sub-district on the Basis of Working Population　 / 038

Abstract: The working population is an important participant and propeller for regional development. The offering of convenient, continuous and high-quality public services to the working population is of great significance for optimizing the regional development environment, improving the service level and enhancing the sub-district's capacity to serve regional development. To this end, the project team performed the first public service survey among the working population under jurisdiction in January 2015, and initiated a questionnaire survey on the supply, participation and availability of public services in Desheng Sub-district among the corporate working population in May 2017. This report analyzes the awareness of service institution, the involvement in the community service, regional life facilitation, satisfaction with community-level basic public service and the demand for community-level public service. Then, we have performed a longitudinal comparison of the survey results, reached overall conclusions and provided concrete suggestions relating to existing problems.

Keywords: Desheng Sub-district; Public Services; Working Population

Ⅲ   Theory Reports

B. 4   The Analysis on Factors and Types of the Community
Governance Modes at the Grassroots Level   / 057

Abstract: In April of 2017, Desheng Sub-district organized a regional social governance conference and the press release for the "Moral Neighborhood Project". Over the past three years, "Moral Neighborhood" has been escalated from a cultural concept to a governance concept and from a community working method to a basic governance mode. The upgrading of the 'Moral Neighborhood Project' is a reflection and echo for Secretary-General Xi Jinping's requirement for basic social governance: "The grassroots level is the ultimate purpose of all work, and the gravity center of social governance must fall on urban areas, rural areas and communities". Desheng Sub-district must depend on profound theoretical research and practical exploration to further refine the social governance system. The report combs the factors and types of community governance modes at the grassroots level, parses the status quo of the "Moral Neighborhood Project" and proposes relevant reflection on the "Moral Neighborhood" mode.

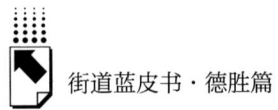
Keywords: Desheng Sub-district; Community Governance; Governance Factor; Consultative Governance; Social Participation

B. 5 The Research on Rebuilding the Acquaintance Community
Mechanism in Mega-city Community
—*From the Perspective of Differential Pattern*   / 070

Abstract: Desheng Sub-district has implemented the "Moral Neighborhood Project" and developed a "Moral Neighborhood Culture", and taken the initiative to carry forward the construction of new acquaintance communities. These efforts have motivated local residents to play a role in social governance and rekindled their sense of common home. The practice of the "Moral Neighborhood Project" has contributed a fresh case and meaningful example for the research on the mechanism for rebuilding the acquaintance community in mega-city communities. With the rising urbanization rate, the development size and speed of Chinese cities have reached a level that has never appeared in the past, and some ultra-large cities and metropolises have taken shape. The traditional acquaintance society with a differential pattern based on the blood and geographical relation has gradually lost the foundation for survival and it marched toward a stranger society step by step. The urban life with a fast pace and urban population featuring rapid floating have caused a host of problems, including growing indifference in the urban society and rising management cost of urban community, while the traditional acquaintance society is more advantaged to resolve these problems. Therefore, the research on existing theories and practices at home and abroad from the perspective of differential pattern will have great significance for rebuilding the acquaintance community mechanism in modern urban communities.

Keywords: Desheng Sub-district; Urban Community; Differential Pattern; Moral Neighborhood Culture

Ⅳ   Survey Reports

Abstract: The mass and Communist Youth League cause is an important part
of the cause of the Communist Party of China (Party), and the mass and
Communist Youth League work shoulders an important mission. The mass and
Communist Youth League work has become more important in the new epoch. In
2015, the Central Committee of the Party held a meeting on the mass and
Communist Youth League work, which was the first in the history of the
Party. The Party has called to implement the *Opinions on Strengthening and Improving
the Mass and Communist Youth League Work of the Party* at a faster speed, and set the
new requirement to deepen the reform of mass and Communist Youth League
work. All mass and Communist Youth League organizations should combine the
work with their own work, strengthen the political, leading and mass
characteristics and enhance the foundation for the mass and Communist Youth
League work. Before 2015, Desheng Sub-district of Xicheng District already
started in-depth research and transformation onthe mass and Communist Youth
League work to propel regional development and effectively offer 'Four Services'.
Since 2015, the sub-district has further innovated services and improved the
working effect according to new requirements defined by the Central Committee of
the Party. The report analyzes the basic situation of the Desheng Sub-district Trade
Union and the concrete innovative service measures which it has taken, and put
forward relevant ideas.

Keywords: Desheng Sub-district; Staff's Home; Collective Consultation;
Service Procurement; Mass and Communist Youth League Reform

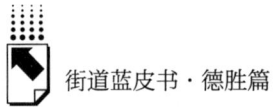

B. 7   The Survey Report on Desheng Sub-district's Implementation

of Garbage Classification   / 099

Abstract：Garbage classification is one of the important contents of urban environmental construction. If we widely implement and promote garbage reduction and classification in urban communities and construct a clean urban home of environmental protection, good appearance and beautiful environment, this will help continuously improve the life quality of people. Under the correct instruction of the municipal affair committee of Xicheng District, Desheng Sub-district has identified garbage classification as an important job to do actual businesses for people. Based on the actual situation, the sub-district has started the pilot of garbage classification, continuously lifted the level of garbage classification through active exploration and painstaking innovation, and obviously improved the hygienic environment of the block. Continuous and in-depth implementation of garbage classification has injected the awareness of economization and environmental protection into people's heart, and the sub-district has gradually created a good atmosphere for universal participation in and attention to ecological construction.

Keywords：Desheng Sub-district; Garbage Classification; Environmental Construction; Project-based Management

B. 8   The Survey Report on Desheng Sub-district's Multifaceted

Efforts to Promote "Tangible Coverage" to "Effective

Coverage" of Party Construction at Non-public

Organizations   / 113

Abstract：The report published by the Eighteenth National Congress of the Communist Party of China (Party) has asked to strengthen the Party construction at non-public social organizations and economic organizations, and the report published by the Nineteenth National Congress of the Party has further called to build basic Party organizations of enterprises and social organizations into the combat fortress of the Party. Reinforcing and improving the Party construction of non-public enterprises is an important organizational assurance for strengthening the ruling foundation of the Party, guiding healthy development of the non-public economy and promoting social harmony. Based on the endowments and development of local resources, Desheng Sub-district of Xicheng District has put Party construction at non-public organizations in a more important position to improve 'Four Services' and fulfill the overall strategic vision of the capital. To start with, the report reviews the current status of Party construction at non-public economic organizations and social organizations, and summarizes the measures which the sub-district has taken to strengthen Party construction at these non-public organizations, including focus on learning, organizational coverage, Party members, activities and construction of Party branches. Then, the report points out the problems faced during the work and provides relevant suggestions.

Keywords: Desheng Sub-district; Party Construction at Non-public Enterprises; Party Construction at Social Organizations; The Enlargement of Organizational Coverage

Abstract: Situated in the northern part of Xicheng District, Desheng Sub-district is a core functional zone of the capital and a civilization window of the capital. Fulite Community is a key area with major challenges and difficulties during the governance of Desheng Sub-district, so it is highly representative in the curing of "metropolitan disease". Thus, Desheng Sub-district has selected Fulite Community as a pilot to implement the self-governancemanagement mode, innovate social governance, improve the environmental quality of the community and construct 'Desheng of Beauty'. The report surveys the innovativeself-

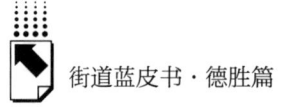
governance management mode, including background, content and element, parses problems existing in operation and provides improvement suggestions. The report will explore the self-governance management mode matching the characteristics of the area to provide a beneficial reference and experience for curing complicated urban disease and set an important example for innovating the social governance mode.

Keywords: Desheng Sub-district; Urban Governance; The Grassroots Self-governance; Self-governance Management Mode of the Commercial Street

B. 10   The Survey Report on Reform of the "Social Organization

Featuring One Party Committee, Two Residents" Committees,

One Station and One Pivot' System in the

Dewai Street East Community   / 135

Abstract: Urban community, the basic unit of urban governance, is home to diverse entities. It takes over more and more government functions and plays an increasingly important role in daily management and service of the city. Urban communities should implement the system reform in depth and further reinforce basic functions to better adapt to development requirements of modern city and better serve the residents. Now, Beijing is making every effort to build a world-class capital of harmony and livability and Xicheng District is striving to propel urban governance transformation. In this context, Desheng Sub-district has taken positive actions and conducted exploration and innovation. It has selected Dewai Street East Community as a pilot and actively explored new modes of the community governance systems commensurate with development characteristics of the area by taking advantage of the reelection of "two committees" of the community.

Keywords: Desheng Sub-district; Reform of the Community System; One Committee and Multiple Residents' Committees; Multiple Residents' Committees and One Station; Pivotal Social Organization

B. 11   The Survey Report on Desheng Sub-district's Efforts to
Carry Forward Construction and Development of the
Owner Committee   / 151

Abstract: Significant changes have happened to the original urban house management structure and mode in the midst of commercial trend of China's urban housing market. Property company, the owner and other new interest entities have reshaped the management structure and mode of urban residential communities. As the emerging self-governance organization of the urban community, the owner committee plays a very important role in representing and maintaining the owners' interests and propelling the community governance. As the part of the old urban area of Beijing, Desheng Sub-district accommodates old communities and the communities for resettlement of the residents, and also contains medium and high-grade commercial residential communities. Therefore, construction and development of the owner committees are commensurate with complex housing structures and environments in the sub-district, and also satisfy the service management demand of local residents. Establishment and effective operation of the owner committee can fully motivate local residents to participate in community construction and governance, help improve the self-governance level of the community residents, and realize the residents' self-management, self-service and self-regulation. The survey report elaborates the status quo regarding construction and development of the owner committees in Desheng Sub-district, analyzes problems existing in the work, and also provides references and suggestions for the sub-district to further optimize and refine development of the owner committee, and finally achieve a benign circle of relations among the residents' committee, the property company and the residents.

Keywords: Desheng Sub-district; The Owner Committee; The Community Governance; The Self-governance of the Residents

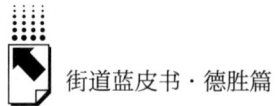

V Case Reports

Abstract: At the Third Plenary Session of the Eighteenth Central Committee, the Communist Party of China (Party) has explicitly called to innovate social governance systems and transform social governance patterns. The report published by the Nineteenth National Congress of the Party has further proposed to establish a social governance pattern of common construction, common governance and common sharing and set the objective to improve the social, legal, intelligent and professional level of social governance. These requirements are indispensible with social organizations' involvement in social governance. The Party and the State Council pay much attention to social organizations' participation in social work and social governance. In 2013, the State Council promulgated the *Guiding Opinions Regarding the Government's Service Procurement from Social Entities*, and in 2016, the Ministry of Civil Affairs issued the *Guiding Opinions on Supporting Cultivation and Development of Social Organizations through the Government's Service Procurement*. Social organizations' participation in social governance has emerged as a key point in the social work. In this context, Desheng Sub-district, as the core functional zone of the capital, has conducted systematic research and exploration regarding social organizations' involvement in social governance and the relations between the government and private non-enterprise organizations based on its own situation. The report combs how Xicheng District has introduced social organizations to participate in social governance, summarizes concrete practices of Desheng Sub-district for social organizations' involvement in social governance and proposes relevant opinions.

Keywords: Desheng Sub-district; Socialization; Social Governance; Social Organization; Cooperative Relation

B. 13　Regulating "Seven Petty" Business Formats with Gridded Hierarchical Management Mode for Work Safety　/ 176

Abstract："Safety first, prevention foremost and integrated regulation" is the basic guideline of the Communist Party of China regarding work safety. With the accele ration of urban development and technological development, people's living standard and urban productivity have kept rising, and the loss and cost of safety accidents caused to cities and residents have also risen. Therefore, it is particularly important to improve the governance capacity for work safety. Focusing on the objective to build a world-class capital of harmony and livability, Desheng Sub-district of Xicheng District has integrated the regulation of 'Seven Petty' business formats into the 'Propel Diversion and Treatment to Promote Enhancement' campaign to explore new work safety modes in the capital. It has established and implemented the gridded hierarchical management mode for work safety, which has effectively increased the efficiency of local work safety and substantially lifted the local work safety level. After it was rated as an international safe community in 2012, Desheng Sub-district has always focused on work safety, fought hard to rank the first in safe community building and strived to create a stable environment for the work safety and the life ofthe residents. It has regulated "Seven Petty" business formats with the gridded hierarchical management mode for work safety, which is of great practical significance for reference.

Keywords：Desheng Sub-district; Work Safety; Safe Community; PDCA Circulation Mode; Gridded Hierarchical Management Mode for Work Safety

B. 14　Desheng Sub-district's Practices of Innovating Ethnic Unity Work in the New Era　/ 188

Abstract：The ethnic work is an important content of the urban work in China. Doing the ethnic work well under the new situation will positively promote different ethnic groups of China to unite together, fight hard and realize common prosperity. Moreover, it is also an inevitable element of building a comprehensive well-off society. As one of the thirteen sub-districts accommodating ethnic minority groups in Beijing, Desheng Sub-district attaches much importance to the ethnic and religious work and integrates the ethnic work into the local overall planning. Based on the actual situations of different ethnic groups in the block, Desheng Sub-district has always defined ethnic unity as the lifeline of different ethnic groups and spared no effort to innovate ethnic work systems and mechanisms to carry out the decisions made by the ethnic work conference of the Central Committee of the Communist Party of China (Party) and the national conference on urban ethnic work, and has taken the lead in the ethnic work in Beijing. It has organically combined modern technologies with social management innovation and always persisted in the orientation to people's demand. These efforts have made urban management leaner and more intelligent, substantially improved the living quality of the ethnic minority groups in the sub-district, and provided a positive reference for doing the urban ethnic work well at present.

Keywords: Desheng Sub-district; Ethnic Unity; Social Service Administration Mode Featuring; "3 +6 +N" Full Response; Ethnic Culture; Harmony and Stability

B. 15   Desheng Sub-district Navigates Urban Quality Improvement with Design and Planning of the Block   / 204

Abstract: Urban planning is an important guideline instructing urban development and construction, and the scientific, systematic, standardized and forward-looking characteristics of urban planning play an important role in optimizing urban spatial layout and enhancing urban functions and quality. As the basic unit of urban residence and governance, the block bears more and more important responsibilities. Scientific and reasonable block design directly influences the extent of realization of urban functions and livability of the residents, and plays a positive role in guiding the urban quality enhancement. Desheng Sub-district has carried out the urban construction, planning and management requirements of the capital, closely observed the positioning of Xicheng District as the core functional zone of the capital, and actively performed the block design and planning to guide urban quality improvement based on actual conditions. It has further optimized the design and planning in relation to urban space, the function, the environment, the style, the traffic and other aspects of the block, further improved the life quality and livability of the block, and vigorously carried forward the campaign for a beautiful Desheng. It has provided the experience for the capital and other mega cities to improve the quality of core zones.

Keywords: Desheng Sub-district; The Block Design and Planning; The Block Governance; Urban Quality; Style and Environment

社会科学文献出版社 皮书系列

✤ 皮书起源 ✤

"皮书"起源于十七、十八世纪的英国,主要指官方或社会组织正式发表的重要文件或报告,多以"白皮书"命名。在中国,"皮书"这一概念被社会广泛接受,并被成功运作、发展成为一种全新的出版形态,则源于中国社会科学院社会科学文献出版社。

✤ 皮书定义 ✤

皮书是对中国与世界发展状况和热点问题进行年度监测,以专业的角度、专家的视野和实证研究方法,针对某一领域或区域现状与发展态势展开分析和预测,具备原创性、实证性、专业性、连续性、前沿性、时效性等特点的公开出版物,由一系列权威研究报告组成。

✤ 皮书作者 ✤

皮书系列的作者以中国社会科学院、著名高校、地方社会科学院的研究人员为主,多为国内一流研究机构的权威专家学者,他们的看法和观点代表了学界对中国与世界的现实和未来最高水平的解读与分析。

✤ 皮书荣誉 ✤

皮书系列已成为社会科学文献出版社的著名图书品牌和中国社会科学院的知名学术品牌。2016年,皮书系列正式列入"十三五"国家重点出版规划项目;2013~2018年,重点皮书列入中国社会科学院承担的国家哲学社会科学创新工程项目;2018年,59种院外皮书使用"中国社会科学院创新工程学术出版项目"标识。

中国皮书网

（网址：www.pishu.cn）

发布皮书研创资讯，传播皮书精彩内容
引领皮书出版潮流，打造皮书服务平台

栏目设置

关于皮书：何谓皮书、皮书分类、皮书大事记、皮书荣誉、
　　　　　皮书出版第一人、皮书编辑部

最新资讯：通知公告、新闻动态、媒体聚焦、网站专题、视频直播、下载专区

皮书研创：皮书规范、皮书选题、皮书出版、皮书研究、研创团队

皮书评奖评价：指标体系、皮书评价、皮书评奖

互动专区：皮书说、社科数托邦、皮书微博、留言板

所获荣誉

2008年、2011年，中国皮书网均在全国新闻出版业网站荣誉评选中获得"最具商业价值网站"称号；

2012年，获得"出版业网站百强"称号。

网库合一

2014年，中国皮书网与皮书数据库端口合一，实现资源共享。

权威报告·一手数据·特色资源

皮书数据库
ANNUAL REPORT(YEARBOOK)
DATABASE

当代中国经济与社会发展高端智库平台

所获荣誉

- 2016年，入选"'十三五'国家重点电子出版物出版规划骨干工程"
- 2015年，荣获"搜索中国正能量 点赞2015""创新中国科技创新奖"
- 2013年，荣获"中国出版政府奖·网络出版物奖"提名奖
- 连续多年荣获中国数字出版博览会"数字出版·优秀品牌"奖

成为会员

通过网址www.pishu.com.cn访问皮书数据库网站或下载皮书数据库APP，进行手机号码验证或邮箱验证即可成为皮书数据库会员。

会员福利

- 使用手机号码首次注册的会员，账号自动充值100元体验金，可直接购买和查看数据库内容（仅限PC端）。
- 已注册用户购书后可免费获赠100元皮书数据库充值卡。刮开充值卡涂层获取充值密码，登录并进入"会员中心"—"在线充值"—"充值卡充值"，充值成功后即可购买和查看数据库内容（仅限PC端）。
- 会员福利最终解释权归社会科学文献出版社所有。

社会科学文献出版社
SOCIAL SCIENCES ACADEMIC PRESS (CHINA) 皮书系列

卡号：539592815322
密码：

数据库服务热线：400-008-6695
数据库服务QQ：2475522410
数据库服务邮箱：database@ssap.cn
图书销售热线：010-59367070/7028
图书服务QQ：1265056568
图书服务邮箱：duzhe@ssap.cn

基本子库
SUB DATABASE

中国社会发展数据库（下设 12 个子库）

全面整合国内外中国社会发展研究成果，汇聚独家统计数据、深度分析报告，涉及社会、人口、政治、教育、法律等 12 个领域，为了解中国社会发展动态、跟踪社会核心热点、分析社会发展趋势提供一站式资源搜索和数据分析与挖掘服务。

中国经济发展数据库（下设 12 个子库）

基于"皮书系列"中涉及中国经济发展的研究资料构建，内容涵盖宏观经济、农业经济、工业经济、产业经济等 12 个重点经济领域，为实时掌控经济运行态势、把握经济发展规律、洞察经济形势、进行经济决策提供参考和依据。

中国行业发展数据库（下设 17 个子库）

以中国国民经济行业分类为依据，覆盖金融业、旅游、医疗卫生、交通运输、能源矿产等 100 多个行业，跟踪分析国民经济相关行业市场运行状况和政策导向，汇集行业发展前沿资讯，为投资、从业及各种经济决策提供理论基础和实践指导。

中国区域发展数据库（下设 6 个子库）

对中国特定区域内的经济、社会、文化等领域现状与发展情况进行深度分析和预测，研究层级至县及县以下行政区，涉及地区、区域经济体、城市、农村等不同维度。为地方经济社会宏观态势研究、发展经验研究、案例分析提供数据服务。

中国文化传媒数据库（下设 18 个子库）

汇聚文化传媒领域专家观点、热点资讯，梳理国内外中国文化发展相关学术研究成果、一手统计数据，涵盖文化产业、新闻传播、电影娱乐、文学艺术、群众文化等 18 个重点研究领域。为文化传媒研究提供相关数据、研究报告和综合分析服务。

世界经济与国际关系数据库（下设 6 个子库）

立足"皮书系列"世界经济、国际关系相关学术资源，整合世界经济、国际政治、世界文化与科技、全球性问题、国际组织与国际法、区域研究 6 大领域研究成果，为世界经济与国际关系研究提供全方位数据分析，为决策和形势研判提供参考。

法律声明

"皮书系列"（含蓝皮书、绿皮书、黄皮书）之品牌由社会科学文献出版社最早使用并持续至今，现已被中国图书市场所熟知。"皮书系列"的相关商标已在中华人民共和国国家工商行政管理总局商标局注册，如 LOGO（✋）、皮书、Pishu、经济蓝皮书、社会蓝皮书等。"皮书系列"图书的注册商标专用权及封面设计、版式设计的著作权均为社会科学文献出版社所有。未经社会科学文献出版社书面授权许可，任何使用与"皮书系列"图书注册商标、封面设计、版式设计相同或者近似的文字、图形或其组合的行为均系侵权行为。

经作者授权，本书的专有出版权及信息网络传播权等为社会科学文献出版社享有。未经社会科学文献出版社书面授权许可，任何就本书内容的复制、发行或以数字形式进行网络传播的行为均系侵权行为。

社会科学文献出版社将通过法律途径追究上述侵权行为的法律责任，维护自身合法权益。

欢迎社会各界人士对侵犯社会科学文献出版社上述权利的侵权行为进行举报。电话：010-59367121，电子邮箱：fawubu@ssap.cn。

社会科学文献出版社